utb 5992

utb.

Eine Arbeitsgemeinschaft der Verlage

Brill | Schöningh – Fink · Paderborn
Brill | Vandenhoeck & Ruprecht · Göttingen – Böhlau · Wien · Köln
Verlag Barbara Budrich · Opladen · Toronto
facultas · Wien
Haupt Verlag · Bern
Verlag Julius Klinkhardt · Bad Heilbrunn
Mohr Siebeck · Tübingen
Narr Francke Attempto Verlag – expert verlag · Tübingen
Psychiatrie Verlag · Köln
Ernst Reinhardt Verlag · München
transcript Verlag · Bielefeld
Verlag Eugen Ulmer · Stuttgart
UVK Verlag · München
Waxmann · Münster · New York
wbv Publikation · Bielefeld
Wochenschau Verlag · Frankfurt am Main

Politikwissenschaft aktuell

herausgegeben von Werner Weidenfeld und Michael Weigl

Claudia Schlembach

Welthandel und Globalisierung

Ausgehandelt? – Wie offen ist die Weltgesellschaft?

BRILL | FINK

Die Autorin:
Dr. Claudia Schlembach ist Expertin für Mittelstand, soziale Marktwirtschaft und Globalisierung. Ihr theoretischer Background ist interdisziplinär auf Wirtschaft und Politik ausgelegt, was sich in ihren Publikationen - u.a. zu Familienunternehmen, Existenzgründung, werteorientierter Führung, Frauen in der Wirtschaft, zu Europa und internationaler Politik zeigt. Sie brachte ihr Wissen als Geschäftsführerin einer Beratungsgesellschaft ein, als Lehrbeauftragte an diversen Hochschulen und Universitäten und ist in einem politischen Denkzirkel tätig.

Umschlagabbildung: Adobe stock 379570804, © smaria2015.

Bücher, Online-Angebote oder elektronische Ausgaben sind erhältlich unter **www.utb.de**

Bibliografische Information der Deutschen Nationalbibliothek
Die Deutsche Nationalbibliothek verzeichnet diese Publikation in der Deutschen Nationalbibliografie; detaillierte bibliografische Daten sind im Internet über https://www.dnb.de abrufbar.

Printed in Germany.
Herstellung: Brill Deutschland GmbH, Paderborn
Einbandgestaltung: siegel konzeption | gestaltung

UTB-Band-Nr: 5992
ISBN 978-3-8252-5992-1
eISBN 978-3-8385-5992-6

Vorwort der Herausgeber

Akademische Lehrbücher werden üblicherweise von Expertinnen und Experten zu einem Thema geschrieben, die außerdem über langjährige Erfahrung in der universitären Lehre verfügen. Auch die Schriftenreihe „Politikwissenschaft aktuell" verfolgt diesen Ansatz, modifiziert ihn aber dahingehend, dass die fachliche Kompetenz der Autorinnen und Autoren ergänzt wird um den spezifischen Blick der Studierenden selbst.

Für jeden, der sich neu mit einem Thema beschäftigt, ist es weniger wichtig, allumfassend über dieses informiert zu werden, als vielmehr verständlich. Die vorliegende Schriftenreihe verfolgt so gerade nicht das Ziel, faktenorientiertes Nachschlagewerk zu sein. Vielmehr wollen die Bände in einer Art in ein Thema einführen, die verstanden wird. Einfache Sprache und der Verzicht auf manchen fachwissenschaftlichen Jargon sind so Anspruch dieser Reihe.

Ein Zuviel an Informationen verstellt rasch den Blick auf das Wesentliche. Statt ein Thema tatsächlich zu verstehen, wird dann nur noch Gelesenes wiederholt. Die Bände dieser Schriftenreihe möchten diesem Umstand entgegenwirken, indem bewusst auf manche weitergehenden Informationen verzichtet wird. Indem Zusammenhänge dargestellt und Sachverhalte diskutiert werden, sollen Problembewusstsein und ein Wissen um Zusammenhänge gefördert werden. Die Vermittlung der Kompetenz, Wissen anwenden zu können, ist dieser Schriftenreihe wichtiger als die Abarbeitung von Fakten. Das Wissen um die Logik eines Themas wird als Voraussetzung gesehen, sich eingehender mit ihm beschäftigen zu können.

Die konsequente Orientierung dieser Schriftenreihe an den Bedürfnissen von Studierenden – und hier vor allem von Studienanfängerinnen und Studienanfängern – geht schließlich noch weiter. Philosophie der Reihe ist, dass Studierende immer auch an der Erarbeitung der Bände beteiligt werden. Sie sollen nicht nur Konsumenten, sondern auch Produzenten sein, die mit ihren Hinweisen zur konzeptionellen und inhaltlichen Ausarbeitung eines jeden Bandes beitragen. Schon das didaktische Konzept der Reihe wurde ausführlich mit Studierenden diskutiert. Ein Ergebnis dieser Diskussionen sind die in den Bänden dieser Reihe hervorgehobenen Blöcke Modelle, Definitionen, Meinung und Übung.

Die Schriftenreihe „Politikwissenschaft aktuell" möchte die Grundlagen eines Themas sorgfältig darstellen und gleichzeitig ein vertieftes Verständnis für die Komplexität von politischen Sachverhalten schaffen. Für die Realisierung dieses Vorhabens danken wir dem Verlag Brill | Fink und utb, der das Konzept mit großem Interesse aufgenommen hat und in konstruktiver Kritik begleitet. Wir danken allen Autorinnen und Autoren für ihr Engagement. Und wir danken den

Studierenden, die sich in das Projekt einbringen und so helfen, die Idee einer innovativen Schriftenreihe mit Leben zu füllen.

Werner Weidenfeld und Michael Weigl
München und Passau, im März 2024

Vorwort der Autorin

Welthandel und Globalisierung sind Gradmesser der internationalen Ordnung. Freier Austausch von Gütern und Dienstleistungen zwischen Staaten, Wachstum, das dazu beiträgt, Armut zu beseitigen und Wohlstand zu schaffen: Das ist die Idee einer offenen und regelbasierten Welt, in der die prosperierende Wirtschaft Teil der nationalen Sicherungskonzepte ist.

In einer Welt, in der die Europäische Union einen Wettlauf mit China vermeiden will und in Deutschland vor einem „Handelskrieg" mit den USA gewarnt wird, gibt es weniger Ordnung, dafür jede Menge Irritationen und Entscheidungsdruck. Nach den Erfahrungen einer Pandemie, dem Krieg in der Ukraine, fragilen Lieferketten und unsicherer Energieversorgung sind scheinbare Gewissheiten mit großer Geschwindigkeit ins Wanken geraten. Wegschauen oder verdrängen funktioniert nicht mehr.

Hat es sich ausgehandelt? Verdrängen Supermacht-Ambitionen, Bedrohungsperzeptionen und neue Formen des Protektionismus die Idee einer multilateralen Weltordnung und damit wichtige Nährböden für internationale Arbeitsteilung und fortschreitende Globalisierung? Das kann sein, muss aber nicht und angesichts der globalen Probleme sollte es das auch nicht.

Nein, es hat sich nicht ausgehandelt. Das ist die klare Aussage des Buches. Wir befinden uns in einer Phase der Transformation. Staaten bzw. Staatengemeinschaften, Unternehmen, internationale Organisationen, Bürgerinnen und Bürger orientieren sich neu und nicht unbedingt in dieselbe Richtung. Wie resilient das derzeitig bestehende System des Welthandels ist, wie stabil die Netzwerke der globalisierten Welt sind, hängt ab von den Zielen der Akteure und von den Methoden, die zwischen den Polen Freihandel und Protektionismus wirksam werden können.

Das Spektrum der Ansätze und Ideen, auf die man zurückgreifen kann, um die Zukunft positiv zu gestalten und vergangene Fehler nicht zu wiederholen, ist breit. Zu betrachten sind die zugrundeliegenden ökonomischen Modelle, die Entscheidungsfelder, die in der internationalen Politik vorherrschen, und die teils ungeschriebenen Gesetze wie „Wandel durch Handel", die den Flow des Welthandels und der Globalisierung ausmachen. Wie das alles zusammenwirkt, die globale Entwicklung steuern kann und Antworten darauf gibt, ob die Weltgemeinschaft sich zurückzieht oder Offenheit bewahrt, wird beleuchtet. Der Reihe nach sieht das so aus:

Der komparative Kostenvorteil nach David Ricardo ist ein zentraler Grundsatz des Freihandels. Für Wirtschaftsnobelpreisträger Paul Samuelson ist es ein logisches Prinzip, das von vielen entscheidungsmächtigen Menschen nicht verstanden wird. Nach Lektüre des ersten Kapitels haben Sie es verstanden, Sie kennen einige Weiterentwicklungen des Ansatzes und sehen, wie sich Theorie und Realität gegenseitig befeuern. Die Trigger der Globalisierung und der politische Rahmen, der im letzten Jahrhundert gespannt wurde, werden vorgestellt und die Hoffnung auf eine liberale, offene Welt, die durch Handelsbeziehungen Armut beseitigt und Wohlstand schafft, zeigt sich. Eine multilaterale Welt, in der Abhängigkeiten zu intensiven Kooperationen führen können und Sachzwänge in gemeinsame Problemlösungen münden. Also so ziemlich all das, was zumindest in der westlichen Welt heute in Frage steht. Dieses aufgeklärte Gebäude der Vergangenheit hat geistige Urheber unterschiedlicher Provenienz. Immanuel Kant spielt mit ein, Woodrow Wilson, die Denkschulen der Idealisten und die der Realisten. Sie begleiten politisches und wirtschaftliches Handeln immer noch und Sie sollten davon gehört haben.

Grundlegende Überzeugungen zur wirtschaftlichen Entwicklung, das Verständnis ökonomischer Zusammenhänge, die Atmosphäre der Offenheit, die die wirtschaftsstarken Nationen ausstrahlen, oder auch nicht, kanalisieren die Dynamik der Globalisierung. Freihandel gedeiht in offenen Systemen, aber nicht nur in Krisenzeiten und Zeiten des Umbruchs gibt es eine generelle Rückbesinnung auf den Nationalstaat und damit eine neue Spielwiese für die Mechanismen und Instrumente des Protektionismus.

Im zweiten Kapitel werden Sie die wichtigsten davon kennenlernen und die Institutionen, die diesen Entwicklungen entgegenwirken sollen. GATT (General Agreement on Tariffs and Trade – Allgemeines Zoll- und Handelsabkommen) und WTO (World Trade Organization – Welthandelsgesellschaft) sind zentral, allerdings nur bedingt mit Macht ausgestattet. Mit Regeln wie der Meistbegünstigungsklausel sollten bzw. sollen sie den globalen Abbau von Zöllen vorantreiben. Ausnahmen sind die Freihandelsabkommen, die durch partikulare Vernetzung mit dafür sorgen sollen, dass sich weitere Märkte öffnen. Das Scheitern von TTIP (Transatlantic Trade and Investment Partnership – Transatlantische Handels- und Investitionspartnerschaft), dem geplanten Abkommen zwischen EU und USA, zeigt exemplarisch viel über die sich verändernde Wahrnehmung der Globalisierung in den letzten Jahren.

Im dritten Kapitel nehmen wir ein wenig Abschied von der „McDonalds-Theorie“, dem Prinzip „Wandel durch Handel“, das den Freihandel lange sehr komfortabel getragen und die Erfolgsstory der Globalisierung mit ausgemacht hat. Implizit ist es ein Fortschrittsglaube in Richtung Demokratisierung, Liberalisierung und globaler Wohlstand, der sichtbar vor allem mit dem Ukraine-Krieg erst mal scheinbar ausgesetzt ist. Ist damit das Prinzip obsolet? Wir scrollen durch die Verdienste, die positiven Seiten der Globalisierung, um zu zeigen, dass das Prinzip schärfere Konturen braucht, und zwar dort, wo sich Gewissheiten aufgelöst haben. Denn Abhängigkeiten sind nicht nur der Kit, der Kooperationen schafft, sie können auch starke Waffen im Spiel um Macht darstellen. Überhaupt zeigen die Zahlen, dass die Autokratien erstarkt sind, nicht obwohl, sondern weil sie Teil des weltumspannenden Handels sind.

Ob ein Paradigmenwechsel fällig ist, betrachten wir im vierten Kapitel. Da schauen wir auf die Reaktionen der Politik – die USA etwa spricht von Decoupling, einer Abkopplung vom Systemrivalen China; die EU ist mit Derisking defensiver. Unternehmen, die wirkmächtigen Akteure unterhalb der Nationalstaaten, die letztlich die Globalisierung tragen, gehen eigene Wege. Sie streben nach einer gewissen Autonomie jenseits der politischen Ereignisse, können ihnen aber nicht entgehen, weil die Politik sie für eine handlungsleitende Wertorientierung in die Pflicht nimmt.

Die Suche nach einer neuen Orientierung, einer Guideline des Handelns, gerade in den westlichen Ländern, bremst die Entwicklung der Globalisierung, die sich bereits vor den multiplen Krisen verlangsamt hat. Slowbalisation statt Globalisation? Wohin geht die Entwicklung? Welche Lehren ziehen wir aus den neuesten Erfahrungen, ohne die anderen zu vergessen? Dazu bringen wir die vorgestellten Ansätze zusammen. Im Fazit gibt es Ausblicke, wie es weiter gehen könnte. Aber hoffentlich auch eine Menge Ideensplitter für Sie. Zum Weiterdenken und zum Wissen darum, dass Erkenntnisse zeitgebunden und daher nur bedingt stabil sind, mit den Entwicklungen wachsen, sich ändern, sich ändern dürfen!

Noch ein paar Dinge, die Sie wissen sollten, bevor Sie weiterlesen:

- Die aufgeführten Beispiele sind aus dem europäischen bzw. deutschen Bereich. Das mag nicht besonders weltoffen wirken, aber die Materie ist komplex genug, um sich auf naheliegende Beispiele zu konzentrieren, da diese vermutlich bekannt sind. Konsequenterweise bezieht sich auch der Ausblick im letzten Kapitel auf diese Region.
- Immer wieder treffen Sie auf Namen von Wissenschaftlern. Wissenschaftlerinnen sind leider die Ausnahme. Kurze Erklärung: Seit 1969 wird der Wirtschaftsnobelpreis vergeben. 2009 ging er an die Politikwissenschaftlerin Elinor Ostrom und damit das erste Mal an eine Frau, 2019 folgte die Ökonomin Esther Duflo. Aktuell gibt es erfreulicherweise viele Frauen, die etwa einen Lehrstuhl innehaben und verantwortungsvolle Positionen begleiten. Drei der fünf „Wirtschaftsweisen“, sind Frauen. In der nächsten, überarbeiteten Ausgabe kommen mehr weibliche Stimmen zu Wort.
- Wilhelm Dilthey meinte: Was wir sind und wo wir stehen, erklärt sich aus der Geschichte. Das gilt in besonderem Maße für Welthandel. Die Wanderbewegungen unserer Vorfahren, die Sehnsucht nach den Düften des Orients, die Seidenstraße, die über tausend Jahre lang Europa mit Asien verband: All das waren Zugkräfte des Netzes von Handelsstraßen. Sehr prägend, nicht nur in

ökonomischer auch in lebensweltlicher Hinsicht, war die Zeit des Kolonialismus, in der sich ausbeuterische Systeme etablierten, deren Konsequenzen uns noch immer begleiten (Osterhammel 2021). Es ist aufschlussreich das Heute mit den damaligen Strukturen zu vergleichen, auch mit Blick auf das Thema Rohstoffe. Hier ist der Fokus ein anderer, weshalb in diesem Buch darauf verzichtet wird.

- Dass man den Handel mit Gütern und Dienstleistungen im Kontext der daran gekoppelten Geldströme betrachten und dabei auch die Finanzwelt begutachten soll, ist ein Punkt. Vor allem mit Blick auf die Krisen, herausragend die Wirtschaft- und Finanzkrise 2008/2009, die eine deutliche Schneise in die Laufrichtung der Globalisierung geschlagen hat. Der Verzicht auf diesen Themenkreis erklärt sich aus der Intention des Buches. Es soll auch Einblick geben in die theoretischen Konstrukte und neben den hier vorgestellten Ansätzen in derselben Breite auf Dinge wie feste und flexible Währungskurse sowie Goldstandards tiefer einzugehen, hätte den formalen Rahmen gesprengt.
- Ein Wort in eigener Sache. Sie sollten wissen, welche Position ich vertrete, weil ich nicht ausschließen kann, dass ich bestimmten Dingen mehr Platz gebe oder andere nicht sehe – ohne das zu erkennen. Kurz: Freihandel und Offenheit der Systeme sind mir wichtig – innerhalb eines von mir tolerierten Wertesystems. Grenzen und die Überwachung ihrer Einhaltung sind wichtig, um dem Rücksichtslosesten einer Gemeinschaft nicht die Bühne zu überlassen. Offenheit ist wichtig, um wachsen zu können. Grenzen zu setzen ist kein Grund, keinen Kontakt zu halten, nicht zu kommunizieren. Freiheit bzw. Offenheit ist immer die Freiheit/Offenheit, die Freiheit/Offenheit zu zerstören. Sir Karl Popper hat dieses Paradoxon herausgearbeitet und ich finde, es ist ein guter Anlass nachzudenken, wo man selbst steht. Eigentlich jeden Tag.

Ansonsten ist die Dramaturgie des Buchaufbaus nicht zu streng an Formalien ausgerichtet. In Lehrveranstaltungen und bei der Korrektur der Arbeiten fällt mir auf, dass die Studentinnen und Studenten das gerne übernehmen. Der Trick: Es fördert, dass das Buch zu Ende gelesen wird, wenn mehrere Handlungsstränge nebeneinander laufen. Was ich damit meine, finden Sie beim Lesen heraus. Viel Spaß dabei und hoffentlich ein paar gute Erkenntnisse.

Claudia Schlembach
München, im Juni 2024

Lösungsvorschläge zu den Übungen am Kapitelende finden Sie als Bonusmaterial unter https://www.utb.de/doi/book/10.36198/9783838559926

Inhalt

I. **Ökonomische Grundlagen des Handels** 13
   1. **Die Gründungsväter Adam Smith und David Ricardo** 15
      1.1 Adam Smith: Absolute Kostenvorteile 16
      1.2 David Ricardo: Komparative Kostenvorteile 18
   2. **Dynamik in Handel und Globalisierung** 24
      2.1 Phasen und Perioden der Globalisierung 24
      2.2 Kriegerische Einschnitte und multilaterale Blüten 26
   3. **Gewinner und Verlierer im Welthandel** 28
      3.1 Fortschritt durch Verfeinerung: Paul A. Samuelson 29
      3.2 Gerechtigkeit und Marktmechanismus 30
      3.3 Gute Ideen – wenig Evidenz 33
   4. **Globalisierung: der nächste Schritt** 34
      4.1 Realismus versus Idealismus 35
      4.2 Technologie im „Kalten Krieg“ 37
      4.3 Welthandel und Globalisierung als Prozess 39
   5. **Ost-West/Nord-Süd – das Spiel der Regionen** 41
   6. **Fazit** 45

II. **Protektionismus und Freihandel** 47
   1. **Protektionismus 2023** 49
   2. **Arten von Protektionismus** 54
   3. **Schutz des Freihandels und der offenen Gesellschaft** 58
   4. **Die Organisationen im Überblick** 60
      4.1 General Agreement on Tarifs and Trade (GATT) 60
      4.2 Freihandelszone 63
      4.3 Zollunion 64
      4.4 Binnenmarkt 64
   5. **Spaghetti-Bowl statt Hefeteig** 66
   6. **Bretton-Woods und Co.** 75
      6.1 Welthandelsgesellschaft / World Trade Organisation WTO 75
      6.2 Kleiner Einblick in die Menge der Abkommen 77
   7. **Und nun?** 81

III. **„McDonald's-Theorie“: Wandel durch Handel?** 85
   1. **Geistiger Nährboden für Freihandel** 87
   2. **Wandel durch Handel im Welthandel** 89

3. Soft-Power, Attraktivität und Autokratien ... 97
4. Die Globalisierung dreht sich weiter ... 104
5. Rationaler Akteur und die Werkzeuge des Austauschs ... 107
5.1 Konflikte und Koexistenz ... 109
5.2 Kommunikation, Kontakt und Welthandel ... 110
6. Paradigmenwechsel gefällig? ... 115

IV. Friends only: Lieferketten und Weltordnung ... 119
1. „Shores" und Freunde mit Vorzügen ... 121
1.1 Offshoring ... 123
1.2 Reshoring ... 124
1.3 Near-Shoring ... 125
1.4 Inside the shore ... 126
1.5 Beyond the shore ... 127
1.6 Jedem seinen Shore ... 128
1.7 Fair Shore ... 130
1.8 Along the shore ... 131
2. Wann ist ein Freund ein Freund? ... 133
2.1 Riskante Verflechtungen? ... 135
2.2 Kritische Rohstoffe ... 136
2.3 Freunde mit neuen Vorzügen? ... 137
3. „Freundschaften" und Beziehungsmuster ... 139
3.1 Wettbewerb / Competition ... 140
3.2 Kooperation / Cooperation ... 141
3.3 Koopetition / Coopetition ... 141
3.4 Zwischen Wettbewerb und Kooperation ... 143
4. Decoupling: die neue Zweiteilung der Globalisierung? ... 144
4.1 Localisation ... 145
4.2 Derisking / Resilienz ... 146
4.3 Slowbalization ... 148
5. Offene strategische Autonomie ... 150
6. Paradox der Globalisierung ... 155

V. Global denken – lokal handeln ... 159
1. Die Ökonomie ... 163
2. Das globale System ... 165
3. Stellschrauben der Veränderung ... 168
3.1 Nationalstaat ... 170
3.2 Wachstum und Liberalismus, nein danke? ... 171
3.3 Eigenverantwortung ... 173

Literatur ... 175
Register ... 195

I. Ökonomische Grundlagen des Handels

1. Die Gründungsväter Adam Smith und David Ricardo

Der Ökonom und Philosoph Adam Smith gilt als Vater der Nationalökonomie und wird meist assoziiert mit der „unsichtbaren Hand des Marktes“. Hinter dieser Metapher steht die Idee, dass aus dem eigennützigen Verhalten des Einzelnen, der besser, schneller, erfolgreicher sein will als die Anderen, ein Gewinn für das Gemeinwohl steht. Der Wettbewerb bedingt, dass der Verbraucher zwischen vielen Produkten wählen und das seiner Ansicht nach beste und/oder preiswerteste Produkt auswählen kann. Weniger bekannt, aber nicht weniger wichtig sind seine Überlegungen zum Außenhandel (Smith 1976, 1979).

Adam Smith wurde 1723 im Vereinigten Königreich, genauer in Schottland, geboren. Er wuchs auf in der Zeit des Absolutismus, in der ein Herrscher wie Ludwig XIV viel Kreativität entwickelte, um den „Sonnenstaat“, ein Schloss Versailles, die stehenden Armeen und vieles mehr finanzieren zu können. Jean-Baptiste Colbert, der Finanzminister des Sonnenkönigs, war es, der mit dem Konzept des Merkantilismus die Wirtschaftspolitik des Absolutismus prägte (Ammon in Janusch 2020: 4f). Auch wenn es „den“ Merkantilismus nicht gibt, weil die Staaten in Europa Varianten formten, und wir nicht von einem wirklich strukturierten Ansatz sprechen können, gab es Übereinstimmungen in der Denkhaltung. Die Idee hinter diesem Wirtschaftsmodell ist einfach: Das eigene Land soll möglichst viel selbst produzieren und exportieren. Idealerweise wird nur das importiert, was man im eigenen Land nicht hat oder nicht herstellen kann. Rohstoffe etwa, die zur Produktion gebraucht werden – und die holte man bevorzugt aus den Kolonien.

Der Plan war, im eigenen Land durch eine hohe Produktionsleistung möglichst viel Steuern einzufahren und durch Handelsüberschüsse die Staatskasse weiter aufzufüllen. Im Gegenzug baute der Staat die Straßen, die Häfen und Kanäle, unterstützte Gründungen von Einzelhandel und Manufakturen und schaffte Binnenzölle ab. Gleichzeitig wurde der Schutz der eigenen Wirtschaft nach außen forciert: durch Subventionen im Inneren, indem die heimische Wirtschaft staatliche Fördergelder erhielt und nach außen durch hohe Einfuhrzölle.

Im merkantilistischen Weltbild wird Handel als Null-Summenspiel betrachtet: Der Gewinn eines Staates ist zwangsläufig der Verlust des anderen. Die Macht des Staates bemisst sich daran, wieviel Geld er hat. Geld kann man durch Handel ins Land holen. Wer am meisten exportiert und am wenigsten importiert, „gewinnt“ dieses Spiel, weil er viel produziert, daher viele Menschen beschäftigt und den Import gut finanzieren kann. Das ist eine Sichtweise, die sich durch die Jahrhunderte hartnäckig hält. Der Schutz der eigenen Wirtschaft etwa durch Zölle ist immer noch aktuell. Der Blick auf die Leistungsbilanz des Außenhandels, also das Verhältnis von Export zu Import, ist für viele Politiker ein wichtiger Parameter, um protektionistische Maßnahmen einzuleiten. Man fand protektionistische Handlungen in den Umständen, die zur großen Depression in den zwanziger Jahren des letzten Jahrhunderts geführt haben und in der Handelspolitik des amerikanischen Präsidenten Trump, der sich in der Null-Summenspiel-Thematik verfangen hat.

Null-Summenspiel – ein Spiel der Spieltheorie
Null-Summenspiel meint, dass die Summe von Gewinn und Verlust aller Spieler zusammen gleich null ist. Was der eine gewinnt, verliert der andere. Demnach gibt es einen Kuchen zu verteilen und wer das größte Stück bekommt, ist der Gewinner. Sein Gewinn geht immer auf Kosten des Anderen.
Die beiden Spieler haben dieselben Interessen und konkurrieren um eine statische Größe, den Kuchen, der zu verteilen ist. In dieser Null-Summendenke, wird nicht darüber nachgedacht, den Kuchen zu erweitern, zu kooperieren und gemeinsame Lösungen zu suchen. Die Welt bleibt schwarz-weiß. Was der Gegenüber bekommt, kann der Andere nicht mehr haben.
Wenn Spieler erkennen, dass sie durch Kooperation bessere Bedingungen für beide Partner schaffen, sind wir im Bereich der Nicht-Null-Summenspiele. Das Gefangenen-Dilemma ist der Klassiker (Winter 2019).

Adam Smith hat für sich erkannt, dass das merkantilistische Programm, inklusive der permanenten Einmischung des Staates in wirtschaftliche Prozesse, kein Zukunftsprogramm sein sollte. Er hat mit seinen Ansätzen einer Außenhandelstheorie die Merkantilisten an Schwachstellen ihrer Denkwelt erwischt und die Prämissen ihrer Annahmen erschüttert. Um Wohlstand zu schaffen, braucht es Offenheit, damit mehr Menschen, also auch Bürgerinnen und Bürger anderer Staaten, am wachsenden Angebot teilhaben können.

1.1 Adam Smith: Absolute Kostenvorteile

Im Zentrum von Smiths Analyse stehen die absoluten Kostenvorteile, die zum Kerngedanken der klassischen Außenhandelstheorie gehören. Damit räumt Smith mit der Idee auf, dass Handel nur gut ist, wenn man viel exportieren kann. Er zeigt, dass es immer dann Sinn macht, Waren auszutauschen, wenn die Handelspartner sich auf die Produkte und Leistungen konzentrieren, die sie erkennbar besser können als der Gegenüber.

Sie kennen das selbst: Wenn Ihr Freund besser kochen kann als Sie, aber kein Talent dafür hat, IKEA-Regale aufzubauen, was Sie mit links erledigen, dann macht Arbeitsteilung Sinn. Sie bauen, ihr Partner kocht. Sie profitieren, und zwar nicht nur, weil die Stimmung besser ist, sondern, weil sie beide Zeit gewinnen, die sie für Neues oder zumindest interessantere Dinge einsetzen können. Wenn wir das unter volkswirtschaftlichen Gesichtspunkten betrachten, sprechen wir nicht nur von Talent, sondern von Produktivität. Wer produziert effizienter? Und wie tritt man dann in den Handel ein?

Im Sinne der absoluten Kostenvorteile nach Adam Smith kann das wie folgt aussehen: Die Franzosen brauchen für die Herstellung eines Camemberts 20 Stunden, die Deutschen 40 Stunden. Aber wenn es um die Bratwurst geht, haben die Deutschen mit 5 Stunden Herstellungszeit die Nase vorn, denn die Franzosen brauchen doppelt so lange. Wenn wir bei jedem Land jeweils zehn Camembert und zehn Bratwürste bestellen, braucht Frankreich 300 (10x30) und Deutschland 450 (10x45) Stunden, macht 750 Stunden für zwanzig Camemberts und zwanzig Bratwürste. Wenn wir bei Frankreich 20 Camemberts und bei Deutschland 20 Bratwürste bestellen, also dasselbe Ergebnis haben, kommt Frankreich auf 400 (20x20) und Deutschland auf 100 Stunden (20x5). Die Ersparnis in Arbeitsleistung beläuft sich auf 250 Stunden. Stunden, die weiter in die Produktion von Camembert bzw. Bratwürste investiert werden können und damit die Lernkurve bei der Herstellung steigern. Das führt zu weiterer Produktivität und damit zu besseren Konditionen im Geldbeutel der Kundinnen und Kunden, denn der Camembert wird für die Verbraucher in Deutschland preiswerter.

Absolute Vorteile durch Fokussierung

Diese Fokussierung auf Kompetenzen im Sinne der Arbeitsteilung führt in Smiths Sicht dazu, dass sich Wohlstand über nationale Grenzen ausbreiten kann. Er schreibt: „Alle finden, dass es im eigenen Interesse liegt, ihren Erwerb uneingeschränkt auf das Gebiet zu verlegen, auf dem sie ihren Nachbarn überlegen sind und den übrigen Bedarf mit einem Teil ihres Erzeugnisses oder, was dasselbe ist, mit dem Erlös daraus, zu kaufen. Was aber vernünftig im Verhalten einer einzelnen Familie ist, kann für ein mächtiges Königreich kaum töricht sein. Kann uns also ein anderes Land eine Ware liefern, die wir selbst nicht billiger herzustellen imstande sind, dann ist es für uns einfach vorteilhafter, sie mit einem Teil unserer Erzeugnisse zu kaufen, die wir wiederum günstiger als das Ausland herstellen können.“ (Smith in Recktenwald 1993: 371).

Er hat damit gezeigt, dass es den Staaten und den Bürgern, nicht guttut, wenn sie sich abschotten vom Rest der Welt, bzw. versuchen, eine sogenannte „Beggar-my-neighbour“-Politik zu betreiben. Darunter werden alle Maßnahmen verstanden, die durch Exportförderung, Einfuhrbeschränkung und auch Währungsmanipulation darauf abzielen, dem eigenen Land einen Vorteil gegenüber anderen Ländern zu verschaffen.

Im Umkehrschluss heißt das: Wenn Angebot und Nachfrage auf freien (internationalen) Märkten zueinander finden, funktioniert die Wohlstandsmehrung über Grenzen hinweg. Erfolg hat, wer die Güter zur Verfügung stellt, die von den Konsumenten als attraktiv bewertet werden. Es ist so betrachtet ein Win-Win-Spiel und wir erkennen auch die „unsichtbare Hand des Marktes", die den (internationalen) Wettbewerb geschickt über den Preis lenkt. Wer einbringt, was er am besten kann oder am meisten hat, trägt zur allgemeinen Wohlstandsmehrung bei. Ein Fanal für den Freihandel!

Das ist im Übrigen ein Konzept, das Unternehmensberater bzw. Betriebswirte den Unternehmen nahelegen: Konzentration auf die Kernkompetenzen ist eine Erfolgsformel. Generell betrachtet, leben wir das jeden Tag: Wir rufen den Heizungsmonteur an, wenn etwas kaputt ist und basteln – hoffentlich – nicht selbst rum. Wir gehen zum Friseur, wobei manche ihre Haare selbst schneiden, was man ihnen häufig ansieht. Alle profitieren, weil die Sicherheit gewährleistet ist. Die Heizung läuft und die Frisur sitzt. Dieser Austausch von Kompetenzen ist im lokalen und nationalen Raum oft durch Gesetze abgesichert. Nicht so wirklich, wenn der Meister die Frisur verhunzt, aber wenn der Heizungsfachmann einen fachlichen Fehler macht, der ihnen schadet.

Auf internationaler Ebene gibt es für solche Prozesse auch Regeln. Zu Adam Smiths Zeiten deutlich weniger als heute. Regeln aufzustellen ist nicht Aufgabe der Ökonomen, es ist Sache der Politik. Dabei hat der Staat in Smiths Betrachtung wenig Bedeutung; die handelnden Akteure sind Unternehmer, die über die Staatsgrenzen hinweg Kontakte pflegen und Geschäfte machen. Und viele haben erkannt, dass dieser Austausch Sinn macht – der Handel nahm zu. Was ist aber mit den absoluten Kostenvorteilen, wenn ein Land gegenüber einem oder mehreren anderen durchgehend absolute Vorteile hat? Die USA könnte allein aufgrund ihrer Größe annehmen, dass sie über alle Bundesstaaten hinweg besser ist als andere Länder. Soll es dann auf Handel verzichten?

1.2 David Ricardo: Komparative Kostenvorteile

David Ricardo klärte diese Frage mit einem erweiterten Konzept und Abstand von absoluten Betrachtungen. Er war ein erfolgreicher Geschäftsmann, 1772 in London geboren, der sich mit Mathematik beschäftigte und Smiths „Wohlstand der Nationen" gelesen hat. Er kannte die Theorie der absoluten Kostenvorteile und entwickelte sie weiter zur Theorie der komparativen Kostenvorteile. Wie Smith geht er nicht darauf ein, dass die Produktionsfaktoren eine unterschiedliche Produktivität haben und der Faktor Arbeit eventuell gegenüber dem Faktor Kapital abfallen würde.

Der Ansatz der komparativen Kostenvorteile war ein entscheidender Schritt für das Verständnis von Außenhandel. Ricardo belegte, dass es sich grundsätzlich lohnt, Handel zu betreiben. Selbst dann, wenn ein Land einem anderen gegenüber in allen Bereichen absolute Kostenvorteile hat. Wie nah er auf philosophischer Ebene Adam Smith war, zeigt diese Aussage: „Unter dem System von vollständig freiem Handel widmet natürlicherweise jedes Land sein Kapital und seine Arbeit solchen Verwendungen, die jedem am segensreichsten sind. Dieses Verfolgen des individuellen Nutzens ist wunderbar mit der allgemeinen Wohlfahrt der Gesamtheit verbunden“(Ricardo in Reiß 2007: 82). Heißt: Freihandel ist gut für alle!

Nach Ricardo ist entscheidend, dass es ein Produkt gibt, das ein Land relativ oder komparativ zum anderen Land effizienter produzieren kann. Demnach bemisst sich der relative Tauschwert zweier Güter an den Arbeitsstunden, die zur Produktion benötigt werden. Ricardo hat das zeitgemäß am Beispiel des englischen Tuchs und des portugiesischen Weins veranschaulicht.

Wir nehmen auch ein zeitgemäßes Beispiel und stellen es in eine Matrix. Peter und Susi sind zusammengezogen und nun beginnt die Diskussion, wer bügelt, wer das Bad putzt etc. Es geht um das, was auch den internationalen Handel ausmacht: um Arbeitsteilung. Dabei sieht der Zeitaufwand der beiden so aus:

	Peter	**Susi**
Bügeln	6	2
Bad putzen	4	3
Gesamtzahl	10	5

Die Angaben basieren auf nicht repräsentativen Erfahrungswerten, zeigen aber, dass Susi absolute Vorteile hat, in beiden Punkten. Nach Adam Smith, gibt es daher für Susi ökonomisch betrachtet, keinen Grund, mit Peter weiter zu kooperieren. Wir lassen – ceteris paribus – alle anderen Aspekte einer Kooperation bzw. Beziehung außen vor!

David Ricardo hat sich das genauer angeschaut und erkennt folgende Konstellation: Peter hinkt beim Bügeln stärker nach als beim Putzen. Bei einer komparativen Betrachtung ergeben sich die Vorteile der arbeitsteiligen Zusammenarbeit aus den Zahlen. Wenn sich beide auf ihre relativen Vorteile konzentrieren, sieht die Lage wie folgt aus:

	Peter	**Susi**
Bügeln	X	4

	Peter	Susi
Bad putzen	8	X
Gesamtzahl	8	4

Peter gewinnt zwei Stunden, weil er nicht mehr bügeln muss. Susi immerhin eine Stunde. Das ist nicht viel für Susi, schafft aber Raum für quality time. Beide können ihre Effizienz steigern, wenn sie sich darauf fokussieren, was sie relativ besser können als der Andere. Es entsteht freie Zeit für innovative Putz- oder Bügel-Ideen, für mehr Produktion oder auch einfach für mehr Lebensqualität. Das ist das Prinzip des komparativen Kostenvorteils.

Verständlich, wenn an dieser Stelle Fragen aufkommen: Bügelt Susi so akkurat wie Peter? Wischt sie in den Ecken im Bad nach? Warum ist Susi viel schneller, hat sie das irgendwo gelernt? Setzt sie eine Maschine ein? Kann Peter aufholen, wenn er eine Weiterbildung macht? Will er das überhaupt? Ganz Schlaue stellen die Frage, warum Susi nicht alles macht, wenn sie alles besser kann? Nicht nur im Zeitalter von Nachhaltigkeit, Resilienz und Geschlechter-Gerechtigkeit muss man damit rechnen, dass es zur einseitigen Kündigung der Gesamtkonstellation kommen kann. Zum Nachteil aller Beteiligten, auch wenn wir uns nur auf Putzen und Bügeln beschränken. Handelspolitisch gesehen landet man bei Fragen mit politischem Charakter wie:

- Welche Standards werden definiert? Da geht es um Qualität, den Einsatz von verbotenen Mitteln, Gründlichkeit usw. Viele dieser Standards wie die ISO-Normen oder auch die Prinzipien der Internationalen Arbeitsorganisation ILO gelten beispielsweise nur in einigen Ländern.
- Manchmal stehen sogar Grundrechte zur Debatte: Werden die exportierten Produkte unter menschenwürdigen Bedingungen hergestellt, oder werden Menschenrechte dabei verletzt?
- Wird Rücksicht genommen auf die Umwelt und Nachhaltigkeit? CO_2-Ausstoß, Einsatz umweltschädlicher Produktionsmittel etc.
- Was passiert, wenn sich die Partner streiten? Etwa weil der eine nicht zu den angegebenen Konditionen geliefert hat? Wer regelt das dann?
- Wer legt überhaupt die ganzen Bedingungen fest unter denen Handel abläuft? Ist es das eigene Land oder ist es eine übergeordnete Instanz, wie etwa die EU, oder gar eine, die global agiert?

Die komparativen Kostenvorteile sind noch heute die Grundlage und Begründung für Freihandel. Nur das Fanal, dass Freihandel tatsächlich allen nützt, wurde im Lauf der Zeit etwas nach unten gefahren. Weil die Realität oft andere Ergebnisse zutage brachte, die in einem komplizierten Zusammenspiel unterschiedlichster Positionen entstanden. Viele Ökonomen haben – meist durch Beobachtung und Hinterfragung der Entwicklungen – neue Perspektiven auf den Handel geworfen und neue Ansätze entwickelt. Oft haben sie dazu die Bedingungen der Modelle erweitert.

Smith und Ricardo haben sich in ihren Modellen auf den Faktor Arbeit fokussiert. Das ist eine legitime Vorgehensweise. Ökonomen arbeiten gerne unter sog. ceteris paribus Bedingungen, heißt: unter sonst gleichen Bedingungen. Ändert man die Bedingungen in einem Modell ändern sich gegebenenfalls die Ergebnisse. Diese Dynamik ist in Sozialwissenschaften gang und gäbe, weil es eine Wechselwirkung zwischen Theorie und Realität gibt. Für Mathematiker ist das nicht selbstverständlich. Sie arbeiten mit Axiomen, deren Gültigkeit nahezu unabhängig sind von der realen Welt. Daraus ergaben und ergeben sich Reibungsflächen zwischen den Fakultäten, die immer wieder die Legitimität des wissenschaftlichen Anspruchs aufwarfen (Hornbostel 2014).

Ceteris Paribus

Ökonomen arbeiten mit Modellen, die die Komplexität der Wirklichkeit reduzieren. Das ergibt Sinn, wenn man grundlegende Punkte und Wirkmechanismen verstehen will. Deshalb wird ein Modell konstruiert, das nur einen Faktor und dessen Bewegungen betrachtet, während die anderen Bedingungen gleich bleiben. Nur diese eine Variable wird verändert und die Konsequenzen dieser Veränderung werden beobachtet. Damit wird es möglich, diese Variable näher in den Blick zu nehmen und ihre Auswirkungen zu verstehen. Modelle mit mehreren Variablen sind ebenfalls denkbar.

Das Modell spiegelt die Realität nur bedingt. Die Volkswirtschaftslehre wurde vor allem im Nachgang der Wirtschafts- und Finanzkrise 2008 für ihre Realitätsferne kritisiert. Dafür, dass es kaum Frühwarnsysteme gab, um in einer sehr verwobenen Finanzwelt vor solchen Krisen zu warnen, bzw. zu erkennen, dass Krisen eintreten. Diskussionen wurden geführt über das Selbstverständnis des Wissenschaftszweiges. Scheitern die Modelle an der Realität, scheitern sie an sich selbst, scheitern sie daran, dass sie nicht verstanden werden oder daran, dass ihre Sicht eine Menge anderer Positionen – politische, soziale, ökologische – gar nicht in die Betrachtung mit einbezieht? Es ist mehr als legitim, als Student über solche Fragen nachzudenken. Die Größen der jeweiligen Disziplinen tun das auch (Plinkert 2017).

Eine aufschlussreiche Anekdote zwischen dem Wirtschaftsnobelpreisträger Paul Samuelson und dem Physiker Stanislaw Ulam unterstreicht die Bedeutung von Ricardos Theorie. Ulam bat Samuelson um einen Lehrsatz aus allen Sozialwissenschaften, der sowohl wahr als auch nicht trivial sei. Samuelson nannte das Prinzip des komparativen Kostenvorteils. Er musste den Physiker Ulam nicht überzeugen, dass es sich um eine logische, mathematisch schlüssige Idee handelt. Dass sie nicht trivial ist, sah er als „belegt durch die Tausenden von wichtigen und intelligenten Männern, die nie in der Lage waren, diese Doktrin zu verstehen oder sie anzunehmen, nachdem sie ihnen erklärt wurde“ (Crook 2007: 1; Übersetzung durch die Autorin). Sollten Sie dieses „wahre“ und „nicht triviale“ Theorem verstanden haben, gehören Sie nun in eine privilegierte Gruppe der Wissenden.

Die Produktionsfaktoren Arbeit – Kapital – Boden

Die Produktionsfaktoren gehen auf Adam Smith und David Ricardo zurück. Damit sind alle Einsatzmengen gemeint, die erforderlich sind für die Herstellung von Waren und Dienstleistungen. Arbeit und Boden sind die originären Faktoren für die Produktion von Gütern. Kapital ist der dritte Faktor, der konsequenterweise aus diesen beiden abgeleitet wird. Mittlerweile wird als vierter Produktionsfaktor Bildung im weitesten Sinne mit aufgenommen.

In der Betriebswirtschaftslehre stellen die Produktionsfaktoren die Grundlage zur Fertigung von Waren und Dienstleistungen, allerdings werden sie anders unterteilt: Es gibt einmal die Arbeit der Mitarbeiter und dann gibt es notwendige Materialien, um ein Produkt herzustellen. Seltene Erden oder auch Halb- und Fertigerzeugnisse, die man von Zulieferern bezieht, plus Betriebs- und Hilfsstoffe. Dazu braucht es Maschinen, Logistik und Werkzeuge, die gemeinhin als Betriebsmittel gelten. Und auch die Unternehmensführung wird betriebswirtschaftlich darunter subsumiert. Diese Unterscheidung ist wichtig, um zu verstehen, wie sich Lieferketten bzw. Wertschöpfungsketten entwickeln (Wöhe 2020).

Die Weiterentwicklung der Grundgedanken ist eine wichtige Herausforderung an die Wissenschaft, um immer mehr und feiner zu verstehen, nach welchen Gesetzmäßigkeiten sich Handel tatsächlich bewegt. Ein Weg ist, die Prämissen bzw. Modellvariablen zu erweitern. Produktion ist in Ricardos Modell nur von der Arbeitskraft abhängig. Die Arbeiter wurden als gleichwertig in Bezug auf ihren Arbeitseinsatz betrachtet. Produktivitätsunterschiede, also: Wer kann schneller, besser, gründlicher putzen, werden nicht eingerechnet. Der Produktionsfaktor Kapital floss ebenfalls nicht mit ein. Die Wettbewerbsidee dahinter ist, dass Länder mit vielen Arbeitskräften Produkte an den Markt bringen, die arbeitsintensiv sind. Wer mit kapitalintensiven Produkten, wie etwa Maschinen, arbeitet und handelt, würde eher das zur Verfügung stellen. Dass sich da eine Lücke ergeben kann, weil die einen ihr Kapital schneller vermehren können als die anderen arbeiten, hat sich im Lauf der Zeit herausgestellt. Paul Samuelson hat einen wichtigen Beitrag geleistet, um diese Lücke aufzuzeigen und auf ein Win-Win für alle Beteiligten hingearbeitet. In der Theorie. Auch andere Wissenschaftler haben das getan, vor allem Eli Heckscher (1879–1952) und Berit Ohlin (1899–1979), von denen Samuelson beeinflusst war. Die beiden Schweden haben mit Blick auf diese Produktionsfaktoren einen wesentlichen Beitrag zur Weiterentwicklung der klassischen Außenhandelstheorie von Smith und Ricardo geleistet. Alle waren inspiriert vom realen Anwachsen der Handelsverflechtungen.

2. Dynamik in Handel und Globalisierung

Der internationale Handel hat im 19. Jahrhundert deutlich zugenommen. In den Jahren der Weltkriege verlor Europa, vor allem Großbritannien, seine globale Vormachtstellung an die USA: Die Welthandels-Ströme verlagerten sich hin zum atlantischen Raum. Und es gab nach 1945 signifikante Änderungen in den weltpolitischen Ordnungsmodellen. Die das Freihandels-Modell tragenden Säulen wie Liberalismus, Demokratie und Marktwirtschaft sahen sich mit dem Sozialismus einem neuen Wettbewerber gegenüber.

Irgendwo in der Phase nach 1945 beginnt man von Globalisierung zu sprechen. ‚Irgendwo' deshalb, weil es schwierig ist, die Entwicklung des Welthandels in Phasen einzuteilen. Natürlich macht es Sinn, dass Historiker versuchen, den Prozess zu systematisieren. Das hilft beim Nachvollziehen der Strukturen, auch wenn die Abgrenzungen fließender sind als das, was in den Zahlenreihen steht. Wir werden im weiteren Verlauf Peter Fäßler folgen, allerdings nicht ohne Osterhammel/Peterson zu Wort kommen zu lassen und ihren Ansatz im Hinterkopf zu behalten. Die beiden haben eine spezielle „Geschichte der Globalisierung" mit spannenden Akzenten geschrieben: „Fasst man Globalisierung als den Aufbau, die Verdichtung und die zunehmende Bedeutung weltweiter Vernetzung auf, so verliert der Begriff seinen statistischen und totalisierenden Charakter. Die Frage ist nun nicht mehr, ob sich mit dem Begriff der ‚Globalisierung' eine adäquate Zustandsbeschreibung der Welt der Gegenwart geben lässt. Vielmehr wird die Aufmerksamkeit auf die Geschichte weltweiter Verflechtungen, ihres Ausbaus und ihrer Erosion, ihrer Intensitäten Auswirkungen gelenkt" (Osterhammel/Niels 2019: 24).

2.1 Phasen und Perioden der Globalisierung

In ökonomischer Hinsicht bedeutet Globalisierung, dass Volkswirtschaften bzw. Absatz- und Beschaffungsmärkte miteinander in Austausch treten und dass es in der Konsequenz zu Arbeitsteilung bzw. Spezialisierung bei den Handelspartnern kommt. Treiber dieser Interaktionen sind technologische Neuerungen, Transport, Kommunikation und politische Maßnahmen.

In der sogenannten ersten Globalisierungsphase (1840–1914) gab es eine ganze Reihe aneinander gekoppelter Entwicklungen, die die internationale Bühne erkennbar werden ließen (Fäßler 2007: 77–79). Das waren Innovationen im Produktionsbereich, also Mechanisierung und die daraus resultierende Massenproduktion. Durch sie wurde der Weltmarkt als Absatzmarkt immer interessanter. Entsprechend boten sich Eisenbahn und Dampfschiff, die Revolutionen im Transportwesen, an, Produkte von A nach B zu bringen und das Ganze konnte dank Funk, Telefon und Telegraf koordiniert werden. Die Chance zur Kommunikation war ein wichtiger Booster für die Organisation und Gestaltung der Absatzmärkte. Freier Handel hatte sozusagen freie Bahn.

Liberalismus
Der Liberalismus ist zunächst eine Weltanschauung, die die Freiheit des Einzelnen in den Mittelpunkt stellt und entsprechend jede Form von Zwang, egal ob wirtschaftlich, politisch, gesellschaftlich oder geistig, ablehnt. Das Menschenbild dahinter ist das eines aufgeklärten Individuums, das selbstständig denkt und eigenverantwortlich handelt. Immanuel Kant (1724–1804), der große Aufklärer, hat das in eine sehr einfache Formel gebracht: „Sapere aude", habe Mut, dich deines Verstandes zu bedienen (Kant 1912/1795).
„Ideengeschichtlich bildet der Liberalismus als breite politisch-philosophische Denkströmung die Grundlage der modernen Demokratie. Er hat Gewaltenteilung und Rechtsstaat, eine ständige Ausweitung politischer Partizipation und eine aktive Bürgergesellschaft befördert. In seinem Zentrum steht das Postulat der gleichen Freiheit aller und die normative Idee der Menschenrechte. Beide sind subversive Postulate gegenüber Verhältnissen, in denen sie nicht eingelöst sind. Auch die Vorstellung einer durch das Recht geregelten internationalen Ordnung geht auf liberale Denker zurück.", so die umfassende Beschreibung von Fücks und Manthe (Fücks/Manthe 2022: 9).

Vor allem die Unternehmen, die diese internationalen Absatzmärkte bedienten, forderten zunehmend internationale Rechts- und Währungsstandards, um die damit verbundenen Risiken vertretbar zu machen. Wichtig ist zu sehen, dass die Etablierung solcher Maßnahmen vor allem durch die starke Handelsmacht Großbritannien Stück für Stück durchgesetzt werden konnten. Die Briten gaben als Welthandels- und Finanzzentrum weitgehend die Leitlinien vor.

Gerald Braunberger, Herausgeber der Frankfurter Allgemeine Zeitung (FAZ), schreibt 2022, im Einklang mit Fäßler: „Globalisierung funktioniert gut, wenn ein an ihr interessierter Hegemon ihre Regeln definiert und ihren institutionellen Rahmen garantiert. Die erste Globalisierung im 19. Jahrhundert wurde begleitet von der Pax Britannica, der größten Machtentfaltung des britischen Empire. Die Globalisierung der Zeit nach dem Zweiten Weltkrieg entstand nicht zufällig in einer Zeit, in der die Vereinigten Staaten von Amerika als Hegemon für die Pax Americana standen." (Braunberger 2022)

Zurück in die Geschichte: Ein ganz wesentlicher Tag für die Entwicklung weg vom Merkantilismus, hin zum Freihandel, war der 15. Mai 1846. An diesem Tag wurde in Großbritannien der sogenannte corn act bzw. die corn laws aufgehoben. Ursprünglich sollte damit im merkantilistischen Sinne die heimische Wirtschaft durch hohe Einfuhrzölle auf Getreide geschützt werden. Aber die Hungersnot im Land ließ einen massiven Kurswechsel bei diesem ohnehin umstrittenen Gesetz zu bzw. machte ihn erforderlich. Dass es in der Folge weder zu dem von Kritikern erwarteten dramatischen Preisverfall bei Getreide kam, noch zu einer Flutung des Marktes in Großbritannien – die großen Befürchtungen der Merkantilisten – stärkte die Fraktion der Freihandels-Befürworter. Der Geist des Freihandels war aus der politischen Flasche. In der Folge kam es zu einer Neuorientierung bzw. Ersetzung des merkantilistischen Geschäftsmodells. Heute würde man vermutlich von Disruption sprechen. Nicht mehr Abschottung, sondern Erschließung und Öffnung der Marktbeziehungen war die Parole. Ähnliches passiert heute – nur in die andere Richtung.

Im Jahr 1860 schlossen Großbritannien und Frankreich den Cobden-Chevalier-Vertrag. Er war der Katalysator, mit dem in Zukunft Zölle merklich reduziert werden sollten. Vor allem über die sogenannte Meistbegünstigungsklausel. Damit öffneten sich ganz viele Möglichkeiten, denn diese Klausel besagt, dass jeder Vorteil, der einem Partner zugesagt wird, auch den anderen zugestanden werden muss. Diese Vorgehensweise wurde zielführend für die Idee des Handels und auch die der Globalisierung. Die Welt wurde kleiner, weil ein vielfältiges und weitreichendes Netz des Austausches entstand.

2.2 Kriegerische Einschnitte und multilaterale Blüten

Die beiden Weltkriege rissen diese Bande auseinander. Infrastruktur und soziale Netzwerke wurden zerstört, die Kommunikation zwischen den Nationen aber auch den Unternehmen, war quasi gestoppt. In der Weltwirtschaftskrise, die um 1929 datierte, war Handel ein schwieriges Thema. Unternehmen, die im Ausland investiert hatten, mussten massive Verluste hinnehmen, weil es keinen Schutz gab für ihre Investitionen (Fäßler 2007: 98–119). Ob sich das System wieder erholen würde, war keinesfalls ausgemacht. Protektionismus, der Schutz der eigenen Wirtschaft, hatte Vorrang, Sicherheit und Versorgung der eigenen Bevölkerung standen an erster Stelle. In Krisenzeiten ist dieser Rückzug auf die nationale Ebene ein naheliegender Reflex; denken Sie an Corona.

Trotz aller Abschottung und trotz der anti-liberalen Strömungen wie Faschismus bzw. Nationalsozialismus setzten sich die Pflänzchen globaler Ordnungssysteme durch. Herausragend hier der Völkerbund, den der amerikanische Präsident Woodrow Wilson 1914 ins Leben rief mit der Vorstellung, eine Weltordnung auf Basis kooperierender Partner aufzubauen. Nach dem zweiten Weltkrieg war es Amerika, das sehr machtvoll auf die internationale Bühne trat und die Verhandlungen um die Neuordnung der Handels- und Währungssysteme maßgeblich mitbestimmte. Mit dem General Agreement on Tariffs and Trade (GATT) sollte der Welthandel in weiten Teilen auf möglichst freien Fuß gesetzt werden. Mit der Installation des Bretton-Woods-Systems gab es eine internationale Währungsordnung mit Wechselkurs-Bandbreiten und dem Dollar als Ankerwährung. Um das durchzusetzen, wurden auf der Konferenz von Bretton Woods 1944 die Weltbank und der Internationale Währungsfonds IWF als Organisationen der UN geschaffen.

Die Zeichen standen auf Freihandel und das Wachstum zeigte deutlich, dass die Akzeptanz der Unternehmen und der Staaten, Güter untereinander auszutauschen, sehr hoch war. Ob dieser internationale ökonomische Austausch, Welthandel oder gar Globalisierung tatsächlich einen Hegemon braucht, das beschäftigte die Politikwissenschaftler. Die Ökonomen dagegen konnten zuschauen, wie der Handel weiter prosperierte.

Sie sahen sich mit einer anderen Frage konfrontiert. Es gab schon in den 20er/30er Jahren Anzeichen dafür, dass es nicht nur Gewinner, sondern auch Verlierer im Universum des Freihandels und der Globalisierung gibt. Heckscher/Ohlin haben in den 1930er Jahren diese Debatte geprägt. Theorie folgt der Praxis. Vice versa.

3. Gewinner und Verlierer im Welthandel

Eli Heckscher war Anhänger des Freihandels und stand in der Tradition von Ricardo. In seinem Modell hat er den Faktor Kapital in Ansatz gebracht. Damit konnten die Preise der Produktionsfaktoren, Lohn (Arbeit) und Zins (Kapital), mit in die Betrachtung einbezogen werden. Außenhandel stand damit in Verbindung zur Einkommensverteilung. Heckscher's Doktorand, Berit Ohlin, hat das aufgegriffen und den Grundstein für die Faktorproportionentheorie gelegt. Sie erklärt Handel und die Handelsströme mit der unterschiedlichen Ausstattung von Produktionsfaktoren in den Ländern.

Man erkennt schnell, an welches Gedankengut sich die beiden anlehnen, denn das Theorem sagt aus: Ein Gut wird vor allem dann exportiert, wenn bei der Erstellung der Faktor genutzt wird, der relativ zu anderen Faktoren reichlich vorhanden ist und wenn die Produktion viel Einsatz bzw. Vorhandensein des jeweiligen Faktors erfordert.

Die Grundidee im Zwei-Länder-Modell

In einem Zwei-Länder-Modell, in dem es um zwei Güter und die Faktoren Arbeit und Kapital geht, exportiert das Land A mit mehr Kapital in Relation zum Faktor Arbeit, kapitalintensive Güter. Land B, das in Relation zum Kapital viel Arbeitskräfte hat, exportiert arbeitsintensive Produkte. In diesem Modell gelten die Bedingungen, dass die Produktionsfaktoren homogen sind. Boden, Klima, Ausbildung der Arbeiter und alle Produktionstechniken sind gleich. Handelsbeschränkungen gibt es nicht, Transportkosten spielen keine Rolle, der Wettbewerb läuft sauber, die Welt ist in Ordnung.

Unbestritten ist, dass Länder unterschiedliche Faktorausstattungen haben und alle profitieren, wenn sie gemäß ihrer Faktorausstattung handeln. Auch wenn das arbeitsreichere Land kapitalintensive Produkte herstellen kann, weil es die Techniken dazu hat, wird es das laut Heckscher/Ohlin nicht tun. Weil Produktionstechniken einen hohen Kapitalbedarf erfordern und dieser Produktionsfaktor in Land B verhältnismäßig knapp und damit teuer ist. Im Gegensatz dazu ist in Land A Kapital reichlich vorhanden und damit relativ gesehen günstig, während Arbeit knapp und vergleichsweise zu Land B sehr teuer ist. Ein Rechenexempel, das Sinn macht.

Beispiel: Amerika exportiert Smartphones, also kapitalintensive Güter, und importiert das arbeitsintensive Gut Kleidung aus Bangkok. Durch den Export wird in Amerika die Produktion von Smartphones angekurbelt – und damit die Nachfrage nach Kapital. Sprich: Der Zins, die Kosten für das Kapital, steigt. Die Löhne in der Kleidungsbranche sinken, weil die Produktion von Kleidern weniger wird und entsprechend auch die Nachfrage nach Arbeitern in dieser Branche. Und umgekehrt. Der Prozess läuft so lange, bis sich die Preise in den Ländern angeglichen haben und der Export sich nicht mehr lohnt.

Logik der Faktorangleichung

Die Faktorangleichung zeigt, dass die Kapitalbesitzer im reichen Land und die Arbeiter im armen Land die Gewinner sind. Verlierer sind dann entsprechend die Arbeiter im kapitalreichen Land, deren Arbeitsplätze zusehends von den Näherinnen und Nähern im anderen Land ersetzt wurden. Man kann sagen, dass es eine Annäherung der relativen Preise gibt. Ob das dann auch bedeutet, dass der Lohnsatz in Land A nicht nur relativ zum Zinssatz sinken wird, sondern auch absolut gesehen, ist damit nicht beantwortet. Damit haben sich Paul Samuelson und sein Kollege Wolfgang F. Stolper beschäftigt.

Heckscher/Olin schufen damit das Verständnis, dass man eben nicht von „Allen" sprechen kann, wenn man über die Vorzüge des Freihandels spricht. Grundsätzlich kann man sagen, dass es ein gutes und mehrheitlich gewinnbringendes Prinzip ist. Aber eben auch eins, das Unterschiede manifestieren und zur weiteren Ungleichverteilung der Chancen und Risiken beitragen kann. Die Idee, dass Freihandel im Allgemeinen gut ist, aber im Detail manchmal schlecht, war auf der Agenda. Das ist wichtig, weil es in der Essenz auch befreien kann von dem Vorwurf, dass es sich um eine Ideologie handelt. Samuelson hat zur weiteren Differenzierung beigetragen.

3.1 Fortschritt durch Verfeinerung: Paul A. Samuelson

Paul Samuelson hatte wohl die Neigung, Dinge auf den Punkt zu bringen und an Begriffen zu feilen mit klaren Ansagen wie: „Der Markt hat kein Herz, der Markt hat kein Gehirn. Er tut, was er tut" (Hornig/Jung 2005).

1915 als Sohn eines Krämers, sprich Händlers, im Großraum Chicago geboren, hat Samuelson schon mit seiner Dissertation an der Universität Chicago versucht, dessen Gedankenwelt, die mit der sogenannten Chicago-Schule verbunden war, mit dem Gedankengut von John Maynard Keynes zusammenzubringen. Das war für damalige Zeitgenossen eher undenkbar, denn die Chicago-Schule und Keynes erscheinen an zwei Enden des theoretischen Spektrums. Samuelsons Idee war eine Synthese zwischen den beiden Denkschulen. Das ist etwas, was sich in wissenschaftlichen Kreisen öfter findet: Nach jahrelangen Disputen entsteht die Erkenntnis, dass eine Verbindung zwischen den Ideenwelten gut sein könnte.

Die Chicago-Schule hat das ökonomische Denken in der zweiten Hälfte des 20. Jahrhunderts mehr als alle anderen geprägt. So viele einflussreiche Namen, so viele Nobelpreisträger kamen aus diesen Reihen. Milton Friedman (Friedmann 2004) ist sicher einer der bekanntesten Vertreter mit seinem Ansatz des Monetarismus (Leschke 2012). So wenig Staat wie irgend möglich, verbunden mit der Überzeugung, dass der Staat keine Probleme löst, sondern im schlechtesten Fall noch schlimmer macht, steht auf dieser Agenda. Der Markt regelt Angebot und Nachfrage auf Basis der Steuerung der Geldmenge durch die Zentralbank. Das sind die Grundüberzeugungen der Monetaristen – darunter der gebürtige Freiburger Friedrich August von Hayek – und sie sind im Grunde ein Gegenentwurf zu den Lehren von Keynes. Der hat Mitte 1930 die „Allgemeine Theorie der Beschäftigung, des Zinses und des Geldes" veröffentlicht. Konsum, Investition und Sparen – das war sein Forschungsgegenstand und letztlich hat er damit die Wirtschaftspolitik auf eine neue Grundlage gestellt. Er vertrat die Meinung, dass es die Gesamtnachfrage aus Konsum (Private Haushalte) und Investition (Unternehmen) ist, die die Beschäftigung in einer Volkswirtschaft bestimmt (Keynes 2017: 1936).

Keynes saß in London, als er das Buch schrieb, zur Zeit der Weltwirtschaftskrise, die, wie wir wissen, zu einem starken Rückgang des Außenhandels führte, gerade auch in England. Neben der Diagnose, dass im marktwirtschaftlichen System Instabilitäten wie Massenarbeitslosigkeit und Inflation vorherrschen können, sah er den Lösungsweg vor allem in einem starken Staat, der Schwankungen zwischen Angebot und Nachfrage ausgleichen soll. Eingriffe des Staates waren in seiner Denkwelt notwendig, um die freien Kräfte des Marktes zu zähmen. Auf diesen Überlegungen basiert der Wohlfahrtsstaat – die Antipode des monetaristischen Ansatzes.

3.2 Gerechtigkeit und Marktmechanismus

Was hat Samuelson damit zu tun? Fassen wir ihn an einer seiner Definitionen, dem Markt. Das ist für ihn ein „Mechanismus, mit dessen Hilfe Käufer und Verkäufer miteinander in Beziehung treten, um Preis und Menge einer Ware, einer Dienstleistung oder eines Vermögenswerts zu ermitteln" (Samuelson/Nordhaus 2017: 57). In dieser idealen Modellwelt sorgt der Gleichgewichtspreis dafür, dass Angebot und Nachfrage in Balance bleiben. Wichtig dabei ist die Kaufkraft der Marktteilnehmer. Jeder leistet sich das, was er mit seinen Mitteln erwerben kann.

Das heißt für Samuelson, dass dieser Marktmechanismus keiner Gerechtigkeitsanforderung entspricht, denn: „So kann es dazu kommen, dass die Katze der Reichen genau die Milch trinkt, die für die Gesundheit der Kinder der Armen so dringend nötig wäre" (Samuelson/Nordhaus 1998: 62). Natürlich kann man diese Gedanken auch auf den Welthandel und die Globalisierung übertragen. Und wer, global betrachtet, dann die Milch bekommt oder nicht, das ist im ökonomischen Sinne des Welthandels etwas, was es für Samuelson weiter zu diskutieren gilt. Die Frage der ethischen Konsequenzen sollte auch in diesem Bereich nicht ausgeblendet sein.

Bevor wir uns das Samuelson-Stolper-Theorem anschauen, hier Auszüge aus einem Spiegel-Interview (s. Kasten), mit dem er mit 90 Jahren noch einmal im Kreis der Ökonomen auf sich aufmerksam machte (Hornig/Jung 2005). Heute, das Interview fand im September 2005 statt, sind uns manche seiner Gedanken näher, als der ein oder andere Experte oder die politische Szene das damals hätte wahrhaben wollen:

Interview mit Paul Samuelson

Samuelson: (...) Es ist einer der wichtigsten Grundsätze, die wir lehren, dass der freie Handel notwendigerweise die Lebensbedingungen für jeden verbessert und dass Spezialisierung und Diversifizierung für alle von Vorteil sind, für arme Länder wie für reiche. Den ersten Beweis dafür lieferte 1817 der große englische Ökonom David Ricardo. (...)

SPIEGEL: (...) Verlieren die Menschen am Ende mehr, als sie gewinnen?

Samuelson: Manchmal ist es so, dass sie mehr verlieren. Globalisierung führt nicht immer dazu, dass es nur Gewinner gibt. Es ist nicht wahr, dass alles, was die Globalisierung fördert, automatisch jedem nutzt. Das ist heute die Realität von Ricardos komparativen Kostenvorteilen.

SPIEGEL: Sie klingen beinahe wie ein Globalisierungsgegner.

Samuelson: Um Missverständnissen vorzubeugen: Das Leben in einer globalisierten Welt bedeutet im Großen und Ganzen, dass sich der materielle Wohlstand vergrößert. Das Wissen der Welt hat sich durch den technologischen Wandel seit Isaac Newton entwickelt und ausgebreitet, keine Frage. Und als ein amerikanischer Patriot habe ich den Aufstieg Europas nach dem Krieg willkommen geheißen. (...)

SPIEGEL: Das heißt, dass in Friedenszeiten die meisten doch von der Weltwirtschaft profitieren?

Samuelson: Ihre Generation lebt besser als die Ihrer Eltern, und Ihre Eltern leben besser als deren Eltern. Wir hätten nicht diesen starken ökonomischen Zuwachs rund um die Welt ohne die dynamische Kraft der Globalisierung. Aber nicht jeder profitiert gleichermaßen davon. (...) Es ist ein typisches Muster der Wirtschaftsgeschichte, dass es in den meisten Ländern neben den Win-win-Situationen auch einige Win-lose-Situationen gibt.

SPIEGEL: Und was folgt daraus?

Samuelson: Ich glaube, dass sich in der globalen Welt bei der Einkommensverteilung die Trennung zwischen der oberen Hälfte und der unteren verschärft. Die Globalisierung gibt uns zusätzlichen Wohlstand, aber sie bringt uns ebenso zusätzliche Unsicherheit, Spannungen und ein erhöhtes Maß an Ungleichheit. (...) Vielleicht sollten wir den Prozess ein wenig bremsen, aber man kann ihn nicht stoppen, und man sollte das auch nicht tun. Was wir tun können: den Menschen helfen, die an den Folgen leiden.

Samuelson hat sich mit der Idee, die Globalisierung zu bremsen, um die freien und ungehemmten Kräfte einzuhegen, nicht nur Freunde gemacht. Auch nicht im politischen Umfeld. Der Verweis auf die Bedeutung der politischen Regulierung und Umverteilung der Globalisierungsgewinne ordnet Verantwortung zu. Letztlich knüpfte er an seine Arbeit an, die er Jahrzehnte davor abgeliefert hat, an die beiden Ansätze, die eine Weiterentwicklung oder Sonderform des Heckscher-Ohlin-Modells darstellen. Einmal entstand in Zusammenarbeit mit Abba P. Lerner das „Faktorpreisausgleichstheorem" (FPA). Mit Wolfgang F. Stolper entwickelte er das Stolper-Samuelson-Theorem.

Betrachten wir zur weiteren Erklärung nochmal den unterschiedlichen Einsatz von Produktionsfaktoren bei bestimmten Gütern in einem Zwei-Länder Modell. Wir wollten wissen, ob der Lohnsatz in Land A nur relativ zum Zinssatz sinkt, oder auch absolut gesehen. Das FPA-Theorem klärt auf: Der Lohnsatz im kapitalintensiven Land A wird nach der Aufnahme des Außenhandels nicht nur relativ, sondern auch absolut sinken. Da die Erzeugung arbeitsintensiver Güter, bedingt durch die Importmöglichkeit aus Land B sinkt, schrumpft die Arbeitsnachfrage und infolgedessen die Löhne.

Damit ist nicht gesagt, dass das Land insgesamt nicht vom Handel profitiert, denn durch Handel steigt das Bruttoinlandsprodukt. Aber negativ betroffen sind die Arbeiter ohne Kapitaleinkommen. Die handelsbedingt sinkenden Güterpreise gleichen nur einen Teil der Lohnsenkung aus. Wenn durch Außenhandel die Faktorpreise angeglichen werden, dann bedeutet das, dass in Land B, dem arbeitsreichen Land, die Löhne steigen. Das wäre dann ein Beleg, dass Handelsliberalisierung den Armen in den armen Ländern helfen würde; zu Lasten der Arbeiter in den reichen Ländern. Es gäbe also eine Umverteilung durch die Angleichung der Faktorpreise. Wichtig ist, dass es unter Wettbewerbsbedingungen immer mindestens einen Produktionsfaktor gibt, der durch Handelsliberalisierung schlechter gestellt wird. Die Ausnahme wäre, wenn importierte Waren nicht im Inland hergestellt werden können.

Nun wissen wir, dass wir es hier mit einem Modell und den ceteris-paribus-Bedingungen zu tun haben. Auf den ersten Blick könnte man annehmen, dass die kapitalstarken Länder eben auf Handel mit arbeitsreichen Ländern verzichten, wenn sie damit einige Bereiche schlechter stellen. Das passiert aber nicht!

3.3 Gute Ideen – wenig Evidenz

Mit Heckscher/Ohlin und Samuelsons Erweiterungen konnte sich eine neue Sicht auf die Außenhandelstheorie und damit auch den Welthandel etablieren. Aber – das fragen wir uns auch – hält es der Empirie stand? Ist es das, was wir im Tagesschau-Alltag erfahren?

Die Realität zeigt ein paar spannende Abweichungen. Richtig ist, dass die Anzahl der Näher und Näherinnen in Deutschland zurückging. Nur wenige Unternehmen, darunter Trigema, Seidensticker und teilweise BOSS, versuchen den Verfall dieser Branche in Deutschland zu stoppen (Neugebauer/Schewe 2014). Aber auch in Bangladesh läuft es nicht wirklich gut. Einige erinnern sich vielleicht an den großen Brand 2012, als über 100 Menschen in einer Textilfabrik starben. Dieser Vorfall war kein Einzelfall, auch 2021 brannte eine Fabrik, Kinder starben. Eine Besserstellung der Arbeiterinnen ist nur bedingt erkennbar.

Was passiert in einem solchen Fall? Banerjee/Duflo formulieren es diplomatisch: „Das Stolper-Samuleson-Theorem (...) ist ‚schön‘, zumindest so schön, wie es ein wirtschaftswissenschaftlicher Lehrsatz irgend sein kann. Aber ist es auch wahr?“ (Banerjee/Duflo 2020: 90).

Harvard-Professor Wassily Leontief, hat sich das auch gefragt und ist seither assoziiert mit dem Leontief-Paradox. In seinem Aufsatz von 1953 (Leontief 1953) zeigt er, dass die USA, zweifelsfrei ein kapitalreiches Land, mehr arbeitsintensive Güter exportierten, als sie importierten! Aber nein, Heckscher/Ohlin waren damit noch nicht widerlegt, Samuelson auch nicht, weil: Die USA exportieren zwar arbeitsreiche Produkte, aber solche, die auf Bildung, auf Expertise bauen und daher nicht so einfach ersetzt werden können. Bildung ist in den USA etwa im Vergleich zu Bangladesch gut verfügbar. Weitergehende Studien konnten belegen, wenn man außer der Faktorausstattung auch die Technologie mit einbezieht, die letztlich über die Produktivität der Faktoren mitentscheidet, dass das HO- Theorem nicht seine grundsätzliche Gültigkeit verliert, aber seine Nähe zu realen Prozessen (Leamer 1980).

Auch nach Leontief haben Wissenschaftler durch empirische Studien gezeigt, dass das HO-Modell nicht geeignet ist, internationalen Handel in seiner Gänze zu erklären. Was das Modell erklären kann, sind die interindustriellen Handelsprozesse, bei denen Güter eines Sektors exportiert und Güter eines anderen Sektors importiert werden. Das findet sich hauptsächlich im Handel zwischen Industrie- und Entwicklungs-, bzw. Schwellenländern. Etwas verkürzt, zwischen Nord und Süd. Hier kommt es tatsächlich auf Ricardos komparative Kostenvorteile und auf die Unterschiede der relativen Faktorausstattung an. Was die Ansätze von Ricardo aber auch die von Heckscher/Ohlin und Samuelson nicht erklären können, ist, warum Länder mit relativ ähnlicher Faktorausstattung Im- und Export innerhalb eines Sektors betreiben. Dieser intraindustrielle Handel macht den wesentlichen Teil des Welthandels aus. Darauf hat Paul Krugman eine Antwort.

4. Globalisierung: der nächste Schritt

Es war und ist wichtig, dass Krugman diese Fokussierung klar herausgearbeitet hat – auf der Basis von Daten, die sich in der zweiten Phase der Globalisierung ergaben. Sie begann nach dem zweiten Weltkrieg und lief in der Strukturierung von Fäßler bis Anfang der 90er Jahre.

Franklin D. Roosevelt kann als Symbolfigur dieser Phase der Globalisierung stehen. Er signalisierte, dass der Isolationismus der USA nach den Erfahrungen der Weltkriege nicht mehr die politische Leitlinie sein sollte. Es gab also, quasi in der Nachfolge von Großbritannien, mit den USA eine Macht, die bereit war, die „hegemoniale(n) Vakanz“ (Fäßler 2007: 121) zu schließen. Was es aber vor allem gab, war eine politische Vision Roosevelts. Die Idee einer „One world“, das Bild einer Welt, die offen ist füreinander, die sicher ist, die Aggression durch Austausch ersetzt. In seiner Rede vor dem Kongress am 06. Januar 1941 konnte man seinen Worten folgen:

„In the future days, which we seek to make secure, we look forward to a world founded upon four freedoms. The first is freedom of speech and expression – everywhere in the world. The second is the freedom of every person to worship God in his own way – everywhere in the world. The third is freedom from want – which, translated into world terms, means economic understandings which will secure to every nation a healthy peacetime life for its inhabitants – everywhere in the world. The fourth is freedom of fear – which, translated into world terms, means a worldwide reduction of armaments to such a point and in such a thorough fashion that no nation will be in a position to commit an act of physical aggression against any neighbor – anywhere in the world. That is no vision of a distant millennium. It is a definite basis for a kind of world attainable in our time and generation. (...) The world order which we seek is the cooperation of free countries, working together in a friendly, civilized society.“ (Fäßler 2007: 120).

Sollte jemand bisher nicht verstanden haben, was eine Vision ist: Franklin D. Roosevelt hat das mit diesen Ausführungen deutlich gemacht. Die Idee einer besseren Welt während des zweiten Weltkriegs in vier Freiheiten auszudrücken, ist nicht ganz schlecht. Natürlich kann man sagen, dass diese Vorstellungen nicht allzu realistisch sind, aber das macht Visionen aus: Man weiß erst, ob es funktioniert, wenn man versucht, sie umzusetzen. Letztendlich bleiben die Ziele, Wünsche und Vorstellungen, die die Menschen und die Köpfe künftiger Generationen beschäftigen.

Für uns ist es gut vorstellbar, dass eine solche liberale, offene Haltung einen positiven Schub für den Freihandel bedeutete. Noch während der weltweit kriegerischen Auseinandersetzungen versuchte Roosevelt die Ära der Vernunft, was für ihn Freiheit und Sicherheit bedeutete, und Kooperation zwischen den Staaten, einzuleiten. Wohlstand und Wachstum für alle war die Devise und eine Lernkurve, die zur Gründung der Vereinten Nationen als Nachfolgeorganisation des Völkerbundes führte und gleichzeitig weitere Institutionen, das GATT, den IWF und die Weltbank, etablierte, die eine multilaterale Weltordnung mittragen sollten. Die Globalisierung konnte damit nach dem Weltkrieg voranschreiten.

4.1 Realismus versus Idealismus

Nicht alle teilten damals die Ansicht, dass Kooperation sich einfach verordnen lässt oder gar die Gefahr konfrontativer Ergebnisse ausblenden könne. Insbesondere in den Jahren der Blockbildung nach dem zweiten Weltkrieg gab es in der wissenschaftlichen und politischen Community eine Uneinigkeit, die sich auch im Menschenbild der involvierten Wissenschaftler und Politiker festmachte. Die sogenannten Idealisten, die zusammen mit Roosevelt, vielen anderen Politikern und Wissenschaftlern das „Eine-Welt-Konzept“ verfolgten und noch verfolgen, sahen und sehen das Gute im Menschen. Sie gehen davon aus, dass mit der Idee von Kants Aufklärung, dem „Sapere Aude“, der Fähigkeit des Menschen, seine Vernunft zu nutzen, sich die Idee von Zusammenarbeit und Frieden durchsetzen würde. Der Fortschrittsglaube des „Historischen Optimismus“ (Morgenthau 1963: 31) konstituierte die geistesgeschichtliche Basis für diesen Idealismus. Die Durchsetzung menschlicher Vernunft in internationalen (Wirtschafts-) Beziehungen bedarf demnach vor allem organisationstechnischer Voraussetzungen, also eines multilateralen Systems im Sinne eines Netzes internationaler Organisationen. Demokratische Verfassungen sorgen für die nötige Offenheit. Die Aufgabe der Politik reduziert sich auf die Bereitstellung dieser Regelung. Jede feindliche oder gar kriegerische Auseinandersetzung kostet nicht nur Nerven, sondern vor allem Menschenleben, Wirtschaftskraft, Wohlstand und Entwicklung. Was spricht dagegen, sich dem Guten, dem Schönen zu widmen? Und wer möchte dem widersprechen?

In den westlichen europäischen Ländern etwa hat das Anfang des 19. Jahrhunderts erstmal überhaupt nicht funktioniert, nach dem zweiten Weltkrieg dann aber sehr lange sehr gut. Jahrzehntelang konnten sich die (West-) Europäer auf die Mehrung ihres Wohlstands, auf ihre Familien und sich selbst konzentrieren. Das kann zum einen damit zu tun haben, dass die Definition von Rationalität bzw. rationalem Handeln nicht universell ist. Oder dass Vernunft nicht unbedingt moralische Kompetenz mit sich bringt.

Wie das? Jean-Jacques Rousseau etwa vertrat die Meinung, dass der Mensch von Natur aus gut, aber die Gesellschaft schlecht sei. Es gibt in seiner Sicht einen Naturzustand des Menschen, aber eben auch eine Entfremdung durch die Gesellschaft. Thomas Hobbes sieht, dass es für die Menschen schlecht sei, wenn es keine Gesetze und Regeln gibt, die das gesellschaftliche Zusammenleben klären. Denn dann, so Hobbes, wäre das menschliche Eigeninteresse im Vordergrund menschlichen Handelns. Die Annahme, dass der Mensch allein seinem Selbsterhaltungstrieb folgt, steht dabei nicht im Widerspruch mit Hobbes Idee, dass Menschen vernunftbegabte Wesen seien, denn eine Begabung zur Vernunft zieht keine Begabung zu moralischem Verhalten nach sich. Im Naturzustand kann die einzig logische Handlung nur die sein, die dem Individuum nützt. Daher, so die Realisten, ist es besser, sich eher mit einem Menschenbild zu beschäftigen, das nicht nur zu guten Taten in der Lage ist. Um es mit Hans J. Morgenthau, dem Mitbegründer der realistischen Schule, zu sagen: Das Grundmotiv politischen Verhaltens ist ein am Eigeninteresse orientiertes triebhaftes Machtstreben, ein „concept of interest defined in terms of power“ (Morgenthau 1963: 106).

Realistisch betrachtet ist der Mensch zwar fähig, Visionen von friedlichen und gerechten Systemen zu zeichnen, er scheitert aber bei der konsequenten Umsetzung. Der kategorische Imperativ läuft auf einen Widerspruch zu, in dem sich nach Morgenthau die Tragik aller Politik, auch die der Wirtschaftspolitik, manifestiert: Die Vernunft ist nicht „autonome Herrin des Selbst“ (Morgenthau 1963: 108), sondern ein für positive wie für destruktive Zwecke einsetzbares Instrument des Willens. Klartext: Die Aufklärung scheitert an anthropologischen Gesetzmäßigkeiten, denn dieser Widerspruch „wird nicht verstanden zwischen Geist und Natur im Wesen des Menschen, sondern als „Selbstwiderspruch des Geistes“ (Morgenthau 1963: 110).

Selbstverständlich bleiben solche Annahmen nie lange widersprochen. Es gibt eine Menge Weiterentwicklungen der realistischen Schule, hin zu einem Neorealismus mit unterschiedlichen Ausprägungen. Es gab ganz neue Ansätzen in den Denkschulen. Aber zunächst war es so, dass in Wissenschaft und Politik viele Jahre von dieser, ja man könnte sagen Konkurrenz, zwischen den Idealisten und Realisten geprägt war. Die Realisten sehen den entscheidenden Handlungsträger internationaler Aktivitäten im Nationalstaat mit seinen klassischen Funktionen, darunter den Schutz der Bevölkerung. Kooperationen sind vorstellbar, allerdings grundsätzlich unter scharfer Beobachtung der jeweiligen Machtverhältnisse in den Beziehungen. Sicherheitsinteressen haben Vorrang.

Trotzdem hat diese Vision der One-World eine anhaltende Wirkung auf den Austausch zwischen den Staaten gezeigt. Ökonomische Interessen konnten sich in dieser Atmosphäre gut entwickeln, Zölle sanken, die vielfältigen kulturellen Annäherungen zwischen den Ländern ließen Vertrauen entstehen. Ein besonderes Beispiel dafür war und ist die Europäische Union, die als Europäische Gemeinschaft für Kohle und Stahl (Montanunion) begann und mittlerweile einen stabilen Binnenmarkt aufgebaut hat. Die Vereinten Nationen hatten sich bereits konstituiert und mit dem Internationalen Währungsfonds und der Weltbankgruppe, waren neuen Organisationen ins Leben gerufen worden, die eine multilaterale Weltordnung möglich machen sollten. Der akzentuierte Wille, vor allem nach dem zweiten Weltkrieg, die internationalen Beziehungen zu intensivieren, nicht nur, aber eben auch auf ökonomischer Ebene, trugen Früchte. Allerdings – und das ist Stand heute eine wichtige Erkenntnis: die Entwicklung ging auf zwei Pfeilern vor sich. Einen im Osten, einen im Westen der Welt; Handel zwischen diesen beiden Blöcken war stark restriktioniert, wenn er denn überhaupt stattfand. Osterhammel/Peterson sprechen daher mit Blick auf die geographische Reichweite von einer „halbierten Globalisierung" (Osterhammel/Peterson 2019: 86).

Plastisch hat es Fäßler formuliert und von einer Zweiteilung des „Globalisierungsspielfeldes" gesprochen. „Sie begründet das globalisierungshistorische Alleinstellungsmerkmal jener Jahrzehnte, sowohl hinsichtlich ihrer ideologischen Verursachung als auch mit Blick auf die sehr weitreichenden und vielschichtigen Folgewirkungen" (Fäßler 2007: 72).

Genau genommen waren es rund vier Jahrzehnte, beginnend mit der Blockbildung in den 1950ern, die den Austausch zwischen den Blöcken nahezu auf Null reduzierte. Innerhalb der Blöcke gab es Bewegung. Zum Beispiel mit dem Warschauer Pakt einerseits, der OEEC (Organization for European Economic Co-Operation; später OECD, Organization for Economic Co-Operation and Developement – Organisation für wirtschaftliche Zusammenarbeit und Entwicklung) auf der anderen Seite. Das war alles auch handelspolitisch ausgelegt. Aber eben jeweils für „Mitglieder".

4.2 Technologie im „Kalten Krieg"

Wenig überraschend, auch mit Blick auf das Heute, ist, dass die Keule, die das Weltbild in West und Ost zum Schwanken brachte, eine technologische mit starken sicherheitspolitischen Implikationen war. Der Sputnik-Schock war der Startpunkt für ein unglaubliches Wettrennen zwischen den beiden Supermächten USA und Sowjetunion. Am 4. Oktober 1957 erhielt die Welt die Nachricht, dass Moskau den Erdsatellit Sputnik1 erfolgreich ins Weltall geschossen hatte. Und diese Weltöffentlichkeit musste nun davon ausgehen, dass die Sowjetunion den USA technologisch überlegen war. Wer zuerst einen Satelliten in den Orbit beamen kann, hat vermutlich Waffen, die weiter reichten, als dem Gegenüber lieb sein konnte. Und womöglich hatten sie daher auch das bessere, weil effizientere, Wirtschaftssystem. Daraufhin gründeten die USA 1958 die NASA und schossen neben eigenen Satelliten auch Astronauten ins All. Den Höhepunkt dieses Wettlaufs markierte 1969 Neils Armstrongs „kleiner Schritt" auf den Mond, der „große Schritt" für die Menschheit.

Diesen Wettlauf im oder ins All gibt es heute wieder und selbstverständlich geht es um Technologie, ökonomische Potenz – und nun auch um Abhängigkeiten. Denn die fortschreitende Globalisierung hat zu einem verletzlichen Netzwerk an Verbindungen geführt. Dabei muss man gar nicht ins Weltall schauen, um die zentralen Fragen zu erkennen. Schauen wir die kleinteiligen Instrumente an: Welche Chips sind wo eingebaut und wer hat darauf Zugriff? Was kann etwa Huawei an Informationen abgreifen und welche Daten könnte TikTok über seine User an die Parteizentrale in China liefern?

Nicht uninteressant an dieser Stelle ist, dass der Welthandel zwischen 1950 und 1990 deutlich, nämlich um 1250%, anstieg, die Weltproduktion dagegen nur um 600%. Heißt: Die internationale Verflechtung auf ökonomischer Ebene intensivierte sich erkennbar. Und es waren vor allem die Industrieländer, die begannen, ihre teilweise gleichen Industriegüter auszutauschen. Gegen diesen intraindustriellen Warenhandel fiel der Austausch mit Entwicklungs- bzw. Schwellenländer ab (Fäßler 2007: 130). Dazu kam, dass in den 70er Jahren die zunehmende Nutzung des Energieträgers Öl in den Industrieländern nicht nur zu autofreien Sonntagen führten, sondern auch zu Veränderungen am Finanzmarkt, der von den sogenannten „Petrol-Dollars" überschwemmt wurde. Und scheinbar wurde eine neue Verletzbarkeit, die vor allem durch den rapiden Anstieg der Rohölpreise durch die Organisation Erdölexportierender Länder (OPEC) spürbar.

In einigen Punkten unterschied sich diese zweite Phase der Globalisierung nur wenig von der ersten. Die Zentren des Geschehens blieben weiterhin Europa und die USA, wenngleich sich Japan dazu gesellte. In Fragen der Logistik und der Kommunikation waren deutliche Fortschritte zu verzeichnen, vor allem die E-Eisenbahn und das Motorschiff, Radio und Fernsehen, langsam auch das Telefax, die Nutzung von Satelliten. Damit hatten Bürger die Chance, sich über nationale Grenzen hinweg kennenzulernen. Städtepartnerschaften etwa, ein Beitrag aus dem kulturellen Bereich, führten zu weiterer Annäherung, zu Austausch und Verständnis. Immer im Rahmen der Blockbildung natürlich.

Wenn Menschen miteinander kommunizieren, sprechen sie auch über Probleme, die über den eigenen, den nationalen Tellerrand hinausgehen und sie wagen sich an Themen, die international bzw. global sind und daher nur gemeinsam lösbar. Der Club of Rome etwa entstand 1968 durch einen solchen Austausch. Experten unterschiedlichster Disziplinen fanden und finden sich zusammen, um Nachhaltigkeit auf die Agenda von Politik, Wirtschaft und Gesellschaft zu setzen. Donella und Dennis Meadows haben zusammen mit vielen Wissenschaftlern mit ihrem Buch „The Limits to Growth" ein eindrucksvolles Statement – auf Papier gebannt war es gefühlt ein Kilo schwer – darüber verfasst, dass unsere Ressourcen endlich sind, dass wir einen verantwortungsvollen Umgang mit der Umwelt brauchen und Wachstum nicht einfach an und für sich weiter gehen kann. „Die Grenzen des Wachstums" erschien 1973 (Meadows et. al. 1973)!

Aber auch direkt zwischen den Staaten wurde Kommunikation und Austausch gesucht und gefunden. Die weltumspannenden Kontakte wurden interaktiver.

Der Auf- und Ausbau multilateraler Strukturen wuchs und gedieh. Das Treffen der Großen Sieben (G7), die Konferenz für Sicherheit und Zusammenarbeit in Europa (KSZE), all das war dazu angetan, die Bande der Beziehungen zu stärken und Schwierigkeiten gemeinschaftlich aus dem Weg zu räumen.

4.3 Welthandel und Globalisierung als Prozess

Trennen wir an dieser Stelle zwischen internationalen (Wirtschafts-) Beziehungen und Globalisierung. Die OECD charakterisiert Globalisierung als eine sich verstärkende Entwicklung von strategischen, internationalen Unternehmenskooperationen, mit einem hohen Anteil an Direktinvestitionen innerhalb der Auslandsproduktion. Die Aktivitäten im Ausland sind durch die Liberalisierung der Weltmärkte weit über den Globus verteilt. Globalisierung ist demnach ein Prozess, durch den Märkte über Austausch von Gütern, Dienstleistungen und die internationalen Zahlungsströme immer mehr gegenseitige Abhängigkeiten und damit Vulnerabilitäten, sprich Verwundbarkeiten entwickeln (OECD 2005).

Vieles davon, das sollten wir nicht vergessen, läuft auf unterschiedlichen Ebenen. Wir haben die kulturell-gesellschaftliche Ebene, die niederschwelligen Treffen der Menschen zwischen den Nationen, und die Beziehungen auf der Ebene der Unternehmen, die eine eigene Dynamik annehmen können. Die ausländischen Direktinvestitionen (DI) oder auch Foreign Direct Investments (FDI), sind wichtige Gradmesser. Es sind Investitionen, die ein Investor aus einem Wirtschaftsgebiet A tätigt, um eine langfristige Beteiligung an einem Unternehmen im Wirtschaftsgebiet B zu erwerben. Das geht entweder, indem das Produktivvermögen durch Ausländer erbracht wird, also beispielsweise amerikanische Staatsbürger im VW-Werk in Chattanooga arbeiten oder indem Ausländer durch Kauf, Fusion oder Übernahme, bestehende Produktionsmittel erwerben.

Man kann sich gut vorstellen, dass solche Beziehungen langfristig angelegt sind, weil sie meist kostenintensiv sind. Langfristige Beteiligung bedeutet im Sinne von Eurostat (Statistisches Amt der Europäischen Union), dass eine dauerhafte Beziehung zwischen dem Direktinvestor und dem Unternehmen besteht und dass der Investor einen maßgeblichen Einfluss auf die Geschäftspolitik des Unternehmens ausübt. Die Motivation dafür, kann unterschiedlich sein. Wenn Unternehmen ihre Produktion durch Auslagerung in andere Länder ergänzen, kann das aufgrund guter Rahmenbedingungen im Wahlland sein, etwa weil die Lohnkosten niedrig sind oder die Subventionspolitik günstig – oder, um Einfluss auf das Gastland zu bekommen.

Das wird politisch und gesellschaftlich nicht immer kritiklos aufgenommen. Als SONY sich 1989 in die amerikanische Filmbranche einkaufte, indem der japanische Konzern Columbia Pictures übernahm, führte das zu kulturellem Stirnrunzeln. Als sich chinesische Investoren 2016 bei Kuka, dem führenden deutschen Robotik-Anbieter, einkauften, standen auch technologische Fragen auf der Agenda. Zumindest war von da an das Thema der Übernahme von Unternehmen in Deutschland ein Thema.

Darüber stehen die vielen, bereits erwähnten, nicht-staatlichen, supranationalen Organisationen, die diese Zeit prägten. Und die eben auch mitverantwortlich sind für die Entwicklungen, die sich im Welthandel ergeben. Auf nationaler Ebene ist festzuhalten, dass die Anzahl der souveränen Staaten in dieser Phase sehr stark angestiegen ist. Die Vereinten Nationen wurden am 24.10.1945 von 51 Staaten gegründet. Durch die Entkolonialisierung und den Zerfall des Ostblocks kam es zu einer deutlichen Zunahme souveräner Staaten. Die UNO zählt heute 193 Mitglieder. Zwischen 1950 und 1970 gab es durch Dekolonialisierung einen massiven Zuwachs von Staaten.

Natürlich verändert all das die Struktur des Handels, denn nun waren eine ganze Menge neuer Mitglieder an Bord; Entwicklungs- und Schwellenländer, die dazu aufforderten, die Empirie zur Kenntnis zu nehmen. Also die Frage: Wie läuft Handel, wenn viele ökonomisch, technologisch und demographisch unterschiedlich aufgestellte Länder miteinander in Austausch treten?

5. Ost-West/Nord-Süd – das Spiel der Regionen

Da gab es über die Zeit eine Reihe von Wissenschaftlern, die sehr deutlich darauf hingewiesen haben, dass nicht alle Regionen gleichartig von den Vorteilen der Arbeitsteilung profitieren. Nehmen wir Raul Prebisch, der begann, von der „peripheren Wirtschaft“ zu sprechen: „If, however, the concert of the community is extended to include the periphery of the world economy, a serious error is implicit in the generalization. The enormous benefits that derive from increased productivity have not reached the periphery in a measure comparable to that obtained by the peoples of the great industrial countries“ (Möller 2020: 158).

Dass Prebisch die Lage aus Sicht lateinamerikanischer Länder analysiert, ist keine Randnotiz, sondern erklärt seinen spezifischen Blickwinkel. Mit seinem Ansatz nimmt er die wirtschaftliche Unterentwicklung dieser Region unter die Lupe und will zeigen, dass sie auf deren Position am Rande des internationalen Geschehens zurückzuführen ist. Im Zentrum steht ein Zirkel: Unterentwickelte Länder bieten Rohstoffe und stellen billige Arbeitskräfte zur Verfügung. Die gut entwickelten Volkswirtschaften importieren die Produkte, veredeln sie in Form von Fertigerzeugnissen und exportieren sie dann zu hohen Preisen an die unterentwickelten Länder. Die wiederum brauchen dafür Kapital – Kapital, das nicht mehr zur Verfügung steht, um in innovative Produktionsprozesse zu investieren. Es ist eine Dauerschleife. In der Essenz bleibt, dass die reichen Länder reich bleiben und die armen Länder arm.

Das ist nahe an einem Credo, das wir auch heute in den handelskritischen Zustandsberichten hören und lesen. Prebisch, geboren am 17. April 1901 in Tucumán, Argentinien, war in verschiedenen Positionen in der argentinischen Regierung und in der Wissenschaft tätig und riet den Entwicklungsländern die heimische Produktion zu fördern, um ihre Abhängigkeit von Importen und damit von den Industrieländern zu verringern. Seine Idee einer autonomeren Wirtschaftspolitik in den lateinamerikanischen Ländern war vielleicht auch geprägt durch seine Jahre im chilenischen Exil. Als erster Generalsekretär der UNCTAD konnte er dort seine Überlegungen implementieren und auf das von ihm wahrgenommene Ungleichgewicht hinweisen. Das Ganze schien zunächst in den 60er und 70er Jahren zu greifen, die UNCTAD (United Nations Conference on Trade and Development – Konferenz der Vereinten Nationen für Handel und Entwicklung) konnte allerdings die in sie gesetzten Hoffnungen erst mal nicht erreichen. Seine Ideen jedoch könnten heute eine Renaissance erleben.

Natürlich ist die unterschiedliche Entwicklung der Länder nicht abgekoppelt von den Beziehungen zwischen den einzelnen Nationen, vor allem nach dem Zweiten Weltkrieg. Denken Sie an den Marshall-Plan, der den industriellen Aufschwung im Westen Europas erst möglich gemacht hat. In Deutschland hat die Einführung der Sozialen Marktwirtschaft zu einer beeindruckenden Steigerung des Bruttoinlandsproduktes geführt – wobei gleichzeitig eine soziale Grundsicherung angeboten wurde, für alle, die den Prozessen und ihrer Geschwindigkeit nicht standhalten konnten. Solche wuchtigen politischen Programme fehlten in den südlichen Ländern und so manifestierte sich mehr und mehr die Trennung zwischen Industrie- und Entwicklungsländern.

Vor dem Hintergrund der Recherchen von Prebisch kann man gut darstellen, wie sich die Terms of Trade, also die Handelsbedingungen, verändern, wenn Industrie- und Entwicklungsländer miteinander im Austausch sind. Sie zeigen, was eine Volkswirtschaft importieren kann, im Vergleich zur exportierten Gütermenge. Im Zeitablauf verbesserten sich die Terms of Trade der Industriestaaten im Vergleich zu den Entwicklungsländern, die eben hauptsächlich Rohstoffe liefern.

Terms of Trade

Terms of Trade kennzeichnen den Erwerb eines bestimmten Importvolumens im Austausch gegen eine Einheit Exportgüter. Bei einer Tauschrelation ergeben sich folgende Terms of Trade: Das Land X bekommt für eine Tonne exportierter Butter 15 Tonnen Metallwaren vom Land Y, umgekehrt erhält das Land Y für 1 Tonne exportierter Metallwaren 0,067 Tonnen Butter.

Die Berücksichtigung von Preisen und Wechselkursen zeigt für Terms of Trade das folgende Beispiel: Angenommen, die Bundesrepublik exportiert in ein Entwicklungsland eine Werkzeugmaschine im Wert von 100.000 € und importiert aus diesem Land Bananen zum Preis von 40 $ pro 100 kg. Wechselkurs: 1,10 € = 1 $. Somit kosten 100 kg Bananen 44 €. Danach kann die Menge Bananen berechnet werden, die für die exportierte Werkzeugmaschine gekauft werden kann: Die Bundesrepublik könnte rund 2,3 t Bananen für eine Werkzeugmaschine kaufen.

Das tatsächliche Austauschverhältnis ist von den Preisen der Erzeugnisse und vom Wechselkurs abhängig. Die Terms of Trade verbessern sich, wenn die Preise der Exporterzeugnisse stärker steigen als die Preise der Importerzeugnisse (z. B. Maschinen werden teurer, der Preis der Bananen bleibt konstant).

Die Terms of Trade werden durch Angebot und Nachfrage auf den Weltmärkten bestimmt. Somit haben alle Maßnahmen, die die Importnachfrage oder das Exportangebot eines Landes reduzieren, eine Verbesserung der Terms of Trade zur Folge, unter der Bedingung, dass Angebot und Nachfrage dieses Landes im Vergleich zum Weltmarktvolumen von Bedeutung sind.

Zwei Parameter sind wichtig: Zum einen die unterschiedliche Preisentwicklung auf den Faktor- und Gütermärkten und zum anderen der technologische Fortschritt (Möller 2020: 164–168). Auch Prebisch bleibt in der Denkwelt von Ricardo und den klassischen Erklärungsmustern, die auf der unterschiedlichen Ausstattung mit Produktionsfaktoren, Technologie und Rohstoffen basiert und mit denen sich sehr gut der interindustrielle Handel erklären lässt. Also der Handel mit Wein und Tuch, mit iPhones und Autos. Nicht aber der intraindustrielle Handel.

Paul Krugman: Raus aus der Ricardo-Welt

Auf der Suche nach einer Erklärung für die große Bedeutung des intraindustriellen Handels hat Paul Krugman die Ricardo-Denkwelt verlassen. Bis dato war sie die Grundlage aller Weiterentwicklungen, ob sie nun Ergänzungen gebracht haben oder kritische Stellungnahmen.

Krugman erkannte vor allem durch empirische Studien in den 70er Jahren, dass der intraindustrielle Handel die weitaus größten Anteile des internationalen Handels einnahm. Er fand heraus, dass entgegen der Theorie von Ricardo der Güterhandel zwischen dem reichen Norden und dem kapitalarmen Süden nur 10% des internationalen Handels ausmachte. Der Großteil des Handels fand zwischen entwickelten Volkswirtschaften statt, deren Faktorausstattung ähnlich war. Prebisch und die Peripherie kommt einem in den Sinn, aber Krugman argumentiert mit anderen Parametern und bekam für seine „New Trade Theory" den Wirtschaftsnobelpreis.

Die Autoindustrie ist ein gutes Beispiel für den intraindustriellen Handel. Hier werden munter alle Arten von Automodellen hin und her gehandelt. Um herauszufinden, wie es dazu kam und immer mehr kommt, hat er Konzepte der Industrieorganisation in die Handelstheorie adaptiert. Ähnliche Länder haben einander gegenüber zwar keine Wettbewerbsvor- oder Nachteile, doch der Handel findet wegen des Skaleneffekts innerhalb der jeweiligen Industrie statt.

Skaleneffekte bzw. Skalenerträge und monopolistischer Wettbewerb: Das sind die Ingredenzien für Krugmans neue Handelstheorie. Kurz erklärt: Skaleneffekte, die Economics of Scale, beschreiben die Reduktion der Kosten in der Produktion, wenn mehr von einem Produkt produziert wird, weil die Stückkosten sinken und die Effizienz zunimmt. Das kann das Ergebnis von Lerneffekten sein, aber es liegt auch an der Verteilung der sogenannten fixen und variablen Kosten. Die fixen Kosten, wie etwa Raummiete, Entwicklungskosten, Maschinen etc. sind immer da, egal ob ein Auto produziert wird, oder Hunderte. Ergebnis: Das einzelne Produkt wird preiswerter, je mehr davon produziert werden.

Dabei werden homogene Güter und vollständige Konkurrenz angenommen. In der Konsequenz müsste das dann zu einem Monopol führen. Tut es aber nicht.

Beispiel Autoindustrie: Autos sind keinesfalls homogene Produkte, die sich einfach gegenseitig ersetzen bzw. substituieren lassen. Wer einen VW-Kleinwagen fährt, steigt nicht einfach mal um auf einen Alpha Romeo. Diese Situation wird als monopolistischer Wettbewerb bezeichnet (Krugman 1980: 950–959).

Mit diesen beiden Positionen kreiert Krugman ein Modell, das Außenhandel nicht wie bisher über Faktorausstattung erklärt. Er geht aus von zwei Ländern, die nur über den Produktionsfaktor Arbeit verfügen und sich lediglich durch ihre Größe unterscheiden. Komparative Kostenvorteile werden da nicht wirksam. Bei Ricardo würde in diesem Fall kein Handel stattfinden. Wenn kein Handel stattfindet, aber Faktormobilität gegeben ist, werden die Menschen in das größere Land migrieren. Dort wird mehr produziert, sprich die Skaleneffekte greifen, die Produkte sind dann preiswerter. Weil die Menschen an diesem Vorteil teilhaben wollen, wandern sie dorthin.

In der Weiterentwicklung seines Modells fokussiert er implizit die Standortfrage. Er nimmt die Transportkosten mit auf und es zeigt sich, dass auch hier das größere Land Vorteile hat. Die Begründung für den intraindustriellen Handel: Länder exportieren die Güter, für die sie selbst einen relativ zu anderen größeren Absatzmarkt haben (Lorberg 2020: 271). Im nächsten Schritt seiner Modellierung ging es Krugman um die Ungleichverteilung mit Blick auf die geographische Lage. Eine Ballung der Industrieproduktion ist demnach umso stärker, je geringer die Transportkosten sind und je stärker die zunehmenden Skaleneffekte.

Mit Krugmans Beitrag zur Neuen Ökonomischen Geographie begann auch die Wissenschaft sich stärker mit der Frage der Ansiedlung und Geographie auseinanderzusetzen. Das tut Not in einer Zeit, in der längst nicht nur Güter gehandelt werden, sondern immer mehr die Mobilität von Kapital in den Blick rückt. Sehr gut lässt sich das an den sogenannten Direktinvestitionen ablesen. Unternehmen siedeln ihre Produktion bzw. Teile davon nach bestimmten Kriterien an. Dabei spielt nicht nur die Niedriglohnpolitik eine Rolle, vielmehr kommen auch politische Rahmenbedingungen, unter anderem Steuerpolitik, Rechtssicherheit, Zugang zu Fachkräften, logistische Leistungsfähigkeit, Subventionsverhalten etc. zum Tragen – neben der traditionellen Fokussierung auf die Faktorausstattung, etwa die Größe des Marktes und auf die Marktbedingungen. Standortentscheidungen sind umfassende Pakete – um das an der Stelle schon mal festzuhalten – die kaum aufgrund eines oder zwei Fakten stattfinden.

Krugman hat mit seiner New Trade Theory ganz neue Parameter eingeführt, die ein gutes Schlaglicht werfen auf die realen Entwicklungen von Macht und Wohlstand, die mit und durch Handel induziert werden. Im Grunde hat er auch ein wenig die Geschichte und das damit verbundene Schicksal der Länder mit ins Boot der internationalen Handelsbeziehungen geholt, „in the presence of increasing returns history matters“ (Lorberg 2020: 271).

6. Fazit

Die ökonomischen Grundlagen des Handels sind oder könnten wesentliche Bestimmungsgrößen wirtschaftspolitischer Entscheidungen sein. Der Konjunktiv ist gerechtfertigt, wenn man der Kritik von Samuelson folgt, dass das zentrale Kriterium, die komparativen Kostenvorteile, nicht nur ignoriert, sondern teilweise nicht verstanden wird.

Die Win-Win-Logik, die durch Ricardos Ansatz skizziert wurde, war freilich ein starker Hebel für Freihandel und die zunehmende Globalisierung unserer Lebens- und Arbeitswelt. Sie wurde flankiert von den Ideen des Liberalismus, den idealistischen Strömungen einer multilateralen, kooperationsbereiten Weltgemeinschaft und katalysiert durch technologische Innovationen. Wenngleich die daraus abgeleiteten Strukturen, etwa in Form diverser Organisationen, nicht ohne Widerspruch blieb. Es waren die Vertreter der realistischen Schule, die mit ihrer Skepsis gegenüber Kooperationen und ihrem sicherheitsorientierten Verständnis von Politik als ein „concept of interest defined in terms of power" (Morgenthau 1963: 24) von vornherein Salz in die hoffnungsvollen Zukunftsbilder streuten.

Beobachtung und empirische Aufbereitung der realen Prozesse veranlassen Ökonomen immer wieder, das Fanal „Freihandel nutzt Allen" zu hinterfragen. Mit erweiterten Modellen konnten Heckscher/Ohlin, Samuleson/Stolper und Prebisch zeigen, dass die unterschiedliche Ausstattung der Handelspartner auch zu einer Win-Lose-Situation führen können. Das geschieht vorwiegend durch Erweiterung des sehr einfachen Modells von Ricardo: Neben Arbeit werden weitere Produktionsfaktoren aufgenommen, mehr als zwei Länder werden betrachtet und Logistikkosten fließen mit ein.

Wir hätten hier weitere Wissenschaftler aufzählen können, die mit ihrer Kritik zu einer differenzierten Betrachtung kommen und damit letztlich auch zu einer erweiterten Sicht für die politische Entscheidungsfindung führen. Paul Krugman war auf der Suche nach Erklärungen für Erscheinungen, die sich eben gerade nicht mit komparativen Kosten erklären lassen.

Die Erkenntnisse der Ökonomen können die Kontroverse Freihandel versus Protektionismus neu entfachen. In der Essenz wird sie politisch entschieden und bleibt vermutlich so lange bestehen, wie Menschen unterschiedliche Ansichten haben. Dazu mehr im nächsten Kapitel.

Übung

1. Was haben Merkantilismus und das Null-Summenspiel mit der Spieltheorie gemeinsam?

2. Wieso kann man Arbeitsteilung als die ökonomische Essenz von Welthandel beschreiben?
3. Grundlegende Annahmen über die Gestaltung der Welt finden sich im Menschenbild. Ordnen Sie wesentliche Faktoren nach den Denkschulen der Idealisten und der Realisten ein.

II. Protektionismus und Freihandel

1. Protektionismus 2023

Im Dezember 2022, fast ein Jahr nach Kriegsbeginn in der Ukraine und einer erkennbaren Zuspitzung der Rivalität zwischen China und den USA, warnt der deutsche Bundesminister für Finanzen, Christian Lindner, vor einem Handelskrieg (Dams 2022). Die Warnung bezog sich nicht auf einen Handelskrieg zwischen den beiden Großmächten, auch nicht zwischen China und Europa. Es ging um das Verhältnis zwischen Europa und den USA. Für Lindner ging es um protektionistische Tendenzen in der amerikanischen Wirtschaftspolitik.

2022 stand im Zeichen einer signifikanten Inflation. In den USA versuchte man dieser Geldentwertung unter anderem mit dem sogenannten „Inflation Reduction Act“ (IRA) entgegenzuwirken. IRA ist ein ambitioniertes Programm, das ein robustes Zeichen in Richtung Klimawende setzt und auch in Richtung Re-Industrialisierung wirken wird.

Das Weiße Haus formuliert es so: „The Inflation Reduction Act will lower costs for families, combat the climate crisis, reduce the deficit, and finally ask the largest corporations to pay their fair share. President Biden and Congressional Democrats have worked together to deliver a historic legislative achievement that defeats special interests, delivers for American families, and grows the economy from the bottom up and middle out“ (The White House 2022).

Wie kommt Minister Lindner darauf, aus solch hehren, scheinbar national orientierten Zielen, die Gefahr eines Handelskriegs, oder sagen wir es weniger martialisch, die Gefahr eines Handelskonflikts abzuleiten? Nun, der klimapolitische Teil des IRA plant Investitionsunterstützungen, Steuervergünstigungen und Abschreibungen von fast 390 Milliarden Dollar für Unternehmen. Als Empfänger kommen alle Betriebe in Frage, die im Bereich erneuerbare Energien tätig sind, die die Mobilitätsfrage innovativ beantworten oder in saubere Technologie investieren, also Solarpaneele, Windkraft, Batterien herstellen. Kurz: Gefördert wird, was dem Klima nutzt.

Wenn Staaten ihre Finanzkraft wirksam machen und der Wirtschaft zugutekommen lassen, handelt es sich um Subventionen. Das sind Zuschüsse, die von der öffentlichen Hand gewährt werden, um bestimmte Wirtschaftszweige zu unterstützen. Sie müssen immer zweckgebunden sein, also im Fall des IRA etwa umweltverträgliche Technologien abbilden. Subventionen führen in aller Regel zu Wettbewerbsverzerrungen. Vom IRA profitieren nur die Unternehmen, die in den USA produzieren. Heißt: Die in Amerika produzierenden Unternehmen können ihre Produkte preiswerter anbieten und erfolgreicher exportieren, der Import wird erschwert, weil die Preise ausländischer Betriebe ohne diese Unterstützung, höher sein werden.

Das ist eine protektionistische Maßnahme. Sie dient dem Schutz der eigenen Wirtschaft – auf Kosten grenzüberschreitender Transaktionen, also dem Freihandel. Es ist eine spannende Möglichkeit, investitionsbereite Unternehmen in die USA zu locken. Wenngleich solche Subventionen nur ein Aspekt unternehmerischer Standortentscheidungen sind, wie wir wissen. Bürokratische Hürden, Größe des Absatzmarktes, Zugang zu Fachkräften, Energiekosten, Steuerbedingungen, all das spielt mit ein. Es stünde der EU offen, bei der Welthandelsorganisation Beschwerde einzureichen. Stattdessen legt sie selbst Subventionsprogramme auf, etwa den Green Deal.

Was die Politik wie tut, welche Entscheidungen sie trifft, hängt von Grundhaltungen ab. Das zeigt die fiktive „Petition" des französischen Ökonom Frederic Bastiat (1801–1850). Er war kein Freund staatlicher Eingriffe und ein lautstarker Vertreter des Freihandels. Seine „gefakte" Petition (Bastiat 1845) für die Kerzenmacher an die Abgeordneten der Deputiertenkammer, der Vorgängerin der französischen Nationalversammlung (Auszug s. Kasten), zeigt deutlich: Es gibt Ökonomen, die kreative Wege finden, um ihre Überzeugungen nach außen zu bringen. Sie zeigt auch, dass es zu spannenden wirtschaftspolitischen Einlassungen kommen kann, je nach politischer Einstellung und philosophischer Sichtweise der politischen Entscheidungsträger. Bastiat hat eindrucksvolle Bilder gezeichnet: Alle Öffnungen werden abgedichtet, um der Macht von außen zu widerstehen.

Petition des Frederic Bastiat

„Meine Herren (sic!),

Sie sind auf dem rechten Wege. Sie lehnen abstrakte Theorien ab. Reiches Angebot und niedrige Preise interessieren Sie wenig. Sie kümmern sich vor allem um die Lage des Produzenten. Sie wollen ihn von auswärtiger Konkurrenz befreien, mit einem Wort, Sie wollen den *nationalen Markt* der *nationalen Arbeit* bewahren.

Wir bieten Ihnen hier eine wunderbare Gelegenheit, Ihre – wie wollen wir es nennen? Ihre Theorie anzuwenden? ...

Wir unterliegen der unerträglichen Konkurrenz eines auswärtigen Rivalen, der – wie es aussieht – Licht unter Bedingungen produziert, die den unseren so überlegen sind, dass er unseren *nationalen Markt* damit zu einem unglaublich niedrigen Preis *überschwemmt;* denn, sobald er sich zeigt, hört unser Verkauf auf, alle Verbraucher wenden sich an ihn, und ein Zweig der französischen Industrie mit seinen unzählbaren Verästelungen steht mit einem Schlag völlig still. Dieser Rivale – die Sonne – liefert uns einen so hartnäckigen Kampf, dass wir den Verdacht haben, dass er von dem perfiden England (schöne Diplomatie heutzutage) auf uns gehetzt wurde, umso mehr als er bei dieser hochmütigen Insel Rücksichten nimmt, die wir nicht genießen.

> Wir fordern, Sie mögen ein Gesetz erlassen, das das Schließen aller Fenster, Bodenluken, Dachfenster, Fensterläden, Läden, Vorhänge, Schiebefenster, Bullaugen, Markisen vorschreibt – mit einem Wort, aller Öffnungen, Löcher, Spalten und Ritzen, durch die das Licht der Sonne üblicherweise in die Häuser dringt, zum Nachteil der schönen Industrien, mit denen wir uns schmeicheln, das Land beschenkt zu haben, das doch undankbar wäre, uns heute in einem so ungleichen Kampf im Stich zu lassen.
> Meine Herren Abgeordneten, betrachten Sie unseren Antrag nicht als Satire und weisen Sie ihn zumindest nicht zurück, ohne die Gründe anzuhören, die wir zur Unterstützung geltend machen können.
> Zunächst, wenn Sie soweit möglich dem natürlichen Licht allen Zugang verschließen, wenn Sie so Bedarf an künstlichem Licht erzeugen, welche Industrie Frankreichs würde nicht nach und nach davon profitieren?

Freihandel und Offenheit von Systemen

Sir Karl Popper würde sagen, dass wir hier das Gegenteil eines offenen Systems vor uns haben. Ein offenes System, so der Mann, der den schwarzen Schwan in der Wissenschaft salonfähig machte, ist vor allem offen für Kritik, um weiter wachsen zu können. Weil in der Sicht von Popper nur dort Fortschritt möglich ist, wo es lernen aus Fehlern gibt, hat er mit dem kritischen Rationalismus ein Werkzeug vorgelegt, mit dem dieses Verständnis von Fehlern in der Wissenschaft legitimiert wurde. Im Kern heißt es, dass wir zwar Theorien, Thesen und Ansätze aufstellen, aber im Grunde nie verifizieren können. Es geht darum, sie durch permanente Überprüfung zu falsifizieren: Wir gehen so lange davon aus, dass Schwäne weiß sind, bis wir einen schwarzen Schwan sehen.

Auf dieser Basis skizzierte er eine offene Gesellschaftsordnung, in der Kritikaffinität, Lernbereitschaft und in der Folge Freiheit und Toleranz wesentliche systematische Bausteine sind (Popper 2003a). Das entspricht dem Selbstverständnis vieler moderner Demokratien, in denen Regeln durch Diskurs entstehen sollen und Offenheit der Subsysteme Grundlage für das Gelingen dieser Staatsform sind.

Poppers Weltsicht ist geprägt von seinen Erlebnissen mit totalitären Systemen, von Faschismus und Kommunismus, vom Blick auf geschlossene Gesellschaften mit starren, autoritären Strukturen und mit starken Beharrungsmomenten. Er wird 1902 geboren, flüchtet aufgrund seiner jüdischen Herkunft 1937 nach Neuseeland, folgt 1946 dem Ruf der London School of Economics und wird einer breiten Öffentlichkeit in Deutschland durch den sogenannten „Positivismusstreit“ bekannt.

Offenheit ist thematisch in vielen Wissenschaftsbereichen angesiedelt, bei Sozialwissenschaftlern genauso wie in naturwissenschaftlichen Fakultäten. Die Frage wie Systeme beschaffen sind, wie sie bestehen, überleben oder eben nicht, hat mit Durchlässigkeit zu tun, mit der Fähigkeit zur (Selbst-)Organisation und mit Kommunikation. Niklas Luhmann hat mit seiner Theorie sozialer Systeme sehr viele Ideen in die Wissenschaft hineingebracht, die auch den Kritischen Rationalismus und weitere wissenschaftstheoretische Ansätze ergänzen. Und zwar indem er soziale Interaktion auf Kommunikation zuspitzt: Soziale Systeme in seinem Sinne entstehen und erhalten sich durch Kommunikation. Aber: Systeme haben für Luhmann auch die Tendenz, sich nach außen abzuschotten.

Politisch betrachtet ist die Frage, wie durchlässig ein System sein kann und soll, wobei das wohl signifikanteste System politischen Austauschs der Nationalstaat ist. Wieviel Abschottung braucht es, um sich in der zunehmend internationalisierten Umwelt tatsächlich bewähren zu können? Wie viele Informationen über Chancen und Risiken will man nach innen geben? Wieviel Schutz ist notwendig, wieviel Offenheit sichert die Überlebensfähigkeit? Gibt es Regeln bzw. Regulierungen, die den Austausch zwischen Innen und Außen organisieren? Wer entscheidet darüber qua Position? Multilaterale Organisationen oder ein Hegemon? Ist das System global, international oder regional angelegt und lassen sich die Wertvorstellungen der Handelspartner miteinander koordinieren?

Warum diese Schleife von Lindner über Bastiat und Sir Popper und die Systemtheorie? Nun, weil die Antworten auf die Herausforderung des IRA – damit hatten wir begonnen – politisch unterschiedlich ausfallen können. Überträgt man das Ganze auf den handelsorientierten Austausch zwischen Staaten, wird klar, dass es sich auch hier um eine Frage der Offenheit und Geschlossenheit der Systeme handelt. Und auf den Blick, den die Entscheidungsträger darauf haben. Möglicherweise ist er anders, als die Ökonomen die Dinge sehen und bewerten, möglicherweise ist er auch anders als es die Bürger empfinden.

In der Essenz bleiben mindestens folgende Punkte: Freihandel im engeren Sinne impliziert eine liberale Denk- und Lebensweise, Durchlässigkeit der Systeme, Offenheit, also die Bereitschaft zum Austausch mit anderen Staaten. Natürlich gibt es Gründe, im Handel die ein oder andere Schranke einzuziehen, ohne diese Annahmen in Frage zu stellen. Wir haben ökonomische Ansätze kennengelernt, die deutlich machen, dass jenseits der einfachen Modellstrukturen in der Realität sehr schnell bestimmte Gruppen oder gar Länder, Peripherien, nach hinten abfallen und nur bedingt von Segnungen des Handels profitieren. Die Erkenntnis und eventuell die Reaktion darauf, dass durch das eigene Handeln die Freiheit der anderen eingeschränkt wird, weil es keinen regelgerechten Wettbewerb gibt, gehört zu dieser Offenheit. Und in der Konsequenz der Wille und die Fähigkeit, Ausgleich zu schaffen für die Nicht-Gewinner, auf die Samuelson, Heckscher, Ohlin, Prebisch etc. hinwiesen.

Protektionismus in seiner krassen Form, wie er in der Zweiteilung der Welt, der Ost-West-Blockbildung erlebbar war, wie er mit einer fast völligen Abschottung nach außen heute noch in Nord-Korea zu beobachten ist, impliziert die Idee eines ideologisch und machtpolitisch basierten Schutzwalls um die eigene Nation. Das ist abzugrenzen von dem Versuch, die Nation in bestimmten Zeiten schützen zu wollen, oder weil ein Politiker bzw. eine Regierung mit starken innenpolitischen Problemen handelspolitische Aktionen startet, um von den Problemen zuhause abzulenken. Denn dann können protektionistische Maßnahmen kurzfristig positive Auswirkungen auf die Nation haben und wirtschaftlich belebend wirken.

2. Arten von Protektionismus

Welche Handelshemmnisse, welche Arten des Protektionismus gibt es und wer kann wie darauf reagieren? Grundsätzlich wird zwischen sogenannten tarifären und nichttarifären Handelshemmnissen unterschieden.

Tarifäre Handelshemmnisse

Tarifäre Handelshemmnisse sind Zölle. Zölle sind Abgaben auf Waren, die ein Land einführen möchte (Einfuhrzoll) oder die ein Land erhebt, wenn man die eigenen Waren dorthin exportiert (Ausfuhrzoll). Grundsätzlich kann ein Zoll als Mengenzoll, nach Stückzahl/Gewicht oder als Wertzoll, also dem Handelswert der Ware, festgelegt werden. Was auf jeden Fall gilt: Mit Zöllen lassen sich Warenbewegungen zwischen Ländern beeinflussen. Warum ein Staat diese Beeinflussung vornehmen möchte, hat mehrere Gründe:

- Klassisch ist das Schutzthema. Schutz für Wirtschaftsbereiche etwa, die einen relativen Preisnachteil haben und deshalb schrumpfen. In Deutschland wurde die Produktion von Kleidung in den letzten Jahrzehnten deutlich reduziert. Nur wenige Anbieter, wie etwa Trigema konnten sich halten, vor allem durch ein bemerkenswertes Marketing, inklusive Trigema-Affen. Deutschland ist laut Eurostat der größte Importeur in Europa von Bekleidung aus Nicht-EU-Ländern. Mit einem Zoll auf Kleiderimporte wäre das zumindest veränderbar gewesen. Politisch und ökonomisch betrachtet stellt sich dabei immer die Frage, ob diese Industrie tatsächlich schützenswert ist, ob es eine ausbaufähige Infrastruktur gibt, ob die Kriterien der Nachhaltigkeit erfüllt sind, ob es ausreichend Fachpersonal gibt etc. Das war wohl in Deutschland eher nicht so. Dagegen hat es aber beispielsweise Portugal geschafft, sich aufgrund solcher Faktoren aktuell wieder einen Stand in der sog. Fashion-Industrie zu erobern. Ohne Schutzzölle, nur mit der entsprechenden Wirtschafts- bzw. Industriepolitik (Bartsch 2021).
- Schutz kann auch für sich entwickelnde Wirtschaftszweige reklamiert werden. Der deutsche Ökonom Friedrich List (1789–1846) war es, der diese Idee durch eine fundierte Analyse seiner damaligen Verhältnisse und Erkenntnisse empfahl. Die deutsche Konstellation im Blick, schaute er auf Großbritannien und erkannte für sich eine Ungleichzeitigkeit der Entwicklungen, wobei Deutschland in seinem Ranking von fünf Stadien an dritter/vierter Stelle stand, Großbritannien dagegen als einziges Land an Fünfter. Die Stadien sind nach List: die der „Wild-

heit", der „Hirtenzustand", der „Agrikulturstand", der „Agrikultur-Manufakturstand" und der „Agrikultur-Manufaktur-Handelsstand". Um zu einer Angleichung der Verhältnisse zu kommen, schlug List vor, je nach Entwicklungsstand Schutzzölle zu erheben, bis sich die Bedingungen angeglichen haben. Nicht aus dem Blick lassen sollte man, dass das „Anreizsystem für die heimische Industrie aufrechterhalten wird" (Behrens 2020: 58). Das sogenannte Erziehungszollargument nach List taucht auch auf, wo der Staat einem Sektor beim Markteintritt auf einen besetzten Markt helfen soll, also beim Aufbau einer neuen Industrie unterstützt. Aber: „Die Erfahrung mit dem Erziehungszoll für junge Industrien ist durchwegs negativ; in aller Regel sind die Zölle geblieben, und die geschützten Wirtschaftszweige waren nicht dem Wettbewerb ausgesetzt" (Siebert 1991: 176).
- Das Autarkieargument ist eines, das aktuell mit dem Abbruch diverser Lieferketten im internationalen Handel hohe Aufmerksamkeit und neue Bedeutung bekommt. Sicherung der nationalen Versorgung, bzw. die Annahme einer möglichen Versorgungskrise führt zu Forderungen nach Schutz der Importsubstitute, etwa Agrarprodukte, Kohle, Medizin. Der Staat bzw. die Staatengemeinschaft soll heimische Produktionskapazitäten vorhalten, um auftretende Bedarfslücken schließen zu können. Unter Risikogesichtspunkten betrachtet, ist das eine mögliche Vorgehensweise, denkbar ist auch, Kontakte zu unterschiedlichsten Anbietern aufzubauen oder die Streuung des Bedarfes auf Substitute, also auf Produkte, die ähnliche Wirkungen haben.

Nichttarifäre Handelshemmnisse

Jede Maßnahme, mit der der freie Handelsverkehr erschwert oder unmöglich gemacht wird, die nicht auf Zölle zurückgeht, ist ein nicht-tarifäres Hemmnis. Auch da geht es meist um Schutz der heimischen Wirtschaft, die Wege sind diffiziler und das Hemmnis ist nicht immer klar erkennbar.

- *Ein- und Ausfuhrmengen:* Die Begrenzung der Ein- oder Ausfuhrmenge ist offensichtlich und kann starke Einschnitte in die Wirtschaft der betroffenen Länder bringen. Wenn die Organisation der erdölexportierenden Länder beschließt, die Fördermenge zu verringern, sieht man das schnell an den Zapfsäulen. Wenn es im Zuge des Krieges in der Ukraine zu einer Stilllegung von Pipelines kommt, zeigt das die Verwundbarkeit in der Energiesicherheit und -versorgung.
- *Qualitätsanforderungen:* (Technische) Qualitätsanforderungen an Geräte, an Spielzeug, Krümmungen oder an Autoblinkern können in der Essenz dazu führen, dass der Import bestimmter Güter verboten wird bzw. nur noch unter Auflagen exportiert werden darf.

- *Bürokratische Hürden:* Bürokratie nimmt eine wichtige Rolle ein: Anmeldeformulare für den Importeur können transparent und einladend gestaltet werden, oder völlig undurchsichtig und kompliziert. Wenn der Exporteur verderbliche Ware an Bord hat und sich durch den Bürokratie-Dschungel arbeiten muss, kann das zeitkritisch werden. Diese Liste ist sehr lang.
- *Standards bei wissenschaftlichen Prinzipen:* Das europäische Vorsorgeprinzip und das amerikanische Wissenschaftsprinzip sind scheinbar nicht ineinander überführbar. Das zeigte etwa die Debatte um das Chlorhuhn, Wappentier für die Gegner des Transatlantische Freihandelsabkommen, kurz TTIP. Die USA wollten Hühner nach Europa liefern, die vor dem Verkauf in ein Chlorbad eingetaucht wurden, um Verbraucher vor den typischen Infektionen durch Geflügel zu schützen. In Europa werden Hühner nach Bedarf oder prophylaktisch mit Antibiotika gegen Campylobacter und Ähnlichem versorgt. Die Frage nach genmanipuliertem Mais mischte sich ebenfalls in die Diskussion, in der Essenz ging es um unterschiedliche Umgangsarten mit wissenschaftlichen Prinzipien. Das Wissenschaftsprinzip besagt, dass ein Produkt so lange als sicher gilt, bis das Gegenteil bewiesen ist. Man könnte an Sir Popper und den kritischen Rationalismus denken. Und denken wir auch daran, dass das Wissenschaftsprinzip für Unternehmen in Amerika zu krassen Strafen führen kann. Philipp Morris etwa musste teils dreistellige Millionenbeträge an Entschädigungen bei einzelnen Todesfällen zahlen. Grund: Der Tabakkonzern hat nie explizit deutlich gemacht, dass Rauchen zu Krebs führen kann. In Deutschland/Europa sind solche Ansprüche aufgrund des Vorsorgeprinzips nicht denkbar. Das Motto lässt sich profan umschreiben mit: Vorsicht ist besser als Nachsicht. Bevor etwa ein Medikament auf den Markt kommt, muss es eine beachtliche Menge an Tests durchlaufen und endgültig abgenommen werden von der EMA, der Europäischen Arzneimittel-Agentur. Ein aufwändiges Prozedere. Im Grunde spielen sich die Positionen zwischen den Variablen Regulierung und Risiko ab. Die USA reguliert erst, wenn das Risiko erkannt ist; wir machen das grundsätzlich umgekehrt, zumindest, solange die Risiken als solche erkannt werden.
- *Standards bei Menschenrechten, Umwelt und Klima:* Noch schwieriger ist es, wenn es um grundlegende Dinge wie die Einhaltung von Menschenrechten geht. Oder um Umwelt- und Klimaschutz bzw. nachhaltige Bedingungen bei Produktion, Transport etc. Das Zustandekommen einiger Präferenzabkommen scheiterte bzw. droht zu scheitern – Mercosur zum Beispiel (siehe unten) –, da der potenzielle Vertragspartner die Umwelt- und Klimaschutzauflagen nicht einhält.
- *Dumping und Subvention:* Schutz des heimischen Marktes vor Angeboten ausländischer Anbieter gibt es auch in Form von Antidumping- bzw. Antisubventionszöllen, die auf Subventionierung auf Waren von Drittländern reagieren. Dumping liegt vor, wenn eine Ware preiswerter ins Ausland verkauft wird, als

sie im Inland kostet. „Die EU geht von einer unzulässigen Subvention aus, wenn die Regierung des Ursprungs- oder Ausfuhrlandes für die Herstellung, die Ausfuhr oder die Beförderung einer Ware eine unzulässige finanzielle Beihilfe gewährt", folgt man der Generalzolldirektion (Generalzolldirektion 2023).

Damit wären wir jetzt bei dem Thema, das Bundesminister Lindner im Blick hatte, als er von einem Handelskrieg sprach. Grundsätzlich kann die EU die Welthandelsorganisation WTO anrufen und je nach deren Entscheidung einen Antidumpingzoll bzw. Ausgleichszoll erheben. Oder mit einer eigenen Industriepolitik reagieren, möglicherweise die eigenen, bereits aktivierten Subventionen ebenfalls in eine umweltfreundliche Richtung entwickeln und neue zusätzliche Subventionen aufbauen. Die Gefahr ist, dass ein Subventionswettlauf in Gang gebracht wird, der für keinen Handelspartner gewinnbringend ist. Halten wir fest: Protektionistische Maßnahmen sind divers und stellen das Inland vor andere Nationen. Egal, ob es um junge Unternehmen mit teilweise hohen Anfangsinvestitionen geht, oder darum, etablierte Unternehmen nicht in Niedriglohnländer abwandern zu lassen. Ob die Beschäftigung bzw. Produktion im Inland gehalten werden soll, ob Staatseinnahmen geniert werden sollen. Oder auch, ob es darum geht, handelsferne nationale/supranationale Interessen durchzusetzen.

3. Schutz des Freihandels und der offenen Gesellschaft

Was wir bisher außen vorgelassen haben ist die Frage, wer bestimmt, wann etwa Antidumping vorliegt. Wer festlegen kann, dass es sich beim IRA um eine nicht zulässige, protektionistische Aktion handelt. Tatsächlich läuft der Handel zwischen Staaten nicht vogelwild. Heute ist es offiziell die World Trade Organisation WTO, die das vorgegebene Mindestmaß an Regelungen organisiert, Handelsvereinbarungen überwacht und gegebenenfalls entsprechende Reaktion zulässt.

Die Idee, dass zwischen Freihandel und dem Streben nach wirtschaftspolitischer Autonomie eine internationale Ordnungspolitik sinnvoll, sogar notwendig sei, fand sich bereits beim Völkerbund, mit dessen Hilfe Vertrauen in den gemeinsamen Austausch durch ein internationales Regelwerk geschaffen werden sollte. Die Frage, wie nach der Zerstörung von Infrastruktur und Vertrauen, eine Weltwirtschaft, eine internationale Arbeitsteilung wiederhergestellt werden könnte, war keinesfalls trivial. Dass sich Staaten unter einer Organisation zusammenfinden, die verbindliche Regeln entwirft und versucht, bei Konflikten gewaltfreie Lösungen zu suchen ist im Rückblick konsequent, aber trotz allem ein Novum. Woodrow Wilson erhielt dafür 1919 den Friedensnobelpreis.

Die neue internationale Ordnung des letzten Jahrhunderts ist verbunden mit dem Namen des Konferenzortes an dem 1944 auch genau 44 Länder tagten: Bretton Woods, New Hampshire. Mit drei Institutionen sollte die Welt nach dem Ende des Krieges gestaltet werden: Das Generell Agreement on Tariffs and Trade (GATT), Vorläufer der World Trade Organisation WTO, der Internationale Währungsfonds IWF und die Internationale Bank für Wiederaufbau und Entwicklung, besser bekannt als Weltbank. Die sogenannte Havanna-Charta, die aus dem Vorstoß des State Departments entstand, um in einer „International Conference on Trade and Employment" (Konferenz von Havanna) vorrangig Zölle abzubauen, scheiterte an protektionistischen Tendenzen im amerikanischen Kongress. Trotzdem ist es die USA, die initiiert, dass es bei den inzwischen gegründeten Vereinten Nationen – der Nachfolgeinstitution des Völkerbundes – konkret beim „Economic and Social Council of the United Nations" (ECOSOL), zu Treffen bezüglich einer Welthandelsordnung kommen soll. Die USA schien bereit, die Position des Hegemons in der Weltwirtschaft – und nicht nur dort – zu übernehmen. Gleichwohl führte diese ambivalente Haltung zu dezidierter Kritik an der Rolle der USA, die in dem Vorwurf gipfelt, dass die ins Leben gerufenen Organisationen eher den Interessen der USA als den anderen Ländern dienen. Wie stark die Vereinigten Staaten entlang ihres nationalen Interesses, nicht nur im militärischen, auch im ökonomischen Sinne engagiert waren, wie sehr das Umfeld nach Kriterien gestaltet werden sollte, die die USA in Sicherheit wachsen kann, lässt sich gut nachlesen im National Security Council Report NSC 68, der dem Präsidenten im April 1950 vorgelegt wurde. Da findet sich die Überlegung, die Eindämmung der Macht des Kremls durch das Wachstums- und damit Wohlstandspotential einer freien Weltordnung quasi herbei zu wirtschaften. Das ging bis hin zum atomaren Rüstungswettlauf, aber am Ende lief es nicht auf Wettbewerb, sondern auf Zerstörung hinaus.

Die Promotoren der multilateralen Weltsicht, die Idealisten, wurden in dieser angespannten Lage immer wieder von der Realität eingeholt, teilweise von ihrer eigenen Gruppe. Immer wieder gab es protektionistische Vorgehen und immer wieder wurden die Ideen der offenen Welt in ihre Schranken gewiesen, weil Staaten blockierten, weil Non-Governmental-Organizations (NGOs) blockierten, weil Menschen, die sich diesen NGOs angeschlossen hatten, demonstrierten oder auch einfach nur für sich selbst in der Reihe standen. Aber der Reihe nach.

4. Die Organisationen im Überblick

4.1 General Agreement on Tarifs and Trade (GATT)

Auf dem Weg zu einem großen Wurf, in dem alle internationalen Handelsbeziehungen geregelt werden sollten, gab es Abkürzungen bzw. Schleifen. Eine bestand darin, eine vorläufige Anwendung des „Allgemeinen Zoll- und Handelsabkommen" weiterzubringen. Das GATT, General Agreement on Tariffs and Trade, wurde 1947 von 23 Staaten unterzeichnet. Es sollte ursprünglich handelspolitische Grundsätze für die geplante International Trade Organization (ITO) festlegen. Die Satzung der ITO wurde jedoch nie vom US-Kongress ratifiziert, da dieser befürchtete, sie werde die nationale Souveränität der USA einschränken.

Alle Beteiligten waren sich einig, dass die völlig durchgeschüttelten internationalen Wirtschaftsbeziehungen einen neuen Anlauf brauchten. Der Abbau von Zöllen sollte ein erster Schritt sein. Allerdings waren bei aller Bereitschaft zu liberalen Außenbeziehungen gerade in dieser Zeit die Bedürfnisse groß, die autonome Wirtschaftspolitik in Bereichen wie Beschäftigungs- und Wachstumspolitik nicht durch internationale Eingeständnisse verwässern zu lassen. Arbeitslosigkeit wäre kein gutes Signal im Inland gewesen. Auch Inflation ist keine vertrauensbildende Maßnahme. Preisniveaustabilität und Vollbeschäftigung standen vor dem Ziel eines außenwirtschaftlichen Gleichgewichts bzw. vor der Außenwirtschaftspolitik überhaupt.

Magisches Viereck und gesamtwirtschaftliches Gleichgewicht

Nach Artikel 109 Grundgesetz, haben Bund und Länder den Erfordernissen des gesamtwirtschaftlichen Gleichgewichts Rechnung zu tragen. Gefordert ist eine Stabilitätspolitik, die Angebot und Nachfrage auf den Teilmärkten Gütermarkt, Arbeitsmarkt und Geldmarkt im Gleichgewicht hält. Oberstes Ziel ist die Förderung der Wohlfahrt der Bürgerinnen und Bürger. Im sogenannten Stabilitätsgesetz (Gesetz zur Förderung der Stabilität und des Wachstums der Wirtschaft vom 08.06.1967) wurde in vier Einzelziele unterteilt:

- *Stabilität des Preisniveaus:* Damit ist die Erhaltung des Geldwertes gemeint. Steigt das Preisniveau, spricht man von Inflation.
- *Hoher Beschäftigungsstand:* Da es aufgrund saisonaler und struktureller Gründe immer einen gewissen Sockel an Arbeitslosigkeit gibt, wurde auf den Begriff „Vollbeschäftigung" verzichtet.
- *Stetiges und angemessenes Wirtschaftswachstum:* Gemeint ist ein kontinuierlicher Zuwachs der wirtschaftlichen Leistung, wenngleich das Ziel an sich heute umstritten ist.

- *Außenwirtschaftliches Gleichgewicht:* Hier geht es um ein angemessenes Verhältnis von Exporten und Importen, wobei es dauerhaft weder Überschüsse noch Defizite geben soll. Bei Überschüssen werden im Land Güter produziert, die weder konsumiert werden können noch für Investitionen bereitstehen. Defizite müssen aus Währungsreserven finanziert werden, was zu Finanzierungs- und Verschuldungsproblemen führen kann. Gemessen wird das anhand der Leistungsbilanz, die die Bilanzen von Handel, Dienstleistung, Erwerbs- und Vermögenseinkommen und Übertragungen beinhaltet.

Die Crux an diesen vier Zielen ist es, deshalb auch „magisches" Viereck, dass alle vier Ziele nicht gleichzeitig erreicht werden können, weil sie in einem Interaktionszusammenhang stehen. Wird etwa die Erhöhung des Preisniveaus (Inflation) durch eine straffe Geldpolitik zu bekämpfen versucht, investieren die Unternehmen weniger, das Wachstum geht zurück (Albers/Albers 2011: 205–208).

So war es schwierig für das GATT, eine salomonische Lösung zu finden zwischen der Erkenntnis der Unterzeichnerstaaten, dass es einen echten Neustart zur Völkerverständigung, in diesem Fall auf ökonomischer Ebene, braucht und dem Bedürfnis der Nationalstaaten, Autonomie zu bewahren. Ein verständlicher Reflex auf die Weltkriege. Unsicherheit überall.

Meistbegünstigungsklausel

Art. I des Abkommens hebt die Meistbegünstigungsklausel hervor, um Herstellung eines freien internationalen Handels kommen zu können:

„Art. I Allgemeine Meistbegünstigung: 1. Alle Vorteile, Vergünstigungen, Vorrechte oder Befreiungen, die von einem Vertragspartner für ein Erzeugnis gewährt werden, das aus irgendeinem anderen Land stammt oder für irgendein anderes Land bestimmt ist, werden sofort und bedingungslos auch auf jedes gleichartige Erzeugnis ausgedehnt, das aus den Gebieten anderer Vertragspartner stammt oder für sie bestimmt ist. Diese Bestimmung bezieht sich auf Zölle und andere Abgaben jeder Art, die die Einfuhr oder Ausfuhr belasten oder anlässlich der Einfuhr oder Ausfuhr erhoben werden, sowie auf diejenigen, die die zwischenstaatliche Überweisung von Geldmitteln zur Bezahlung der Einfuhr oder Ausfuhr belasten, auf die Art der Erhebung dieser Zölle, Steuern oder anderen Abgaben, auf die Gesamtheit der Vorschriften und Förmlichkeiten für die Einfuhr oder Ausfuhr sowie auf alle anderen Fragen, die in den Ziffern 2 und 4 des Artikels III behandelt werden."

Auf Basis von Gegenseitigkeit und Nicht-Diskriminierung der Partner, sollte die Dynamik des Fortschritts daraus entstehen, dass zwei Partner ein bilaterales

Abkommen schließen. Alle Vorteile gelten für alle anderen Mitglieder des GATT ebenfalls. So kann ein multilaterales System entstehen, das umso dynamischer funktioniert, je mehr Mitglieder die Institution hat. Neben dieser Regelung sah das GATT das Verbot mengenmäßiger Beschränkungen vor: eine Reaktion auf die Kontingentierung in der Phase der Weltwirtschaftskrise. Damals ging man davon aus, durch mengenmäßige Beschränkungen eine bessere Kontrolle über die Warenzu- bzw. abgänge zu haben. Grundlegend ist, dass durch solche Begrenzungen der Preismechanismus gestört wird. Das GATT lehnte daher Kontingente ab (Berg 1976: 58–64).

Nicht-Diskriminierung

Das Prinzip der Meistbegünstigung kann auch als eine Ableitung der Nicht-Diskriminierungsnorm gesehen werden, die in Artikel XIII des GATT formuliert ist:

„Art. XIII Nichtdiskriminierende Anwendung mengenmäßiger Beschränkungen: Kein Verbot und keine Beschränkung werden von einem Vertragspartner bei der Einfuhr eines Erzeugnisses des Gebietes eines anderen Vertragspartners oder bei der Ausfuhr eines nach dem Gebiet eines anderen Vertragspartners bestimmten Erzeugnisses angewendet werden, wenn nicht ein gleiches Verbot oder eine gleiche Beschränkung für die Einfuhr eines gleichartigen Erzeugnisses aus einem dritten Land oder für die Ausfuhr eines gleichartigen Erzeugnisses nach einem dritten Land durchgeführt wird.“

Reziprozität

Reziprozität, also Gegenseitigkeit, meint im Handel: Wenn zwei Länder in eine Handelsbeziehung treten, werden die Vorteile, die dem einen gewährt werden, auch dem anderen zugestanden. Motto: wie Du mir, so ich Dir.

Inländerbehandlung

Der Grundsatz der Inländerbehandlung ist in Art. III GATT 1994 niedergeschrieben. Demnach dürfen Produkte aus einem anderen GATT- bzw. WTO-Gebiet nicht schlechter gestellt werden als Produkte aus inländischer Herstellung.

Als Institution versuchte das GATT eigeninitiativ in allgemeinen Zollverhandlungen auf eine Verbesserung der Gesamtsituation des internationalen Handels zu drängen. Es gab Zollrunden in Genf (1947), in Annecy (1949) und Torquay (1951) – hier trat Deutschland dem GATT bei und unterzeichnete das Protokoll –, in denen jeweils insoweit Erfolge erzielt wurden, als die Teilnehmer zu erkennbaren Zollkonzessionen bereit waren. Nach der sog. Dillon-Runde von 1960–61 in Genf, gab es dort noch drei weitere Runden. In der Uruguay-Runde (1986–1993) nahmen immerhin schon 123 Länder teil, 1960 waren es lediglich 26 gewesen. Verhandelt wurden Abkommen über Handel mit Dienstleistungen (GATS), zum Schutz geistigen Eigentums (TRIPS) und Zollsenkungen. Und: Die WTO wurde als gestärkte Nachfolgeinstitution des GATT ins Leben gerufen. Die Entwicklungsrunde, die 2001 in Doha begann, wurde aber bis dato nicht zu Ende gebracht.

Tatsächlich konnte das GATT Erfolge erzielen, gerade auch im Bereich der Zölle. Fairerweise muss man sagen, dass Liberalisierungserfolge in den Handelsbeziehungen damals auch auf die OEEC zurückgingen. Die Organization for European Economic Cooperation, gegründet im April 1948 (1961 umgeformt zur OECD, Organization for Economic Cooperation and Development) hatte die Aufgabe, die Mittel der Amerikaner im Rahmen des Marshall-Plans sinnvoll mit Blick auf den Wiederaufbau Europas einzusetzen.

Das GATT hatte zu keiner Zeit den Status einer internationalen Organisation. Es war „nur" ein Handelsabkommen und nicht mit supranationaler Entscheidungsbefugnis ausgestattet. Und die Unterzeichnung wäre ohne Ausnahmen vom Freihandels-Prinzip kaum denkbar gewesen. So galten die Bestimmungen nicht für bereits bestehende Vorzugsbehandlungen, wie sie etwa Großbritannien mit dem Commonwealth hatte. Sie gelten teilweise nicht für Entwicklungsländer (Erziehungszoll). Vor allem waren und sind Ausnahmen in Sachen Meistbegünstigung vorgesehen für Zollunionen und Freihandelszonen. Die Idee des weltweiten Freihandels war damit nicht ad absurdum geführt, aber dass es eine geradlinige Entwicklung gibt, die nationale Interessen hinter supranationale Ansätze stellt, ließ sich nicht auf den ersten Blick erkennen (Berg 1976: 60 f.). Eine Schwierigkeit war, dass zwar immer mehr Länder dem GATT beitraten, aber darunter relativ viele Entwicklungsländer, die eher in Schutzszenarien vor freiem Handel denken. Mit der Doha-Runde endete die Karriere des GATT. Bevor wir uns mit der Nachfolgeorganisation, der WTO beschäftigen, hier ein Überblick zu Zollunion, Freihandelszonen und Binnenmärkte.

4.2 Freihandelszone

Die Freihandelszone ist ein Gebiet, innerhalb dessen die Zölle ganz und die nichttarifären Hemmnisse soweit wie möglich abgeschafft werden. Die einzelnen Mitgliedsländer haben die Möglichkeit, die Außenzölle unabhängig voneinander zu bestimmen.

Die Europäische Freihandelsassoziation (EFTA) ist ein Beispiel für länderübergreifende Freihandelszonen. Sie wurde Januar 1960 gegründet, hauptsächlich initiiert durch Großbritannien, das (noch) nicht bereit war, sich der Europäischen

Wirtschaftsgemeinschaft anzuschließen. Mit dabei waren Dänemark, Norwegen, Österreich, Portugal, Schweden und die Schweiz. Später kamen Island (1970), Finnland (1986) und Liechtenstein (1991) dazu. Mit zunehmender Bedeutung der Europäischen Gemeinschaft EG bzw. der EU wechselten die Mitglieder, so dass heute nur noch Norwegen, Schweiz, Island und Liechtenstein mit dabei sind.

4.3 Zollunion

Die Zollunion ist eine Vereinigung von Staaten, die sich zu einem einheitlichen Zollgebiet zusammenschließen, alle Binnenzölle abschafft und gemeinsame Außenzölle für Importe aus dritten Staaten vereinbart, also denjenigen, die nicht Mitglied dieser Union sind. Dabei kommt es zu einem handelsumlenkenden Effekt, der schnell einsichtig ist: Weil die Zölle innerhalb der Teilnehmergruppe entfallen, konzentrieren sich die Staaten auf den Handel mit diesen Staaten – zu Ungunsten von Drittstaaten.

Seit 1968 gibt es die Europäische Zollunion, sie ist heute „insbesondere für das ordnungsgemäße Funktionieren des Binnenmarktes von zentraler Bedeutung“, konstatiert das Bundesfinanzministerium (Bundesministerium der Finanzen (2024b). Sie ist die bekannteste, aber nicht die einzige Zollunion. Es gibt die Andengemeinschaft (CAN), die Karibische Gemeinschaft (CARICOM), den Zentralamerikanischen Gemeinsamen Markt (CACM), die Ostafrikanische Gemeinschaft (EAC) und viele mehr.

Für Deutschland hatte der 1834 gegründete Deutsche Zollverein besondere Bedeutung, weil er die wirtschaftliche Einheit des Deutschen Bundes maßgeblich nach vorne gebracht hat. 1800 Zollstellen gab es Anfang dieses Jahrhunderts und nach mehreren vereinzelten Zusammenschlüssen konnte der Verein dann für das gesamte Gebiet die Handelsschranken abbauen und damit auch die Vorstufe für die Gründung des Deutschen Reiches 1871 anbahnen.

4.4 Binnenmarkt

Der Binnenmarkt ist eine weitere Stufe der Vertiefung von Beziehungen zwischen Staaten, hier sollen auch die nicht-tarifären Hemmnisse fallen. Der Europäische Binnenmarkt ist das prominente Beispiel. Nach einer wechselvollen Geschichte steht er für ein einmaliges Projekt, in dem die Mehrheit der Staaten auf dem europäischen Kontinent zu einem gemeinsamen Markt zusammen gefunden haben (Weidenfeld 2021). Er ist Grundlage für die Wirtschafts- und Währungsunion, fördert den innergemeinschaftlichen Handel, gewährleistet den freien Austausch von Waren, Gütern, Personen und Dienstleistungen (vier Grundfreiheiten) innerhalb einer Nation, lässt die europäischen Bürgerinnen und Bürger ihren Wohnsitz frei wählen und ungehindert einer Arbeit, Ausbildung oder unternehmerischen Tätigkeit im Land ihrer Wahl nachgehen. In diesen Freiheiten impliziert, ist die weitere schrittweise Annäherung der Wirtschaftspolitiken der Mitgliedstaaten hin zur Wirtschaftsunion. Beziehungsweise im Falle der Europäischen Union sogar hin zur Wirtschafts- und Währungsunion (WWU), deren Symbol die gemeinsame Währung Euro ist. Seit seiner Schaffung im Januar 1993 hat sich der Binnenmarkt immer stärker für den Wettbewerb geöffnet und innerhalb des Marktes zur Schaffung von Arbeitsplätzen und zum Abbau vieler Handelshemmnisse geführt.

Dass es beim Abbau der nicht-tarifären Handelshemmnisse das ein oder andere Mal zu Irritationen oder auch Verärgerung sowohl bei den Mitgliedsstaaten als auch bei den Bürgern kam, prägte einerseits ein Bild der „Brüsseler Eurokraten", zeigt aber auch, wie schwierig das Aushandeln von Handelstandards, sogar zwischen sehr engen Partnern, ist. Die Verordnung Nr. 1677/88/EWG zur Festsetzung von Qualitätsnormen für Gurken war eine Steilvorlage für EU-Kritiker. Sie wurde 1988 verabschiedet und 2009 außer Kraft gesetzt. Letztlich ging es um die Normung bzw. um die Einteilung der Gurke in Klassen, die sich an der Stärke der Krümmung festmachte. Die Verordnung war quasi das Ende für die Gurke mit mehr als 10mm Krümmung auf 10 cm auf dem Markt der „Extraklasse". Ungeachtet dessen nutzt der Großhandel die Normierung auch nach 2009 weiter, u.a. weil die Verpackung einfacher ist (Kafsack/Stabenow 2008).

Harmonisierung von Normen, von technischen Vorschriften, staatlichen Beihilfen, Anpassung im Wettbewerbsrecht, all das gehört zur Vervollständigung des Binnenmarktes. Auch die Anerkennung von Berufs- und Studienabschlüssen spielt eine Rolle, damit die vier Grundfreiheiten in Gänze genutzt werden. Binnenmarkt ist und kann nicht nur Markt sein, vielmehr ist er eingebettet in die Gesamtstruktur der EU. Teil des Binnenmarktes, Teil der Wirtschafts- und Währungsunion zu werden ist ein langwieriges Verfahren. Teil eines Freihandelsabkommen zu sein ist im Gegensatz dazu einfach.

5. Spaghetti-Bowl statt Hefeteig

2023 können laut WTO 360 Freihandelsabkommen, wie etwa Zollunionen oder andere Übereinkünfte zur wirtschaftlichen Zusammenarbeit von Ländern verzeichnet werden. Europa führt dabei die Liste mit 163 Abkommen an, Ostasien folgt mit 103, danach kommen Südamerika (71), Nordamerika (50) und Afrika (47).

Wie eine Schüssel Spaghetti präsentiert sich das Gesicht internationaler Handelsbeziehungen für Jagdish Bhagwati, Professor u.a. am MIT, Berater für Globalisierungsfragen des GATT, für die UNO und später für die WTO. „The Simpsons" überreichen ihm in einer Serie, den Nobelpreis für „Economics" und Paul Samuelson – wir kennen ihn – hatte seine Meinung zu ihm, die er in einer Festschrift anlässlich Bhagwatis 70. Geburtstags im Januar 2015 kundtat: „In the struggle to improve the lot of mankind, whether located in advanced economies or in societies climbing the ladder out of poverty, Jagdish Bhagwati has been a tireless partisan of that globalization which elevates global total-factor – productivities both of richest America and poorest regions of Asia and Africa. It must be a special source of satisfaction that a native of once stagnant India should have been able to play so important a role in the realm of theory and normative policy" (Samuelson 2005: 1).

Bhagwati hat 2004 sein Buch zur „Verteidigung der Globalisierung" veröffentlicht, den Impuls gaben die Demonstrationen 1999 in Seattle, als sich die WHO zur Eröffnung einer neuen Runde traf. Auf den Plakaten zeigte sich, dass die Richtung der Globalisierung in ökonomischen und sozialen Belangen als problematisch wahrgenommen wurde. „Diese neuen, akuten Sorgen – ich sollte sie als Ängste bezeichnen – haben in den größeren unter den reichen Ländern eine besondere politische Bedeutung gewonnen" (Bhagwati 2008: 415). Sein Ziel war, Chancen und Risiken der Globalisierung herauszuarbeiten, auf den Bedarf an Steuerung hinzuweisen, um das menschliche Gesicht der Globalisierung weiter nach vorne zu bringen, bzw. sympathischer zu machen (Bhagwati 2008: 19). Nach der Phase der „Hyperglobalisierung" in den 1990er Jahren sah er das Projekt der Globalisierung, des Freihandels in seiner Dynamik, in seiner Akzeptanz und vor allem in seiner Substanz gefährdet.

Ein zentrales Thema ist, dass sich die Weltwirtschaft, der Welthandel durch die zahlreichen Freihandelsabkommen bzw. Präferenzabkommen, zwischen einzelnen Ländern oder Ländergruppen bzw. supranationalen Einheiten von der Grundidee des Freihandels entfernt und zu einer unübersichtlichen „Spaghetti-Bowl" entwickelt haben (Bhagwati/Greenaway/Panagariya 1998). Die Frage, ob sich daraus ein geschmeidiger Hefeteig entwickelt, der weiter aufgeht, alle Stationen verbindet und trotzdem locker und frei bleibt, so wie im Grundkonzept vorgesehen, darf Stand heute bezweifelt werden.

Dabei war und ist sowohl das GATT als auch die WTO auf fortschreitende Dynamik ausgelegt. Ursprünglich sollte sich durch bilaterale Abkommen der freie, globale Welthandel weiterentwickeln und die Globalisierung weiter an Fahrt aufnehmen. Dank der Meistbegünstigungsklausel und der Nicht-Diskriminierung sollte das irgendwann zu einer globalen Einstimmung werden. Nun sind bei den Freihandelsabkommen genau diese Bestimmungen außen vor. Bhagwati – und er ist hier stellvertretend für weitere Kritiker – erkannte daher eine andere Chronologie der Ereignisse. Er vertritt die Ansicht, dass die Freihandelsabkommen mehr oder weniger das Gegenteil bewirken, weil sie einen Ausnahme-Durchgang für die Staaten eröffnen, unterschiedliche Zölle und Handelshemmnisse aufzubauen.

Er sieht die Handelsumlenkung, die Staaten innerhalb der Freihandelszone begünstigen und dort den Handel fördern, während der Handel mit Drittstaaten eher zurückgeht. Dabei argumentiert er bis herunter zu den untersten Ebenen der Zusammenarbeit und entzaubert die Wirkmächtigkeit, zumindest die Geschwindigkeit, in der solche Abkommen zu nachweisbaren wirtschaftlichen Erfolgen führen. Dazu verweist er etwa auf die hohen Kosten vor allem für die Unternehmen, die intensive administrative Aufwendungen haben, um die notwendigen Herkunfts-Nachweise vorzulegen. Das ist vor allem für kleine Betriebe besonders belastend. Zollfreien Handel gibt es innerhalb der Freihandelszone nämlich nur mit gültigen Ursprungszeugnissen. Letztlich ist das zentral, weil die Ursprungsregel unter WTO-Bedingungen keine Rolle spielt.

Überhaupt sieht Bhagwati das Thema Größe im Zusammenhang mit Freihandelszonen als problematisch. Vor allem, wenn es um die Bedingungen der Abkommen geht, tun sich wirtschaftlich mächtige Staaten leichter, ihre Interessen durchzusetzen. Und im Ausgleich zwischen den Industrie- und Entwicklungsländern ist eine ungünstige Tendenz erkennbar: Freihandelsabkommen werden bevorzugt zwischen ökonomisch relativ stabilen Ländern geschlossen und eher selten zwischen ungleichgewichtigen Partnern (Bhagwati 1995). Das korreliert mit den Erkenntnissen etwa eines Krugman.

Wir gehen hier nicht auf die konkreten Bedingungen von 1999 ein unter denen Bhagwati sein Buch begann, wir schauen uns die Entwicklung in Sachen TTIP, dem Transatlantischen Investitions- und Partnerschaftsabkommen, genauer an – es gibt ausreichend Überschneidungen. Dabei geht es vor allem um Ängste, um fehlende Informationen und um eine erkennbare Überforderung der Politik. Denn spätestens mit TTIP war in Europa und vor allem in Deutschland offensichtlich, dass Handel und damit die Globalisierung zum Politikum wurde.

TTIP – was geht und was nicht.

TTIP, die Transatlantic Trade and Investment Partnership, sollte die bereits guten Handelsbeziehungen zwischen den USA und der EU auf ein neues Niveau heben.

Ein ambitioniertes Programm lag auf dem Verhandlungstisch. Neben Abbau von tarifären und nicht-tarifären Hemmnissen ging es darum, Standards zu setzen, an denen sich der Rest der Welt bzw. der Handelspartner orientieren sollte. Mittels Schiedsgerichte sollten die Interessen der Investoren geschützt werden.

Der Widerstand gegen dieses Abkommen – die Verhandlungen begannen 2013 – war immens. Vor allem in Deutschland gingen die Menschen auf die Straße, um gegen TTIP vorzugehen. Inhaltlich und methodisch waren die Aktionen maßgeblich initiiert von der Nichtregierung-Organisation (NGO) Campact, die durch Internet und Soziale Medien mehr als 1,6 Mio. Menschen erreicht (Zeeb 2015). Ohne diese mediale Basis wäre es kaum denkbar gewesen das bis dato eher weniger beachtete Thema Handel auf diese Ebene der öffentlichen Aufmerksamkeit zu katapultieren.

Nicht-Regierungsorganisationen

NGOs, Non-Governmental Organisations, vertreten auf privater Basis transnationale politische, gesellschaftliche oder ökonomische Interessen. Im politischen Willensbildungsprozess ist es vor allem die Artikulationsfunktion, die sie einnehmen und dabei ihre Anliegen und vor allem natürlich die ihrer Anhänger auf die politisch-gesellschaftliche Agenda setzen. Ihre spezifischen Themen platzieren sie in den verschiedensten Medien, häufig über Grenzen hinweg. Mit konkreten Projekten versuchen sie neue Wege aufzuzeigen.

Campact, eine der in Deutschland bekannteren Organisationen, beschreibt sich selbst so schreibt auf der Website: „Campact ist eine Bürgerbewegung, mit der über 2 Millionen Menschen für progressive Politik streiten. (...) Wir debattieren mit Politiker*innen, schmieden Bündnisse und tragen unseren Protest auf die Straße: mit großen Demonstrationen und lokalen Aktionen (...) Finanziert durch Spenden verfolgen wir unsere Anliegen unabhängig von Parteipolitik und Wirtschaftsinteressen“. (Campact.de, zuletzt geprüft: 17.06.2023).

Auch wenn die NGOs eine gewaltige Öffentlichkeit erobern: Sie sind nicht demokratisch legitimiert. Zwei Millionen Menschen sind 2,4% der deutschen Bevölkerung. Wenn NGOs die politische Öffentlichkeit für sich beanspruchen und Demos machen, bei denen laut Veranstalter 80.000 Menschen teilnehmen, laut Polizei 30.000, dann kann man darüber diskutieren, wer den richtigen Blick hat. Gleiches gilt auch für Konzerne, die über Lobbystrukturen Einfluss auf politische Wege nehmen wollen.

Schauen wir uns an, was die Kritikpunkte waren, die besonderen Rahmenbedingungen, in denen die Diskussion um TTIP geführt wurde, auch mit Blick darauf, welche Themen am Start sind, wenn Staaten miteinander handeln wollen. Da gilt es Claims abzustecken, Anforderungen und Ambitionen zu klären. Die Energie, die in solchen Verhandlungen freigesetzt wird, lässt sich dann kaum noch mit den ökonomischen Modell-Annahmen in Einklang bringen. Die Umsetzung hat immer mit Unwägbarkeiten zu kämpfen. TTIP war sehr ambitioniert gestartet und schwang auf der Welle der „Wertegemeinschaft" zwischen den USA und der EU. Dass dann doch Unterschiede zu Tage traten, die nicht so einfach überbrückbar sind, stellte sich im Lauf der öffentlichen Debatte heraus. Die wurde intensiv geführt, auch um Dinge, die mit TTIP selbst nichts zu tun hatten, sondern zum Beispiel der Erkenntnis geschuldet waren, wer die Verhandlungen zu TTIP führt. Fangen wir damit an und scannen wir die weiteren Reibungsflächen.

Intransparenz im Verhandlungsprozess

Die Mitgliedsstaaten haben das Handelsmandat an die Europäische Union, konkret an das Handelskommissariat, abgetreten. Dass Handelsverträge ausschließlich auf europäischer Ebene verhandelt werden, war nicht allen Deutschen bewusst. Dass Handelskommissar Karel de Gucht dann noch vorgeworfen wurde, dass er sowohl die Prozesse als auch das von den Mitgliedsstaaten übertragene Mandat hinter verschlossenen Türen hielt, war nicht vertrauensbildend. Der zunächst berechtigte Vorwurf der Intransparenz, der mit undemokratischen Vorgängen assoziiert ist, war öffentlichkeitswirksam positioniert. Cecilia Malmström, de Guchts Nachfolgerin, ist dem überraschend großen Interesse an der europäischen Handelspolitik mit einer massiven Transparenzkampagne entgegengetreten, die bis heute andauert. Das Misstrauen blieb, nicht ganz unbegründet. Rodrik nennt Gründe für die Geheimnistuerei: „The ostensible reason for secrecy is to facilitate the back-and-forth dealing needed to produce compromise. But from the perspective of broader social welfare, secrecy is a mixed blessing. It may promote quicker bargains. But it also tends to bias the results against interests not present in the negotiation" (Rodrik 2018c: 84).

Misstrauen gegenüber den Verhandlern

Mit der Intransparenz und der damit verbundenen „Gesichtslosigkeit" der Verhandler gingen Annahmen zur Qualität der Entscheidungsträger auf amerikanischer Seite einher, die systemisch begründet sind. In den USA gibt es eine fast vollständige Durchlässigkeit, eine Art „Drehtür" zwischen Ämtern in Politik und Wirtschaft. In der EU, in Deutschland gilt eine Frist von zwei bis drei Jahren, bevor eine ehemals politisch aktive Person ein wirtschaftliches Amt begleiten darf. Entfällt das, greift häufig das sogenannte Meggy-Prinzip. Es geht zurück auf das Netzwerk der amerikanischen Beratungsfirma McKinsey, in dem sich Berater finden, die hochrangige Jobs in Unternehmen haben und dann auch in die Politik wechseln. Dabei geht es um Lobbyismus und, so die Befürchtung von Kritikern, um Gelder, die von mächtigen Unternehmen an die politische Elite in den USA geschoben werden und dazu führen können, dass u.a. handelspolitische Entscheidungen nicht ganz unbeeinflusst von solchen Prozessen stattfinden (Pinzler 2016: 32–49).

Nun ist das Handelsrecht kompliziert, Verhandlungen ziehen sich meist über Jahre. Aufgrund der Komplexität, die vor allem in ambitionierten Abkommen steckt, ist Beratung der Entscheidungsträger gefragt: „Governments have to rely on knowledge and expertise from businesses to negotiate complex regulatory changes. Hence, business lobbies become partners and collaborators for the trade negotiators: they help define the issue, provide information and expertise, and mobilize support from other business groups transnationally“ (Rodrik 2018c: 86).

Lobbyismus dieser Form ist in der Gefahr, die Gruppen zu benachteiligen, die nicht am Verhandlungstisch sitzen. Das dürften viele sein, so die Befürchtung der TTIP-Gegner. Die unterstellte ökonomische Ausrichtung der Amerikaner, auch im Vergleich mit den Beamten, die die staatlichen Interessen der EU vertreten, war ein Diskussionspunkt. Dabei ist zu prüfen, ob das in der Quintessenz tatsächlich bedeutet, wie Petra Pinsler konstatiert: „Und hier zeigt sich die bisher wohl am meisten unterschätzte Gefahr der modernen Abkommen: Sie unterstützen die Privatisierung immer größerer Teile der Erde. Dinge, Ideen, Lebewesen, die seit Jahrtausenden im Gemeinschaftsbesitz sind, werden zum Besitz privater Konzerne. Durch die Abkommen können die Eigentumstitel immer stärker geschützt und immer leichter genutzt werden. Weltweit“ (Pinzler 2016: 77).

Antiamerikanische Tendenzen

Die NSA-Abhöraffäre von 2013 um das Handy von Bundeskanzlerin Angela Merkel hat das mehrheitlich noch intakte Vertrauen der deutschen Bevölkerung in den „großen Bruder“ erschüttert. Es war nur ein Mosaikstein in einem merklich abgekühlten transatlantischen Verhältnis. Aber für die TTIP-Verhandlungen war es keine ideale Atmosphäre, immer wieder zeigten sich Tendenzen der Abkopplung. Das Thema ist noch auf der Agenda, ist aber volatil und bewegt sich mit den geopolitischen Veränderungen.

Geopolitische Sensibilität

„Systemrivale“ war 2013 eine weitgehend ungenutzte Vokabel im Kontext der internationalen Beziehungen. Die Hoffnung auf ein zunehmend erstarkendes Europa als einer der Schlüsselspieler der internationalen (Wirtschafts-) Politik und ein wirtschaftlich stabiles Deutschland verdrängten machtpolitische, geostrategische Ansichten und Diskussionen. Das ist – zumindest im Rückblick – umso erstaunlicher, als die ökonomischen Emanzipationsversuche nicht an sicherheitspolitische Maßnahmen gekoppelt waren. Im März 2011 wurde die Einberufung zum Grundwehrdienst ausgesetzt, das Budget für Militär dümpelte, die NATO und damit vor allem auch die USA, galten als sicherer Schutzschirm. China war ein interessanter Wirtschaftspartner. Kurz und knapp: Sicherheit und Wirtschaft wurden nicht zusammen gesehen. In den Diskussionen um TTIP wurden geopolitische Aspekte ausgespart.

Internationale Standards setzen

Während die TTIP-Befürworter in diesem Abkommen die Chancen sahen, allein schon durch Größe, internationale Standards setzen zu können, von „Gold-Standards“ war die Rede, die dann eben auch für andere Handelspartner gelten würden, sahen die Gegner die Erosion bestehender Standards in Europa bzw. Deutschland. Befürchtet wurde eine Aufweichung der ILO-Standards, der International Labour Organisation, die sich für die Rechte der Arbeitnehmer einsetzt. Befürchtet wurde, dass besondere Schutzrechte etwa auf Spezialitäten wie die „Nürnberger Bratwurst“ und der „Schwarzwälder Schinken“ verloren gingen und all das in Kentucky oder wo auch immer produziert werden könnte. Befürchtet wurde, dass öffentliche Ausschreibungen auch an Amerikaner vergeben werden könnten und dass man in Zukunft Chlorhühnchen essen müsste. Alles in allem: Statt die Möglichkeit internationale Standards zu setzen, überwog die Befürchtung, dass die eigenen Standards gesenkt würden. Alles unter der festen Annahme, dass auch ein Scheitern von TTIP nicht bedeuten würde, dass die Wirtschaftsbeziehungen zwischen den USA und der EU signifikant Schaden nehmen würden.

Kontrolle durch Konzerne: Schiedsgerichte

Investorenschutz ist eine wichtige Bedingung für Unternehmen, um im Ausland zu investieren. TTIP sollte auch Foreign Direct Investments, die Direktinvestitionen stärken und damit die Verbindung zwischen den Kontinenten festigen. Im Konfliktfall zwischen Staat und Wirtschaft hätten die Unternehmen ein Schiedsgericht, das sog. „Investor State Dispute Settlement“ (ISDS), anrufen können. Kritisiert wurde, dass die Souveränität der Staaten angegriffen würde und die Konzerne – einzelne davon haben ein größeres BIP als manche Staaten – ihre Interessen auch gegen das Gemeinwohl durchsetzen würden. Das ISDS selbst ist außerhalb bestehender Rechtssysteme angesiedelt, Rechtsmittel sind nicht zugelassen und die „Schiedsrichter“ haben dadurch eine immense Macht. Das ISDS wurde in letzter Konsequenz als solide Einnahmequelle für (Groß-) Kanzleien kritisiert, die bei entsprechender Expertise mit Aufträgen hätten rechnen können (Ulrich 2019).

Tatsächlich war und ist die Befürchtung, auch Bhagwati hatte das angesprochen, dass Handelsabkommen „Die heimliche Herrschaft von Konzernen und Kanzleien" manifestieren. Pinzler nennt es „Unfreihandel" und erklärt: „Offiziell geht es um Freihandel. Doch in Wahrheit sollen neue Zäune um das Eigentum von Konzernen gezogen werden. Und es soll privatisiert werden, was heute noch allen gehört" (Pinzler 2016: 9).

Die finanzielle Potenz und der Einfluss der Konzerne auf politische Prozesse können den Lebensalltag der Bürgerinnen und Bürger negativ verändern. Sie sind genauso wenig demokratisch legitimiert wie die NGOS. Mit der Kritik an den Konzernen und Kanzleien waren Stakeholder im Brennpunkt, die auf der einen Seite für die Dynamik des Handels sorgen, auf der anderen Seite aber ihren Profit vor das Gemeinwohl stellen würden.

Unökonomische und selektive politische Träger

Globalisierung und Welthandel waren spätestens nach diesen TTIP-Ereignissen politisch und thematisch in die Wohnzimmer der EU-Bürger hineingewandert. Die Politisierung lässt sich nur selektiv erkennen, denn geopolitische oder sicherheitspolitische Aspekte wurden hauptsächlich von den Befürwortern eingebracht.

Dabei gab es nicht nur Mahner – bereits 2014 hatte Walter Russel Mead gewarnt, dass die Geopolitik auf die Bühnen zurückkommt (Mead 2014). Es gab auch Bewegungen in der internationalen Politik. Russland marschierte 2014 in die Krim ein, China demonstrierte Ansprüche im südchinesischen Meer und der Iran arbeitete erkennbar an einer Vormachtstellung im Mittleren Osten. Ein echter Nerv war damit in der Gesellschaft offenbar noch nicht getroffen und die Annahme, dass letztlich alles gut wird, getragen auch vom Prinzip des Wandels durch Handel, war sehr lebendig.

TTIP-Diskussionen wurden weniger auf der rein ökonomischen Ebene geführt. Komparative Kostenvorteile? Attraktivität durch Vergrößerung der Absatzmärkte? Kaum, es gab ja schon Beziehungen, so die Argumentation. Und tatsächlich war der zu erwartende Zuwachs gemessen am Realeinkommen auch von Ökonomen als gering veranschlagt. Er kompensierte jedenfalls nicht die – wie wir wissen, berechtigten – Befürchtungen der Menschen, dass es zu einer Reihe von Verlierern kommt. Und auch nicht, dass die Gewinner vorwiegend die großen Konzerne wären, was deutlich von den NGOs auf die Agenda der öffentlichen Meinung gesetzt wurde.

Das ist etwas, über das Ökonomen sprechen und publizieren, was wir im letzten Kapitel erfahren haben, das aber in der politischen Diskussion lange Zeit eher weniger aufgegriffen wurde: Freihandel und Globalisierung ist nicht nur eine Win-Win-Situation. Auch Bhagwati hat bereits zwanzig Jahre zuvor in seiner Publikation versucht, Sorgen und Ängste zu versachlichen und zu entkräften. Die Bedenken hielten sich, die politische Kommunikation blieb allerdings unter ihrem Potential. Die demokratisch legitimierten Regierungen bzw. Entscheidungsträger beiderseits des Atlantiks konnten sich nicht zu klaren Statements durchringen, was die Skepsis der Bevölkerung vergrößerte. Die zeigte klare Präferenzen, Abstriche im ökonomischen Bereich zu machen, wenn damit bestimmte Eigenarten und Qualitätsmerkmale vor einer Vereinheitlichung geschützt werden können. Ob das Arbeitsschutz, Nürnberger Bratwürste oder das Vorsichtsprinzip ist: Es war erstaunlich, wie stark sich die Präferenz dafür in der Gesellschaft zeigte. Und wie sehr das letztlich zu politischen Rückzugsgefechten führte.

Was sich in diesen Jahren abzeichnete war, dass die Bewertung von Abkommen, von Handel in relativen Positionen bewertet wurde. Also nicht, ob es uns absolut betrachtet, besser gehen könnte durch dieses Abkommen, sondern ob Amerika mehr profitiert, sich relativ besser stellt. Es war später dann Donald Trump, der diese Betrachtungsweise zur Höchstform entwickelte. Die merkantilistische Note ist unverkennbar, aber auch das Politikum, kleinteilige Bewertungskategorien anzuwenden, um großflächige Realitäten – Armut, Arbeitslosigkeit, geringes Wachstum – im eigenen Land übertünchen zu können. Was letztlich die Sicht auf TTIP und Globalisierung auch im Kleinen bei den Bürgern verändert hat, sind exogene Faktoren, die sich ökonomisch auswirken, aber nicht zwangsläufig ökonomisch induziert sind. Es sind militärische Ausbrüche, wie in der Ukraine, und Pandemien, wie wir sie mit Corona erlebt haben. Vulnerabilitäten wurden sichtbar, Lieferketten waren instabil, wenn überhaupt vorhanden, Gewissheiten brachen einfach weg. Die Lage war in der Wahrnehmung eine andere als etwa 2014. Die vielen nacheinander folgenden Krisen machen etwas mit Menschen, ändern Perspektiven.

Infektiös und permissiv: Logik und Narrativ eines Virus

Ende Dezember 2019 meldete die chinesische Staatsregierung an die Weltgesundheitsorganisation WHO, dass in der zentralchinesischen Stadt Wuhan eine neuartige Erkrankung aufgetreten sei, die sich schnell verbreite und die später den Namen Corona Virus Disease 2019, kurz COVID-19, bekam. Am 30. Januar 2020 hat der Generalsekretär der WHO entschieden, die internationale Gesundheitsnotlage auszurufen. Dieses Vorgehen basiert auf Artikel 12 der Internationalen Gesundheitsvorschriften (IGV), die durch bereits vorangegangene Infektionen mit dem Potential globaler Bedrohungen überarbeitet, 2005 von der 58. Weltgesundheitsversammlung der WHO verabschiedet wurde und seit Juni 2007 völkerrechtlich verbindlich ist. Die IGV zeigen auf, wie mit Infektionskrankheiten der Qualität eines Virus wie COVID-19 umgegangen werden sollte, die WHO kann im Fall einer Ausrufung verpflichtende Vorgaben für die betroffenen Länder machen und steht in engem Kontakt mit ihnen. Die WHO ist damit ein zentraler Ansprechpartner, der die Bedeutung multilateraler Organisationen in einem global-aktiven Umfeld zeigt.

Viren messen zwischen 30 und 300 Nanometer, aber der Winzling COVID-19 hat all die Ängste, die Strategien, die Befürchtungen, die Chancen und die Risiken der Globalisierung wie auf einer Megaleinwand deutlich gemacht:

- Schnelle **Verbreitung**: Bereits am 08. März 2020, knapp zwei Monate nach Bekanntmachung, gab es 105.427 Infizierte in 101 Ländern und 3583 Tote. Internationale Mobilität und Zusammenarbeit wirkten als Beschleuniger.
- **Abhängigkeit** durch Arbeitsteilung, symbolisiert in den Lieferketten: Vor allem im sensiblen medizinischen Bereich zeigte sich Verwundbarkeit. 80 Prozent der gängigen medizinischen Wirkstoffe kommen aus China und Indien. „Es wird nicht so bleiben wie bisher, weil wir nicht mehr so stark auf internationale Lieferketten vertrauen werden. (...) Ich halte es für richtig, dass man für bestimmte Produkte auch heimische Produktion braucht, um nicht komplett von Lieferungen aus aller Welt abhängig zu machen“, so die erste Einschätzung der Wirtschaftsweisen Veronika Grimm (zitiert nach Riedel 2020).
- **Verwundbarkeit** wurde neu wahrgenommen. Nicht nur festgemacht an der Frage, wer sich wann wo infiziert, sondern auch daran, ob man genügend Nudeln zuhause hat. Und Toilettenpapier. Toilettenpapier war ein Top-Score in Sachen Lieferengpass. Alltägliche Dinge, ohne die man zwar klarkommen kann, die aber doch Selbstverständlichkeiten sind. Die Steigerung ging hin zu einem Ausgeliefert-Sein bei neuralgischen Produkten wie Medikamenten. Die Frage, wie schnell man zu einer Grundversorgung kritischer Stoffe, auch Rohstoffe kommt, stand plötzlich auf der Agenda.

Erstaunlich war, dass es auch die Globetrotter nach Hause zog, wenngleich es dort keinen Schutz vor den kleinen Störenfrieden gab. Viele Menschen wurden von offiziellen Stellen in das eigene Land zurückgebracht. Dort wartete kein Impfstoff, kein Medikament und auch nicht der Weg nach Hause, denn 14 Tage Quarantäne waren das Minimum.

Bereitete Covid-19 den Boden für eine Entflechtung der Welt? Oder kann es wie ein Katalysator zu einem neuen Verständnis wirken – und sei es aus reiner Notwendigkeit – zusammen zu arbeiten? Die multilaterale Organisation zu stärken?

Wir ziehen uns bei einer Bedrohungslage hinter unsere Grenzen zurück, wir haben auch erlebt, dass es durch den Austausch der Staaten zu essenziellen Unterstützungsleistungen kommt, etwa bei der medizinischen Versorgung. Nicht unwesentlich und im Grunde widersprüchlich ist die Erfahrung, dass der Lockdown zu einer tatsächlichen Entlastung des Ökosystems führte und damit einen wichtigen Beitrag um Klimaschutz geleistet hat. Ein weiteres Thema, das nur international zur lösen ist.

6. Bretton-Woods und Co.

Eine auf dem Freihandels-Prinzip basierende Welthandelsordnung braucht als Pendant eine Weltwährungsordnung. In Bretton-Woods einigte man sich auf ein System von vereinbarten festen Wechselkursen. Feste Wechselkurse funktionieren nur, wenn die nationalen außenwirtschaftlichen Transaktionen in der Handels-, Dienstleistungs-, Kapital- und Devisenbilanz ausgeglichen sind. Das System brach in den 70er Jahren zusammen. Der Internationale Währungsfonds, IWF, meist als IMF abgekürzt (International Monetary Fund) hat als Hauptzweck die Stabilität des internationalen Währungssystems zu sichern.

Die Weltbank ist eine multilaterale Entwicklungsbank, deren oberstes Ziel die Verringerung der Armut in den ärmsten Entwicklungsländern und solchen mit mittlerem Pro-Kopf-Einkommen ist. Vorrangig geht es um die Verbesserung des Lebensstandards durch Förderung einer nachhaltigen Entwicklung.

Wie bereits in der Einleitung angemerkt, wird hier auf die komplexen Zusammenhänge der Kapitalmärkte und Finanzmarktströme verzichtet. Natürlich ist auch diese Seite der Medaille des Handels durch viele Entwicklungsstufen gelaufen und hat die Welt des Handels mit Gütern und Dienstleistungen mehr als einmal stark beeinflusst. Die Wirtschafts- und Finanzkrise 2008/2009 war eine solche Kerbe. Eine Reihe ausgewiesener Experten hat sich intensiv und teilweise auch sehr kritisch dieser Thematik angenommen.

6.1 Welthandelsgesellschaft / World Trade Organisation WTO

Zwischen 2020 und 2021 stieg die Zahl der Handelsabkommen von 310 auf 351. Das könnte darauf hinweisen, dass die Corona-bedingten Eindrücke und Veränderungen zu schnellen, möglicherweise aber nicht völlig durchdachten Reaktionen geführt haben. Die Suche galt neuen Partnern, es waren Schritte zu einer Diversifizierung und Versuche, den Abhängigkeiten zu entkommen, indem man durch Abkommen neue Märkte und Alternativen im Rahmen der Lieferketten ausgelotet hat. Das geschah auf bilateraler, nicht multilateraler Ebene. Während die Abkommen zwischen den Nationen zunahmen, blieb die World Trade Organisation WTO, die Nachfolgerin des GATT und Hüterin des Freihandels, weitgehend außen vor.

Die WTO soll die Mitgliedsstaaten bei der Handelspolitik beraten, die Politiken im Rahmen multilateraler Verhandlungen koordinieren und Handelskonflikte schlichten. Ihre Ziele sind, die Liberalisierung des Welthandels durch den globalen Abbau der Zölle und der nicht-tarifären Handelshemmnisse voranzutreiben. Sie ist sozusagen die Institutionalisierung der multilateralen Organisation der internationalen Handelsbeziehungen. Theoretische Basis ist der komparative Kostenansatz, der letztlich durch Handel eine Wohlstandssteigerung bedingt und damit die weiteren Ziele der WTO, nämlich durch Erhöhung der Wirtschaftskraft und einer durchsetzungsstarken Wettbewerbsfähigkeit, höhere Lebensstandards für alle zu erlangen.

164 Mitglieder hat die WTO derzeit, sie deckt damit 90% des Welthandels ab, zuletzt wurde 2016 Afghanistan aufgenommen. Jedes Mitglied hat unabhängig von seiner Wirtschaftskraft eine Stimme im Ministerrat und im Allgemeinen Rat. Da die Beschlüsse nach dem Konsensprinzip gefasst werden, erstaunt es nicht, dass die Entscheidungsfindungen schleppend sind. Die WTO gliedert sich in Teilorganisationen: dem GATT, zuständig für den Warenhandel, dem GATS, zuständig für Waren mit Dienstleistungen und dem TRIPS, hier soll geistiges Eigentum geschützt werden.

Oberstes Organ ist die Ministerkonferenz, die aus Vertretern aller Mitglieder besteht und mindestens alle zwei Jahre tagt. Sie ernennt den Generalsekretär und bestimmt dessen Kompetenzrahmen, sie entscheidet über die Einsetzung einzelner Räte und über Änderungen des WTO-Rechts. Der Allgemeine Rat regelt die Geschäfte zwischen den Tagungen der Ministerkonferenz, das Sekretariat bzw. die Generaldirektion, bereitet Verhandlungen zwischen den Mitgliedern vor, berät grundlegend zur Entwicklung des Welthandels und unterstützt bei Streitschlichtungsverfahren.

Streitschlichtung generell gilt als Herzstück des multilateralen Systems, sie ist vor allem nach den Erfahrungen des GATT ausgebaut worden. In der Uruguay-Runde wurden die entsprechenden Regeln und Verfahren zur Streitbelegung beschlossen. Mit diesem „Dispute Settlement Understanding" (DSU) soll das Handelssystem sicher und transparent werden, es gilt für alle WTO-Übereinkommen und ist das weltweit erste obligatorische zwischenstaatliche Verfahren.

Die Streitbeilegung selbst erfolgt über den Dispute Settlement Body (DSB), der vom Allgemeinen Rat besetzt ist. Ein Verfahren durchläuft mehrere Stufen, wenn eine Partei dann Rechtsmittel einsetzt, prüft die Rechtsmittelinstanz „Appellate Body" und legt einen Bericht vor. Hält sich die unterlegene Partei nicht daran, kann der „Gewinner" Sanktionen verhängen. Der Bananenstreit zwischen der EU und den USA steht dafür. Die EU hatte versucht, die AKP-Gruppe (Afrika, Karibik, Pazifik) vor der übermächtigen Bananen-Lieferanten-Konkurrenz aus Lateinamerika – große Konzerne wie Dole und United Fruit sind dort tätig – zu schützen. 1999 billigt die WTO die von den USA verhängten Strafzölle.

Schwächung der WTO–Fragmentierung

Seit 2019 kommt der Appellation Body nicht auf die notwendige Zahl von drei Mitgliedern und ist daher beschlussunfähig. Um die Lücke zu füllen, müssen alle

WTO-Mitglieder den Personalien zustimmen. Das ist derzeit nicht gegeben, vor allem die USA blockiert die Nachbesetzung, zunächst Trump und später dann auch Präsident Biden.

Diese deutliche und bewusste Schwächung der WTO ist ein klares Signal, dass nationale Interessen immer offensichtlicher vor das Konzept des multilateralen Systems geschoben werden. Die Fragmentierung des Welthandels ist unübersehbar. Ganz deutlich kommt die zunehmende Skepsis gegenüber einer institutionalistisch aufgebauten Welt(handels)ordnung zum Vorschein – ein schwerer Schlag für die Vertreter des multilateralen Systems. Da helfen nur bedingt die G20-Treffen, das zentrale Forum für die internationale wirtschaftliche Zusammenarbeit. Das letzte war im November 2022 auf Bali und die Mitglieder haben lange mit einem Abschlussbericht gerungen.

Die weitaus größere Schneise, die die Staaten in das multilaterale System schlagen sind dagegen die Freihandelsabkommen. Entgegen der Grundsatzüberlegung, dass die Dynamik des multilateralen Systems über bilaterale Abkommen läuft, weil die gewährten Vergünstigungen dann für alle anderen Mitglieder gelten, ist genau dieser Sprung nicht vorgesehen. Schon bei der Festlegung dieser Klausel war die Orientierung an nationalen Interessen erkennbar. Die Überlegung, dass durch das Abkommen zwischen der EU und den USA ein Megamarkt entstehen könnte, mit dem Standards definiert werden und die strukturellen Größenverhältnisse der bereits sehr großen Märkte dann noch mehr zum Tragen kämen, war nicht primär mit Blick auf multilaterale Strukturen lanciert worden. Und natürlich war damit zu rechnen, dass sich im asiatisch-pazifischen Raum Gegenbewegungen entwickeln würden, die eher weniger in eine multilaterale, denn eine multipolare Positionierung münden würden. Nicht zu vergessen, dass alle Beteiligten Mitglieder der WTO sind. Schauen wir uns ein paar an, auch mit Blick auf die sich derzeit abzeichnende Weltunordnung.

6.2 Kleiner Einblick in die Menge der Abkommen

Beginnen wir mit dem Schwergewicht, der Regional Comprehensive Economic Partnership (RCEP), die am 01. Januar 2022 in Kraft getreten ist. Die Verhandlungen dazu hatten im November 2012 begonnen. Mit dabei sind aus der Vereinigung südostasiatischer Länder (ASEAN) Brunei, Kambodscha, Indonesien, Laos, Malaysia, Myanmar, die Philippinen, Singapur, Thailand, Vietnam. Mitunterzeichner sind weiterhin: Australien, China, Japan, Neuseeland und Südkorea. Indien hat nach anfänglichem Interesse von einem Beitritt abgesehen. In der Summe deckt diese Gruppe laut IMF mit 29.943 Mrd. US-Dollar rund 29% des Welt-BIP (101.561 Mrd. US-Dollar) ab. Ein Pflock in der zunehmenden ökonomischen Bedeutung des asiatischen Raums.

Eine spannende Mischung von Staaten mit vielen Zielen; u.a. sollen 90 Prozent des Zolls abgeschafft werden und die Abfertigung verderblicher Ware soll sechs Stunden Wartezeit nicht überschreiten. Letzteres ist ein, im wahrsten Sinne des Wortes, empfindliches Nicht-tarifäres Handelshemmnis. Für den geplanten Zollabbau sind immerhin Fristen von rund 20 Jahren vorgesehen. Fragen wir die Experten des Handelsblatts – mit unserem Bhagwati-Hintergrund – wie sich die Lage seit Beginn entwickelt hat, erfährt man: „In den ersten Monaten des Abkommens haben Unternehmen beispielsweise Probleme gehabt, an die nötigen Formulare zu kommen, mit denen sie RCEP-Bestimmungen nutzen können. Zudem ist vielen Unternehmen nicht bekannt, wie sie die Vorteile des Abkommens nutzen können. In einigen Zollbehörden fehlt teilweise immer noch das Wissen über die neuen Vorschriften. Auch lokale Regularien müssten zum Teil noch angepasst werden“ (Peer/Kölling 2023). Der scheinbar machtvolle Auftritt dieser asiatischen Gruppe wird sich bei der Umsetzung der tatsächlichen Potentiale etwas in die Länge ziehen.

Mit dem EU-Blick auf dieses Abkommen, zeigt sich, dass die Ansprüche jenseits der Handelserleichterungen eher gering ausfallen. Nachhaltigkeit vor allem in Hinsicht Umweltschutz, Arbeitsrechte und Sozialstandards stehen nicht auf der Liste der Vereinbarungen. Die Bedeutung der europäischen Standards verringert sich durch solche Abkommen. Von der Vorstellung, dass die EU und die USA mit TTIP tatsächlich globale Standards definieren könnten, kann Abstand genommen werden. Solange die WTO weiter in ihrer geschwächten Position verhaftet ist, sind solche Asymmetrien wohl unausweichlich.

Eindeutige Bekenntnisse der Mitglieder in Richtung einer geopolitischen Polarisierung lassen sich nicht ableiten, wenngleich allein die Größe mit fast 30% des Welt-BIPS beeindrucken könnte. Natürlich ist es für die einzelnen Länder u.a. ein logistischer Vorteil, Märkte im asiatischen Raum einfacher zu bedienen. Vor allem Australien und Neuseeland profitieren von der Marktnähe. Die Mitgliedschaft dieser beiden ist für China spannend im Sinne der Gestaltung von Einflusssphären im Kontext der Großmachtrivalität. Auch der Marktzugang zu Japan, der drittgrößten Volkswirtschaft der Welt, kann Chinas Macht in diesem Raum weiter stärken.

Wer sich die Mitgliederstruktur anschaut, erkennt, dass einzelne Staaten viele Vernetzungen pflegen. Japan, zweitgrößte Wirtschaftsmacht nach China, das 30 Prozent seiner Importe über RCEP abwickelt, hat auch ein Abkommen mit der EU: EUJEPA, das EU-Japan-Wirtschaftspartnerschaftsabkommen, bzw. Economic Partnership Agreement, das am 01. Februar 2019 in Kraft trat. EUJEPA zielte weniger auf Wachstumsgewinne, es stand vielmehr im Zeichen des chinesischen Aufstiegs und der Verlagerung der amerikanischen Außenpolitik in den ostasiatischen Raum. Die USA hatte China im Sinne eines „Responsible Stakeholders“ zunächst in die westlich dominierte Ordnung zu integrieren versucht, Obama setzte dann auf eine Neuausrichtung hin zum asiatisch-pazifischen Raum, die Hillary Clinton dann als „Pivot to Asia“ markierte. Ein Momentum dieser Hinwendung sollte der amerikanische Beitritt zu TPP, der Trans-Pacific-Partnership, werden. Im Februar 2016 wurde das Abkommen von zwölf Staaten unterzeichnet. Darunter die Teilnehmer an RCEP: Australien, Brunei, Japan, Malaysia, Neuseeland, Singapur und Vietnam. Donald Trump hat die Mitgliedschaft der USA zurückgezogen, seither nennt sich das Abkommen CPTPP, Comprehensive and Progressive Trans-Pacific Partnership“ (Maull 2020: 11–13). Japan hat ganz offenbar deutliche Vorteile aus dem Abkommen gezogen. 30 Prozent der japanischen Importe liefen über RCEP, zwanzig Prozent über das Abkommen mit der EU (Kotera 2006).

Neben der ökonomischen Seite spielt auch die geopolitische Positionierung mit ein: „Mit der Partnerschaft zwischen der EU und Japan gewinnen beide Seite (sic!) zusätzlichen Rückhalt für ihre Bemühungen, sich im Kontext einer zunehmenden bipolaren Welt gegenüber China, aber auch den USA als eigenständigen Akteur mit Gestaltungschancen zu behaupten“ (Maull 2020: 19).

Vietnam, das bei der Suche nach Alternativen zum Wirtschaftspartner China in den 2020er Jahren zu einem sehr gefragten Ankerpunkt bei Unternehmen wurde, fährt ebenso mehrgleisig. Die vietnamesische Regierung verfolgt ein exportorientiertes Wachstumsmodell, ist Mitglied in der WTO und Teil mehrerer Handelsverträge. Seit dem 01. August 2020 ist das Handelsabkommen zwischen der EU und der Sozialistischen Republik Vietnam in Kraft. Was damals mit einer gewissen Verwunderung aufgenommen wurde, denn Vietnam gehört trotz starken Wachstums immer noch zu den kleineren Volkswirtschaften. Allerdings konnte die EU ein Nachhaltigkeitskapitel aufnehmen, eine Möglichkeit, um EU-konforme ökologische und soziale Rahmenbedingungen zu schaffen. Damit kann das Abkommen dazu beitragen, „dass elementare Grundwerte der EU international eingeführt und respektiert werden“ (Neubert 2020: 46).

Vietnam zeigt sich als offener Partner, der von der Suche nach Alternativen zu China profitiert. Es hat eine große Grenze zum Reich der Mitte, immer wieder gibt es Annäherungen zwischen den beiden kommunistischen Parteien. Mit den USA hält Vietnam bereits stabile Beziehungen. Im Gesamtvolumen des Außenhandels liegt es mit 138,92 Milliarden US-Dollar an achter Stelle. China kommt als drittgrößter Partner der USA auf 695,59 Milliarden US-Dollar. In den 70 und 80er Jahren haben viele Vietnamesen in Russland studiert und besetzen heute verantwortungsvolle Positionen im eigenen Land. Dass Vietnam die Sanktionen gegen Russland in der UN nicht unterzeichnet haben, muss nicht bedeuten, dass Vietnam den Angriff gegen die Ukraine gut findet. Eher heißt es, auch nach den Erfahrungen des Vietnam-Krieges der Amerikaner, dass Vietnam seine wirtschaftliche Prosperität vor politische Positionierungen stellt. Dazu zeigt es sich als zuverlässiger Handelspartner zum Beispiel mit einem starken Rechtsrahmen, einer

Investment-Protection und langfristiger Landpacht. Es hat mit dem Nachhaltigkeitskapitel in dem Abkommen mit der EU gezeigt, dass es sich Standards eher öffnet als das Nachbarland China und damit grundsätzlich einer regelbasierten globalen Ordnung gegenüber nicht abgeneigt ist.

Werfen wir noch einen kurzen Blick nach Südamerika. Im Jahr 2000 begannen die Verhandlungen zwischen Mercosur, dem Brasilien, Argentinien, Uruguay und Paraguay angehören – im Juni 2019 wurden sie abgeschlossen. Vor allem durch die Abschaffung bilateraler Zölle sollen die Exportkapazitäten für diesen gemeinsamen Markt mit rund 780 Millionen Menschen entfesselt werden. Wenngleich einige Sektoren gesondert behandelt werden sollen, vor allem die Landwirtschaft, konkreter der Fleischsektor. Die EU, vor allem auch Deutschland, lehnten lange Zeit die Ratifizierung des Abkommens ab. Stein des Anstoßes war und ist vor allem das Nachhaltigkeitskapitel. Während die EU die Amazonas-Regenwald-Politik von Präsident Jair Bolsonaro in Brasilien verurteilte und stärke Auflagen forderte, wurden die Forderungen seitens Brasilien als Eingriff in innere Angelegenheiten abgelehnt. (Binder 2020: 31–34). Die Anhebung der Arbeits-, Umwelt- und Menschenrechtsstandards bis hin zu den Rechten der indigenen Bevölkerung ist auch im Jahr 2023 noch Grundsatzforderung mancher Fraktionen und Verbände. Greenpeace e.V. vertritt auch nach der Abdankung Bolsonaros die Ansicht, dass man nach Ansicht des Bundestags das Abkommen in vollen Umfang ablehnen muss.

Stimmen, die die ökonomische Seite des Abkommens in den Vordergrund stellen, propagieren mit Blick auf die neue Weltunordnung eine pragmatische Haltung. Mercosur als zweitgrößte Handelsmacht könnte ein Gegengewicht zu RECP werden: die Region bietet Rohstoffe und ein Neuverhandeln des Vertrages könnte dazu führen, dass „wir das Abkommen dann nicht mehr zu bekommen", befürchtet Volker Dreier vom DIHK, der am 19. April 2023 vor dem Bundestag sprach.

7. Und nun?

Unverkennbar, dass Freihandelsabkommen begehrt sind, wie lange nicht mehr. Auch Indien, die größte Demokratie der Welt, wird wieder umgarnt, „lange vernachlässigt" (Stratmann 2023) habe man das Land, skizziert Wirtschaftsminister Habeck, auch wenn viele Experten behaupten, dass das Land ökonomisch überschätzt wird (Peer 2023). Nichtsdestotrotz ist sich das bevölkerungsreichste Land der Welt seiner Position bewusst. Es spricht gleichzeitig noch mit Australien und Kanada über die Handelsbeziehungen.

Alles in allem lässt sich behaupten, dass es wild zugeht im Land der Freihandelsabkommen. Neben ökonomischen Positionen sind es die Einflusssphären, die gesucht werden, um im geopolitischen Spiel der Kräfte nicht zum Spielball zu werden. Beziehungen zu Ländern werden aufgebaut, die bis dato nicht auf den Besuchslisten der Politiker standen.

Von Protektionismus zu sprechen bei solch regen Tätigkeiten scheint nicht angemessen. Die Abkommen reduzieren Handelshemmnisse und erleichtern den Austausch. Sie haben lange Zeit den freien Austausch von Waren und Dienstleistungen dadurch begünstigt, dass insgesamt die Zölle gesenkt wurden. Aber von Freihandel kann in dieser Landschaft auch keine Rede sein. Die bilateralen Abkommen füttern nicht die Dynamik des multilateralen Systems, sie halten ihre eigene Dynamik und rekrutieren immer offensichtlicher auf die nationalen Interessen der Partner. Gravierend ist, dass sie als Idee, als Form des Miteinanders immer weiter abdriften von ihrer eigentlichen Bestimmung. Freihandel war gestartet als ein Prinzip der internationalen Arbeitsteilung, das über die Reduktion von tarifären und nicht-tarifären Hemmnisse zur Entfaltung kommen kann und dabei vielen nutzt. Nicht alle profitieren, die Gründe sind bekannt und können theoretisch politisch kompensiert werden. Die sog. Freihandelsabkommen gehen teils sehr weit darüber hinaus. Sie operieren in Bereichen wie Arbeitsrichtlinien, Schiedsgerichtsbarkeit, Klimaschutz, Wissenschaftsprinzipen, Sicherheitsvorschriften usw. Da wird es schwierig, sich auf Wirtschaftstheorien zu beziehen.

Es ist nachvollziehbar, dass man an den Handelspartner bestimmte Forderungen stellt, ohne deren Berücksichtigung keine Vereinbarung zustande kommen kann. Im Lauf der Jahre wurde der Container aus vielerlei Gründen immer weiter bestückt. Viele Unternehmen haben sich nationalen Regeln etwa bei den Arbeitsrechten, teilweise auch dem Schutz der Menschenrechte entzogen, indem sie ihre Produktion in Länder verlagert haben, deren Schutzrechte weniger ausgeprägt sind. Die moralische Keule wurde lange Zeit nicht bei den handelnden Unternehmen – so sie denn identifizierbar waren – angesetzt, sondern bei den Regularien in den betroffenen Ländern. Dieses Vorgehen hatte auch mit der Grundüberzeugung des „Wandel durch Handel" zu tun.

Dani Rodrik fasst zusammen: „For economists, the trouble is that unlike in the case of tariffs and quotas, there is no natural benchmark that allows us to judge whether a regulatory standard is excessive or protectionist. Different national assessments of risk—safety, environmental, health—and varying conceptions of how business should relate to its stakeholders—employees, suppliers, consumers, local communities—will produce different standards, none obviously superior to others. In the language of economics, regulatory standards are public goods over which different nations have different preferences. An optimal international arrangement would trade off the benefits of expanding market integration (by reducing regulatory diversity) against the costs of excessive harmonization. But in general, we have only a hazy idea where that optimal point may lie, which in any case will vary across different policy domains" (Rodrik 2018c: 78) (Doppelstriche im Original).

Nicht bei allen Abkommen gelingt es, regelbasierte Vereinbarungen zu treffen, die eine Grundlinie in Sachen Arbeits- und Klimaschutz beinhaltet. Tatsächlich gibt es ganz unterschiedliche Ausprägungen und Tiefen, während etwa RCEP auf Nachhaltigkeitsregeln verzichtet, hat Vietnam sich bereit erklärt, solche Standards aufzunehmen. In der Essenz ist allerdings zu konstatieren, dass operative Hektik beim Abschluss der Abkommen nicht darüber hinwegtäuschen kann, dass das multilaterale System in den Hintergrund tritt.

Solange die WTO geschwächt ist, wird sich daran nicht wirklich etwas ändern. Zumal – und das wird deutlich bei der bunten Mischung der Mitglieder, von denen einige in mehreren Abkommen und Vereinigungen präsent sind – kein Hegemon die Einhaltung von Regeln überwachen würde. Natürlich lassen sich mit Handelsabkommen Claims abstecken und Marktzugänge vereinfachen. Aber nach einer Gewichtung der politischen Positionierung von Großmächten nach Art und Anzahl der Handelsbeziehungen sieht es nicht aus. Da kommt es zu scheinbar unglaublichen Kombinationen, Beziehungen zwischen Japan und China etwa. Die EU lässt sich auf ein kleines Land wie Vietnam ein. Südamerika zeigt sein Autonomiebestreben und die EU besteht auf wertebasiertem Vorgehen.

Es ist auch der Globalisierung, dem Austausch der Politiker, der Unternehmen mit den jeweiligen Ländern, dem Kontakt der Menschen mit anderen Nationen zu verdanken, dass die Systeme selbst, die Menschen offener, verständiger für die Ansichten anderer Staaten wurden. Dass sie hinter dieses Wissen zurückfallen, ist nicht anzunehmen. Sie haben zweifelsfrei unterschiedliche Ziele und damit unterschiedliche Nationalitäten in ihrem Handeln. Das liegt auch an den unterschiedlichen Entwicklungsständen. Manche Länder sehen Wachstum und Produktivität als erste Priorität, anderen legen den Schwerpunkt auf wertegeleitete Orientierungen. Diese Pluralität ist erst einmal Status. Und Pluralität ist der einzig verlässliche Weg, die Komplexität der Welt zu handhaben. Zumindest in liberalen und offenen Systemen.

Wie politisch kann und sollte ein Handelsabkommen sein? Können wir erwarten, dass sich die Staaten, mit denen wir freien Handel haben wollen, auf solche Deals einlassen und ihre nationalen Politiken verhandelbar machen? Wie gut eignet sich die Handelspolitik, um einen Wandel herbeizuführen? Ist das ihre Aufgabe? Das schauen wir uns jetzt an.

Übung

1. Der Inflation-Reduction-Act (IRA) ist ein nationales Programm. Wieso sehen Kritiker darin eine protektionistische Maßnahme?
2. Nassim Nicholas Taleb hat ein Buch zum Thema „Der Schwarze Schwan" geschrieben. Dabei geht es um unvorhersehbare Ereignisse. Warum ist die Corona-Pandemie kein schwarzer Schwan?
3. Die Börse reagierte nervös auf folgenden Tweet des US-Präsidenten Donald J. Trump vom 07. März 2018: „Will be making a decision soon on the appointment of new Chief Economic Advisor. Many people wanting the job – will choose wisely!" Welche Bedeutung können personalpolitische Entscheidungen auf den Welthandel haben? Erläutern Sie die Bedeutung personalpolitischer Entscheidungen vor dem Hintergrund des TTIP-Verhandlungsprozesses.

III. „McDonald's-Theorie“: Wandel durch Handel?

1. Geistiger Nährboden für Freihandel

„Keine zwei Länder, in denen es einen McDonald's gibt, haben jemals Krieg gegeneinander geführt" (Friedman 1996). Dem Journalisten Thomas L. Friedman gelang es 1996 mit diesem Satz in einer Kolumne der New York Times eine langjährige Grundüberzeugung in der Wirtschaftspolitik einfach zwischen zwei Sandwich-Scheiben zu stecken und anschaulich zu machen. Wandel durch Handel – das wurde zum Etikett der tief verwurzelten Überzeugung, dass ökonomischer Austausch eine Konvergenz von Systemen bedingt. Befördert natürlich durch die Auflösung der Systemblöcke der bipolaren Weltstruktur, die das „Ende der Geschichte" bedeuten und zu Wohlstand, Wachstum und weiterer Demokratisierung führen sollten.

Wandel von Überzeugungen, Infragestellung von Vorurteilen, Reformen innerhalb nicht-demokratischer Systeme, all das steckt in dieser „McDonald's-Theorie", die keine Theorie ist und nicht zuletzt deshalb unklar in der Zielsetzung, was genau gewandelt werden soll, wie weit der Wandel gehen kann. Gleichwohl ist sie getragen und begründet von einer Reihe theoretischer Ansätze.

Kein Geringerer als Immanuel Kant hat in seiner Schrift „Zum ewigen Frieden" diese fortschrittsorientierte Sicht mit bereitet. Er sah eine Welt vor sich, in der demokratische Staaten souverän sind und miteinander kooperieren, völkerrechtlich basierend auf einem „Föderalismus freier Staaten". Freihandel ist ein wichtiger Teil dieser Kooperation. Mittendorf leitet Kants Thesen über in die Bedeutung für die Friedens- und Konfliktforschung der Internationalen Beziehungen und fasst im Sinne Kants zusammen: „Zu guter Letzt bestätigt die Vielzahl von empirischen Studien auch den friedensstiftenden Effekt von Freihandel, wie ihn Kant beschreibt. Demnach führen Staaten umso weniger Kriege, je mehr Handel sie miteinander betreiben (...) dass Demokratien eine liberalere, offenere Außenhandelspolitik und damit mehr Außenhandel betreiben als Autokratien... dass mehr Freihandel für die Demokratie förderlich für die Demokratisierung eines Landes ist. Demnach besteht somit ein sich gegenseitig verstärkender Zusammenhang zwischen Demokratie und Freihandel, was sich wiederum positiv auf die Friedfertigkeit eines Staates auswirkt" (Mittendorf 2020: 47).

Das Bild: Vernünftige Menschen, die in demokratischen Systemen souveräne Entscheidungen treffen, sich mit anderen Staaten austauschen und das auf der Basis eines internationalen Regelwerkes, sprich mit internationalen Organisationen, die zusammen den Frieden in der Welt befördern und festigen. Gegenseitige Abhängigkeiten, die durch die Fortschreibung der Globalisierung zunehmen und Zusammenarbeit festigen, bringen Wohlstand und befrieden die Welt. Das beschreibt das Motto „Wandel durch Handel" treffend. Es ist das gedankliche Fundament des Multilateralismus.

Spätestens am 24. Februar 2022, als Russland in die Ukraine einfiel, war dann auch den überzeugtesten Anhängern klar, dass Handel keinesfalls geschmeidig in einer Konvergenz der politischen Strukturen oder der Systeme mündet.

Russland hat nicht nur zahlreiche McDonalds-Läden, es hat sich trotz intensiven wirtschaftlichen Austauschs, trotz Einbindung in die politische Architektur der internationalen High-Level-Treffen als Autokratie weiter stabilisiert. Bestehende Abhängigkeiten, in diesem Fall im Energiebereich, waren nicht länger ein möglicher Nährboden für ein Zusammenwachsen, sie nahmen bedrohlichen Charakter an. Amrita Narlikar sprach schon Jahre zuvor von „Weaponized Interdependence".

Einschneidende Ereignisse wie dieser Krieg oder die Erkenntnis, dass China trotz intensiver Handelsbeziehungen keine Anstalten macht, sich in ein mehr demokratisches System zu verwandeln, können zu einer 180 Grad-Wende in den Betrachtungen führen. Wandel durch Handel „hat sich überlebt" so die Erkenntnis. Mehr noch: „Im Gegenteil, ökonomische Kraft und Einfluss setzen sie [Russland und China; Anm. d. Verf.] dazu ein, um ihre Herrschaftssysteme zu perfektionieren und gegen die westlichen Demokratien in die Offensive zu gehen" (Herzinger 2019).

Bei diesem Impuls wollen wir nicht stehen bleiben. Vielmehr gilt es, sich anzuschauen, welche Gewissheiten erschüttert wurden. Hat es was mit der Annahme rationaler Akteure zu tun? Mit Souveränität der Staaten, mit Kooperationsbereitschaft- und fähigkeit, mit der Wahrnehmung von Fairness? Ein großes Kapitel, denn letztlich werden die Konsequenzen sowohl für Unternehmen als auch für Politik und Gesellschaft von Bedeutung sein.

2. Wandel durch Handel im Welthandel

Ob wir bei Bretton Woods starten oder früher: Handelspolitik und implizit auch Globalisierung folgten über Jahrzehnte hinweg weitgehend ökonomischen Regeln, verbunden mit der Annahme, dass die gegenseitigen Verknüpfungen und die entstehenden Netzwerke zu segensreichen politischen Annäherungen führen würden. Die handels- und finanzpolitisch relevanten Institutionen (WTO, IMF, Weltbank) waren in Bretton Woods im Geiste dieses Systems angelegt und wurden über all die Jahrzehnte nicht grundlegend reformiert.

Als in Deutschland mit TTIP Handelspolitik nicht nur salonfähig wurde, sondern politische Züge annahm, fanden die Diskussionen noch unter Ausgrenzung geopolitischer, bzw. geostrategischer Betrachtungen statt. Und nun wurden wir quasi von geopolitischen Herausforderungen überrascht. Dabei gab es viele Anzeichen, dass Länder wie China und Russland ihre Märkte kontrolliert öffnen und die dadurch entstehenden Abhängigkeiten zu ihren ökonomischen und politischen Gunsten nutzen. Die politische Duldung einer Abhängigkeit von russischem Gas ist trotz oder wegen der geographischen Lage und der spezifischen gemeinsamen Historie von Deutschland und Russland ohne geopolitisches Gespür. Chinas Taktik, Know-how im Ausland abzugreifen, und etwa durch gezielte Investitionsstrategien, u.a. bei der „Neuen Seidenstraße", der Belt and Road Initiative, Abhängigkeiten und Einfluss zu generieren, war offensichtlich. Dass die Kreditverträge, die China mit den diversen Staaten abgeschlossen hat, politischen Einfluss ermöglichen, undurchsichtig sind und multilaterale Verfahren ausgrenzen, ist noch nicht so lange bekannt – kaum jemand hat sich interessiert (Geldern et.al. 2021). Natürlich ist man im Nachhinein immer schlauer. Aber es bleibt die Frage, welche Lehren aus solchen Entwicklungen gezogen werden. Und was das in der Interaktion Realität – Wissenschaft – Politik bedeutet, kann divers beantwortet werden.

Das spannende am Konzept „Wandel durch Handel" ist, dass es unbestimmt ist. Würde mit dem Wissensstand heute eine Umfrage stattfinden, ob jemand damit gerechnet habe, dass sich durch Handel ein autokratisches System in eine Demokratie verwandeln wird, würde keiner zustimmen. In Fragen der weltweiten Armut sähe das anders. Wie beim BigMac sind unterschiedliche Ebenen verpackt:

- Die politische Ebene: Geht es um kleine Reformen oder um Systemrevolutionen?
- Die wirtschaftliche Ebene: Wachstum und Wohlstand erzielen für wen oder was? Mit oder ohne Blick auf ausbeuterische Strukturen?
- Die gesellschaftliche Ebene: Einfluss auf Kunst, Kultur, auch Debattenkultur, Erweiterung der eigenen Perspektiven, Multikulti, Parallelwelten, lebenslanges und lebensweites Lernen?

Diese drei Ebenen wurden weder in ihrer Breite noch Tiefe geklärt. Lassen Sie uns ein wenig differenzierter an die Sache gehen. Von einem Scheitern des Konzepts zu sprechen, wird den Ergebnissen nicht gerecht, die durch Handel und Wandel in den letzten Jahrzehnten erzielt wurde. Wohl aber ist die Explikation dessen gescheitert, was genau unter Wandel durch Handel verstanden werden sollte. Was wer darunter verstanden hat. Niemand kann es genau festmachen und es ist nicht auszuschließen, dass es diese Offenheit, diese Freiräume für Interpretationen waren, die dazu beitrugen, dass es sich als Pseudo-Gewissheit über Jahrzehnte gehalten hat.

Rückgang der globalen Armut

Fakt ist, dass durch Handel die Armut in der Welt massiv zurück gegangen ist. Bei all den kritischen Positionen, die wir von den Ökonomen kennen: Die Kurve zeigt ein beeindruckendes Ergebnis. Menschen in extremer Armut haben weniger als 2,15 Dollar am Tag zur Verfügung. Heißt, sie können sich weniger leisten als das, was sie in den USA für 2,15 Dollar kaufen könnten. Fast 1,5 Milliarden wurden mit der real existierenden Form der Globalisierung und den bestehenden Handelsprinzipien aus dieser Armut herausgeholt.

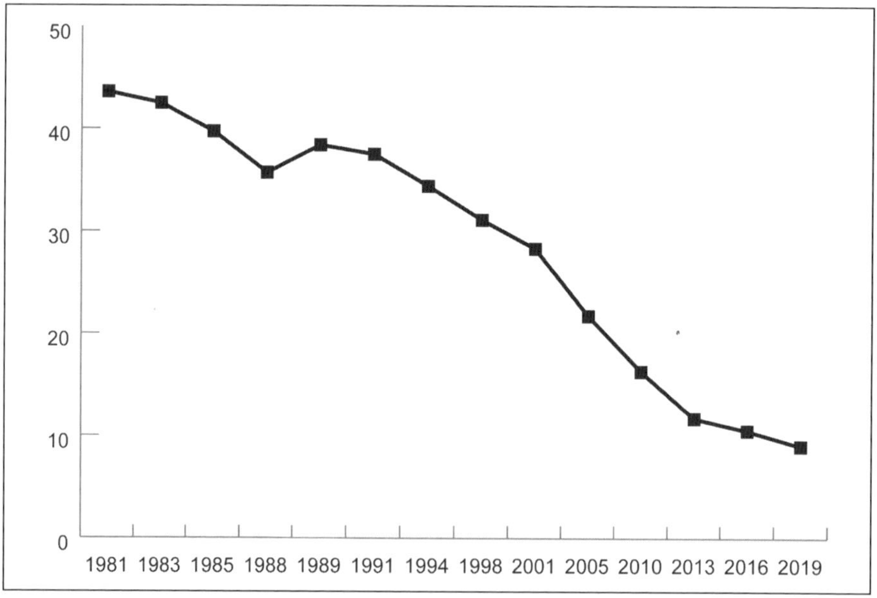

Abb. 1: Anzahl der Menschen in extremer Armut weltweit
Quelle: Weltbank.

Ein Großteil des global gemessenen Rückgangs der Armut geht auf die Entwicklung in China zurück (Urech/Büchenbacher 2022). Deng Xiao Ping ließ interne Reformen zu, suchte den Handel und öffnete das Land. Nun kann man trefflich darüber forschen, wieviel Anteil an der Steigerung des Wohlstandes durch Handel bedingt ist. Ex post lässt sich nicht erkennen, was passiert wäre, wenn China ein geschlossenes System geblieben wäre. Vielleicht wäre es ein sehr großes Nord-Korea, ein Land mit sehr vielen armen Menschen, das mit Bedrohungsszenarien operiert, sprich mit atomaren Waffen jongliert.

Ein Scheitern des Prinzips Wandel durch Handel zu diagnostizieren, scheint angesichts solcher Zahlen eher einer selektiven, aktualitäts-dominierten Analyse zu entspringen.

EU: Das Vorzeigemodell der Supranationalität

Unbestritten ist, dass in Westeuropa mit der stetigen Entwicklung bis hin zum Europäischen Binnenmarkt ein erfolgreiches Projekt der Supranationalität entstand. Und zumindest in Kerneuropa die Befriedung dieser ehemals kriegerischen Region über Jahrzehnte funktionierte. Es war eine strategische Entscheidung, die europäische Einigung vorwiegend über die wirtschaftlichen Ebene, also über Zollunion und freien Handel mit der Perspektive auf eine Wirtschafts- und Währungsunion voranzutreiben. Eine Entscheidung gegen den alternativen Weg, den Aufbau einer gemeinsamen Sicherheitsarchitektur als Motor. Wirtschaftliche Integration schafft Wohlstand, wirkt friedensstiftend und der Verzicht auf nationale Souveränität, sprich Autonomie in Handelsangelegenheiten wurde durch den Nutzen kompensiert. Der Nutzen zeigte sich im Geldbeutel der Bürger. Freilich unter dem Schutzschirm einer offenen globalen Ordnung in der Sicherheit bzw. geopolitische Erwägungen wenig Raum hatten.

Erst in den letzten Jahren wurde damit begonnen, motiviert an einer gemeinsamen sicherheitspolitischen Struktur zu arbeiten. So erscheint der Midi-Kosmos EU als implizite Blaupause oder eine Art von ungeplanter Parallelentwicklung der Globalisierung. Vorfahrt hatten Wirtschaft und Wachstum, Sicherheitsinteressen waren bewusst nachgelagert. Wirtschaft/Handel und Sicherheit wurden nicht in einem Paket zusammen gedacht. Das hat sich nach den vielfältigen Krisen geändert. Wertschöpfungsketten können nicht mehr nur nach Gewinnberechnungen gewertet, sie müssen nun auch nach Sicherheitsaspekten angelegt werden.

Gleichwohl lief neben Wirtschaft, Handel, Wachstum auch das Ziel der politischen Union mit gemeinsamer Sicherheitspolitik weiter. In diesem Bereich war mit der NATO eine internationale Institution etabliert, die Sicherheit auch für Europa auf der Agenda hat, in der allerdings, was die militärische Potenz angeht, die USA eine herausragende Stellung innehatte und hat. Die Bürger Europas waren integriert, durch zahlreiche Maßnahmen des gegenseitigen Austausches, durch mehr Mobilität bis hin zur Reisefreiheit. Dass es etwa durch die fiskalisch engen Vorgaben – Zwei-Prozent-Inflationsmarke, „No-Bailout-Klausel“, niedrige Haushaltsdefizite – zu Krisen zwischen den Ländern der EU kam, wundert uns nicht. Die Faktorausstattung der Länder war doch sehr unterschiedlich: „These rules were an uneven bargain – ideal for the export economies of Germany and several small northern countries but a disaster for almost everybody else in the eurozone“ (Matthijs/Meunier 2023). Letztlich kam es auch hier vor allem mit der Pandemie zu einer Aufweichung der Prinzipien im Sinne einer Priorisierung des großen Ganzen.

Ein Wandel der politischen Strukturen war konzeptionell nicht angedacht, der Beitritt ist nur demokratischen Staaten möglich. Spannend ist, dass sich Mitgliedsstaaten wie Polen aktuell eher weniger demokratisch präsentieren. Aber es darf gerne debattiert werden, ob und wie das Projekt EU heute ohne einen lebendigen Binnenmarkt ausschauen würde.

Tearing down the Wall: Wandel durch Annäherung

Folgen wir Wilhelm Dilthey, einem der bedeutendsten deutschen Philosophen der zweiten Hälfte des 19. Jahrhunderts (Ehrich 2011). Seine Überzeugung war: „Was der Mensch sei, das erfährt er ja doch nicht durch Grübelei über sich, auch nicht durch psychologische Experimente, sondern durch die Geschichte“ (Ehrich 2011). Nehmen wir uns die Freiheit, ein paar Schritte mit ihm in der Geschichte zu gehen und bleiben wir in Deutschland.

Der Bau von Mauern, wie der mitten durch Deutschland in den 1960er Jahren war der Versuch, den Austausch zwischen Gesellschaft, Wirtschaft und Politik zu stoppen, um eine Abgrenzung zu manifestieren. Ideengeber Karl Marx hatte für sich erkannt: „Nicht das Bewusstsein bestimmt das Leben, sondern das Leben bestimmt das Bewusstsein“ (Marx/Engels 1958: 26).

Eine Mauer, die die kapitalistische Denk- und Lebenswelt von der sozialistischen abschottet, war die logische Konsequenz des real existierenden Sozialismus im Osten Deutschlands. Abwehr vor den Verführern und Verführungen des Kapitalismus war eine notwendige Maßnahme.

Dann spricht Egon Bahr, Chef der Presse- und Öffentlichkeit im Bundeskanzleramt unter der Regierung Willy Brandt, 1963 im Politischen Club der evangelischen Akademie in Tutzing, und wählt „Wandel durch Annäherung“ als Titel seiner Rede. Er erklärte: „Der amerikanische Präsident [Kennedy, Anm. d. Verf.] hat die Formel geprägt, daß so viel Handel mit den Ländern des Ostblocks entwickelt werden sollte, wie es möglich ist, ohne unsere Sicherheit zu gefährden. Wenn man diese Formel auf Deutschland anwendet, so eröffnet sich ein ungewöhnlich weites Feld. Es wäre gut, wenn dieses Feld zunächst einmal nach den Gesichtspunkten unserer Möglichkeiten und unserer Grenzen abgesteckt würde. Ich glaube, sie sind sehr viel größer als alle Zahlen, die bisher genannt wurden. Wenn es richtig ist, daß die Verstärkung des Ost-West-Handels mit der genannten Einschränkung im Interesse des Westens liegt, und ich glaube, es ist richtig, dann liegt sie auch im deutschen Interesse, erst recht in Deutschland" (Bahr 1963).

Der Versuch war, die physische Mauer und die Mauer in den Köpfen aufzuweichen, Kontakt zu halten und Austausch zu ermöglichen, um das Band nicht abreißen zu lassen. In Deutschland gab es starken Widerstand gegen die Vorgehensweise, den wirtschaftlichen Beziehungen eine Art Primat einzuräumen, um zu politischen Ergebnissen zu kommen. Festzuhalten ist: Auch wenn Bahr sehr eindeutig das Instrument des Handels beschrieb, es gab a) ein klares Ziel, die Wiedervereinigung Deutschlands, nicht die „Bekehrung" des Sowjetregimes. Die Ausrichtung galt b) den Menschen. Denn wenn Marx richtig lag mit seiner Annahme, dass die Mauer den geistigen Überbau schützt, dann ist es unausweichlich, dass sich die Deutschen im Osten und die im Westen auf gesellschaftlicher, kultureller Ebene „decoupeln", wie wir heute sagen würden. Und c) hat sich die Fraktion der „Annäherer" nicht dem Zufall hingegeben und auf positive Zeichen gewartet, sondern politisch agiert. Es gab immer konkreten Austausch und dabei wurden Vorstellungen, um nicht zu sagen Standards definiert. Im Zwischenfazit stand die Helsinki-Schlussakte der KSZE-Konferenz (Konferenz für Sicherheit und Zusammenarbeit in Europa) von 1975, die ein klares politisches Bekenntnis gab. In Artikel VII heißt es: „Die Teilnehmerstaaten werden die Menschenrechte und Grundfreiheiten, einschließlich der Gedanken-, Gewissens-, Religions- oder Überzeugungsfreiheit für alle ohne Unterschied der Rasse, des Geschlechts, der Sprache oder der Religion achten."

Es ist kein Zufall, dass Bahr von Wandel durch Annäherung sprach, nicht von Handel, wenngleich der eine zentrale Rolle hatte. Er signalisierte damit eine klare Priorität auf die Gesellschaft, die in diesem Transformationsprozess, der 1989 seinen Höhepunkt fand, eine wesentliche Rolle spielte.

Folgt man Hans Kundnani (Kundnani/Wirtensohn 2016), war es der ehemalige Bundeskanzler Schröder, der diese sensible Rhetorik genutzt, aber primär in den ökonomischen Kontext gebracht hat. Diese ökonomische Zielsetzung korrelierte gut mit den Interessen der Exportnation Deutschland, einem Geschäftsmodell mit „identitätsstiftendem Charakter" (Zantow 2023), das nun ein gutes Stück hinterfragt werden muss.

Wandel mit Handel durch Sanktionen

Einzelne Staaten, Staatengemeinschaften (EU) und Internationale Organisationen (UNO) können nach Maßgabe des europäischen Rats Sanktionen gegen andere Völkerrechtssubjekte verhängen. Zum Beispiel im Fall terroristischer Aktionen, Menschenrechtsverletzung oder bei der Annexion fremder Territorien. Sanktionen im engeren Sinne sind (Waffen-)Embargos, Einreiseverbote, Einfrieren von Vermögenswerten und Wirtschaftssanktionen, häufig Einfuhr- und Ausfuhrverbote.

Ziel von Wirtschaftssanktionen ist es, das Verhalten des Gegenübers durch wirtschaftliche Restriktionen zu ändern, zumindest Gesprächsbereitschaft zu schaffen, weil damit der Wirtschaft geschadet wird. Aktuell haben wir diesen Fall mit Russland (Appel 2023).

Großzügig ausgelegt, geht es bei Wirtschaftssanktionen um Wandel durch Handel oder genauer gesagt um Wandel durch Nicht-Handel. Und in dieser Negativ-Variante spielen sicherheitspolitische Interessen mit ein. Es ist, in Anlehnung an Clausewitz, ein „Krieg“ mit anderen, mit schmerzhaften, nicht-militärischen Mitteln.

Ob Sanktionen tatsächlich die gewünschte Wirkung zeigen, ob sie zu Verhaltensänderungen führen, ist umstritten. Die Rahmenbedingungen spielen eine wichtige Rolle: Wann werden Sanktionen eingesetzt, welche Staaten solidarisieren sich und welche ermöglichen Handelsumlenkungen? Wie hoch sind die Kosten für die Länder, die die Sanktionen verhängen und wie unterschiedlich hoch sind sie bezogen auf diese Länder?

Im Falle von Russland zeigt sich Bundesaußenministerin Baerbock enttäuscht über die Wirkungen und bringt Rationalität ins Spiel: „Eigentlich hätten wirtschaftliche Sanktionen wirtschaftliche Auswirkungen. Das ist aber nicht so. Weil eben die Logiken von Demokratien nicht in Autokratien greifen.“ (RedaktionNetzwerkDeutschland 2023) Michael McFaul, der frühere US-Botschafter in Moskau empfiehlt, die Sanktionen zu verschärfen, andere verweisen dagegen auf die politische Verhandlungsmasse (Petersen et. al. 2023).

Bleiben wir bei der Logik und versetzen wir uns, spieltheoretisch, in die Schuhe des Verursachers. Im Wissen um die Möglichkeit, dass Sanktionen verhängt werden können, wird er Chancen und Risiken abwägen. Kommt er zu dem Entschluss, dass sein Plan mehr Chancen als Risiken birgt, wird er ihn umsetzen – und den tatsächlich erfolgenden Sanktionen mit einer gewissen Gelassenheit entgegensehen. Natürlich können Überraschungsmomente die Rechnung durcheinander wirbeln. Putin hat vermutlich kaum mit der Geschlossenheit der Europäer gerechnet, nicht mit der Geschwindigkeit, in der Prozesse in Gang gesetzt wurden, nicht mit der massiven ukrainischen Gegenwehr, denn sie bringt den Zeitfaktor mit ein und die Mittel- und Langfristwirkung von Sanktionen schlägt irgendwann auf die Bevölkerung durch. Wieweit er sich bei der Bewertung von Marktzugängen geirrt hat, weiß man nicht, man weiß lediglich, dass es mit einigen Ländern weiter Beziehungen gibt. Frau Baerbock lag in dieser Sache richtig: Die Logik oder man könnte auch sagen die Rationalität von autokratischen Staaten, folgt nicht der von Demokratien.

In der Summe zeigt sich, dass es auch eineinhalb Jahre nach Kriegsbeginn keine Verhaltensänderung gibt, auf keiner Seite. Ist damit das Konzept des Wandels durch Nicht-Handel, also die Sanktionspolitik gescheitert? Nun, dass Wirtschaftspolitik militärische Konflikte lösen kann, erwartet niemand ernsthaft. Was wir mit Sanktionen erreichen können, ist die Wahrscheinlichkeit zu erhöhen, die Kriegsparteien an den Verhandlungstisch zu bekommen. Kommunikation und Kontakt auf- und auszubauen. Das konstatieren auch Kluge und Fischer: „Dabei war immer klar, dass allein die Sanktionen Russland nicht zu einem Politikwechsel bewegen würden. Vielmehr sind sie ein Instrument und Druckmittel, mit dem Moskau an den Verhandlungstisch gebracht werden sollte. Die Behauptung der Kritiker, Sanktionen und Dialog schlössen einander aus, ist falsch“ (Kluge/Fischer 2018).

Was kann die Konsequenz sein? Auf Sanktionen verzichten und auf ein möglicherweise aggressions-hemmendes, aber mit hoher Wahrscheinlichkeit dialogbereitendes Element in staatlichen Beziehungen? Welche realistischen Ansprüche – und das gilt für Wandel mit Nicht-Handel und für Wandel mit Handel – werden formuliert und wie hoch wird das Gestaltungspotential gesehen; und zwar auch in der Spiegelung eines Verzichtes auf diese Instrumente.

Handel im Wandel?

Dass heute nun eine deutliche Politisierung der Handelsthematik stattfindet, auch und gerade im sicherheitspolitischen Bereich, ist für historische Phasen, in denen sogar eine „Zeitenwende“ proklamiert wird, nicht ungewöhnlich. Bedrohungsperzeptionen führen zurück auf die realistischen Konzepte der Beziehungs-Gestaltung, die stärker national und sicherheitsorientiert ausgerichtet sind. Das bringt die geopolitische Betrachtung mehr in den Blick und damit das Feld macht- und interessenorientierter Politik. Wie sehr und wie nachhaltig die Idee der multilateralen Ordnung, die Idee einer kooperationswilligen und aufgeklärten Welt, durch die aktuellen Verwerfungen angegriffen wird, ob das Prinzip nun quasi machtpolitisch überlagert wird, lässt sich noch nicht absehen. Die Entwicklung ist offen, die Gestaltung selbst ist politische Aufgabe.

Denn wer Handel sagt und Wandel meint, kann heute nicht in der Komfortzone bleiben und hoffen, dass sich allein durch ökonomische Aktionen Veränderungen „zum Guten“ ergeben. Im Gegenteil zeigt sich aktuell, dass Güter- bzw. Kapitalströme, Lieferketten und Abhängigkeiten genutzt werden, um ein Land weiter zu militarisieren und diese Waffen gegen andere Staaten einzusetzen.

Gerade wenn klar ist, dass durch Handel kein Systemwechsel stattfinden wird, gar nicht stattfinden muss, sollte eine Reflexion über die Ziele des Handels stattfinden. Wohin will man als Staat mit Handel, wie sieht das eigene Konzept aus? Welchen Wert hat Sicherheit, welches Gewicht sollen Werte wie Menschenrechte,

Nachhaltigkeit etc. haben und welche Rolle kann wirtschaftlicher Austausch dabei einnehmen? Welche Zeitfenster will man postulieren, denn selbstverständlich sind die bestehenden Abhängigkeiten, die sich vor allem in den globalisierten Wertschöpfungsketten finden, nicht von heute auf morgen abzuschalten. Das sind politische Aufgaben, die die Zukunft der Globalisierung direkt betreffen.

Erkenntnisse der Ökonomen sollten ein wichtiger Pfeiler dieser Konzeptionierung sein. Ihre Modelle zeigen längst die Schwachpunkte in der Verteilung auf – und deuten auf die politischen und gesellschaftlichen Implikationen. Nicht immer finden sie Gehör, manche meiden die Politisierung der Modelle; je nach Denkschule sprechen sie unterschiedliche Empfehlungen aus.

So haben sich beim 39. Ökonomenpanel von ifo-Institut und FAZ 158 Professorinnen und Professoren zusammengesetzt und über Handel mit Autokratien gesprochen. 57% der Teilnehmenden plädierten dafür, die Handelsbeziehungen mit Autokraten einzuschränken (Baur et. al. 2022). Heißt im Klartext: Märkte nicht um jeden Preis offen zu halten, allen komparativen Kostenvorteilen zum Trotz. Stattdessen sollte Sicherheit als fundamentales Entscheidungskriterium einbezogen werden. Die anderen 43% sehen das ein wenig anders. Schauen wir daher auf die Ansichten der Sozialwissenschaftler, und deren Sicht auf die Prozesse.

3. Soft-Power, Attraktivität und Autokratien

Joseph S. Nye ist es, der das sich Annähern als „Soft-Power“ (Nye 2005) beschreibt, definiert und ihr das Potential zumutet oder sogar wünscht, zerstörerischen, militärischen Vorgehensweisen einen Kontrapunkt entgegenzustellen. Fast könnte man sagen, dass Nye „Macht“ von „Kraft“ und „Stärke“unterschied, die im Sinne eines Ziel-Mittel-Systems der Durchsetzung der Interessen dient, auf jeweils eigene Art. Kraft meint Militär und Wirtschaftsmacht, Stärke alles andere; alles, was souveränes Handeln und Attraktivität durch Ausstrahlung, nicht formale Autorität ausmacht. 2004 wurde sein Werk veröffentlicht und es wäre spannend, Thomas L. Friedman zu seiner Meinung zu befragen. Denn die Frage ist: Wie effektvoll kann „Wandel durch Handel“ im Sinne einer Soft-Power in der internationalen Wirtschaftspolitik bzw. Handelspolitik sein? Auch und gerade mit Blick auf sicherheitspolitische Interessen.

Macht

Macht an und für sich ist eine amorphe Masse. Letztlich kommt es darauf an, was man mit Macht anfängt. Man kann sie für kriminelle Zwecke genauso einsetzen wie für soziale und konfliktlösende Ziele. Man kann sie einsetzen, um sich in einem Kampf zu wehren oder um jemandem das Klavierspiel beizubringen.
Macht zu haben bedeutet nach Max Weber, „innerhalb einer sozialen Beziehung den eigenen Willen auch gegen Widerstreben durchzusetzen, gleichviel worauf diese Chance beruht“ (Weber 2020). Die Fähigkeit, jemandem das Klavierspiel nahezubringen, auch wenn er sich erstmal dagegen wehrt, hat mit Kompetenz zu tun, mit informeller Autorität und Überzeugungskraft. Macht im Sinne von formaler Autorität meint: Der formell Unterlegende wird machen, was man von ihm verlangt, weil er keine andere Chance hat – ob mit oder ohne Überzeugung und Motivation.
Die formale Macht ist das eine, Macht durch Information bzw. Wissen ist eine weitere Variante. Macht durch einen Vorsprung in neuen, bahnbrechenden Technologien wird hoch gerankt. Wie Macht durch Verfügbarkeit kritischer Rohstoffe genutzt wird, erleben wir gerade.
Für die realistische Schule ist Macht ein zentraler Faktor internationaler Beziehungen. Macht zu haben schließt in deren Verständnis nicht aus, dass diese Macht auch in einem moralischen Sinne eingesetzt werden kann. Das aber ist nicht immer gewährleistet, weil, so die Realisten, der Mensch dazu neigt, seine Interessen vor die der anderen zu stellen. Bei Staaten ist das analog.

Nye erweitert den BigMac von Friedman um andere „weiche" Dinge wie Döner, Zumba, Rockmusik – inklusive Hard Rock. Für ihn ist alles, was die intelligente Anknüpfung zwischen Staaten und letztlich zwischen Menschen ausmacht, die Chance, zu einem besseren Miteinander zu kommen. Auf allen Ebenen! Kultur, Werte, Institutionen, politische Maßnahmen, sind nach Nye die notwendigen flankierenden Austauschebenen zur militärischen Macht, sprich den „hard-facts". Attraktivität ist wichtig. Staaten, die attraktive Angebote machen für mögliche Zuwanderer oder für die eigenen Bürger, dass sie nicht an Auswanderung denken, haben in diesem System der weichen Macht Vorteile. Im Kampf um Standorte können dabei auch kleine Staaten Attraktivitätspunkte sammeln und gute Köpfe bzw. Experten anziehen. Indem sie gute Bildung anbieten und zusätzlich gute Infrastruktur für Studenten, für Familien und Senioren.

Nun kann man fast 20 Jahre nach dem Erscheinen seines populären Buchs fragen: Wieviel Relevanz hat Soft-Power in der Realität? Freunde von Nye haben ihm diese Frage gestellt. Er hat öffentlich geantwortet: „Soft Power ist nicht die einzige und auch nicht die wichtigste Quelle der Macht, da ihre Auswirkungen eher allmählich und indirekt sind. Es ist jedoch ein schwerer strategischer und analytischer Fehler sie zu ignorieren oder zu vernachlässigen. (...) Kluge politische Führungsköpfe haben schon lange verstanden, dass Werte Macht schaffen können. Wenn ich Sie dazu bringen kann, das zu wollen, was ich will, muss ich Sie nicht dazu zwingen, das zu tun, was Sie nicht tun wollen. Wenn ein Land Werte vertritt, die andere attraktiv finden, kann es sich den Einsatz von Peitsche und Zuckerbrot sparen" (Nye 2022).

Nye positioniert den Einsatz von Macht auf einer ähnlichen Ebene wie die Idealisten das Instrument der zielorientierten, kooperationsinduzierten Vernetzung etikettieren. Er verweist auf die Langfristigkeit der Wirkungen und bringt die Werte-Thematik mit ein. Implizit schwingt die Annahme oder Hoffnung mit, dass demokratische, freiheitliche Staaten mehr Attraktivitätspotential haben oder einsetzen als autokratische – was Kant bereits konstatierte. Wirtschaftliche Potenz etwa könnte Menschen anziehen, eine lang ausgeprägte Vorstellung auf Seiten des „Westens". Und mit dem Niedergang des Ostblocks und dem „Ende der Geschichte" (Fukuyama 1989) war diese Annahme noch stärker geworden. Francis Fukuyama, der mit diesem Slogan wie eine Art Super-Influencer noch heute ständig zitiert wird, will zwar falsch verstanden worden sein (Jahn 2019). Aber die Idee der Transformationskraft starker und überlegener Marktwirtschaften, die nicht nur zu Netzwerken, sondern direkt zu Systemreformen hin zu politischer Freiheit und Sicherheit läuft, manifestierte sich auf jeden Fall weiter und befeuerte die fortschreitende Globalisierung (Jahn 2019).

In dieser Zeit wuchs das BIP in China von 59 Milliarden US-Dollar in 1960 auf 305 Milliarden 1980. Im Jahr 2000 waren wir bei 1,215 Billionen US-Dollar und 2016 bei 11,218 Billionen. Deutschland, sechs Jahre lang ungekrönter „Exportweltmeister", konnte seinen Titel 2008 nur noch knapp verteidigen, 2009 hat China die Pole-Position eingenommen und auch nicht mehr aufgegeben. Das Reich der Mitte legte rasant an wirtschaftlicher Macht zu, signalisierte u.a. mit der Einführung einer sozialistischen Marktwirtschaft 1992 und dem Beitritt zur WTO 2001, sich an die Regeln des internationalen Systems halten zu wollen, zeigte aber kaum Bewegung in Richtung Systemwandel.

Wenn wirtschaftliche Stärke ein Attraktionspunkt ist, wenn Mobilität zugelassen wird und eine gewisse Regelkonformität unterstellt wird, darf ohne jeden Zynismus die Frage gestellt werden: Gilt Wandel durch Handel, wenn er denn gilt, in jede Richtung? Dient er auch der Stärkung von Autokratien? Und ist die Skepsis gegenüber der Initiative „Neue Seidenstraße" auch dadurch abgeleitet, dass man politischen Einfluss durch Handel und Direktinvestitionen befürchtet, sofern bewusste Maßnahmen in diese Richtung getroffen werden?

Der Transformationsindex der Bertelsmann Stiftung (BTI) bewertet regelmäßig die Qualität von Demokratie, Marktwirtschaft und Regierungsführung in 137 Entwicklungs- und Transformationsländern. Der BTI 2022, in dem der Zeitraum vom 01.Februar 2019 bis zum 31. Januar 2021 untersucht wird, zeigt deutliche Veränderungen in den Werteorientierungen der Menschen. Ergebnis: „Der BTI 2022 stellt erneut erhebliche Rückschritte in den Transformationsprozessen weltweit fest. Die Leitbilder von Demokratie und Marktwirtschaft stehen unter starkem Druck und werden durch korrupte Eliten, illiberalen Populismus und autoritäre Herrschaft herausgefordert. Erstmals führt der Transformationsindex mehr autoritär als demokratisch regierte Staaten auf"(Hartmann/Thiery 2021).

Von 137 untersuchten Ländern sind nur noch 67 Demokratien, die Zahl der Autokratien steigt auf 70. Varietes of Democracies (V-Dem) kommt in seinem Demokratiereport 2022 auf ähnliche Zahlen (V-Dem Institute 2023). Sauber aufgelistet finden sich hier die „Declinig Indicators", die Anzeichen für den Schwund der demokratischen Substanz. Dazu gehören etwa Zensur der Presse, Freiheit der Forschung, Engagement der Gesellschaft, Meinungsfreiheit für Frauen etc. Sir Karl Popper würde heftig nicken, wenn das Autorenteam konstatiert: Desinformation, Polarisierung und Autokratisierung bedingen einander. In dieser Dynamik werden die Fundamente der offenen Gesellschaft wie Kritikfähigkeit und Diskurs unterspült. Bis hin zur Manipulation. Das ist es, was Popper bei geschlossenen Systemen erkennt. Er hat sie zynischerweise als „Himmel auf Erden" gebrandmarkt (Jesse 2019). Denn das, so Popper, ist es, was den Menschen in diesen Ländern vorgemacht werde. Bei dieser Transformation zeichnen sich in allen drei Bereichen Veränderungen ab: In Politik, Wirtschaft und Gesellschaft.

Wo auch immer die Entwicklung hingeht, was sich sicher ablesen lässt ist: Welthandel und Globalisierung werden in dieser Gemengelage verändert. Denn die Dynamik des Handels und die Staatsform der Akteure interagieren. Demokratien handeln sehr fleißig, am wenigsten Handel betreiben geschlossene Autokratien, in denen ein Einzelner oder eine Gruppe unkontrolliert Macht ausübt. In den sog. elektoralen Autokratien, finden demokratische Wahlen statt, die können jedoch weder als frei noch als fair eingestuft werden. Bei Ihnen ist der Handel auf einem ähnlichen Niveau wie bei elektoralen Demokratien, in denen es faire und freie Wahlen gibt, die Gewaltenteilung jedoch nicht vollständig gewährleistet ist (Lührmann/Tannenberg/Lindberg 2018: 60–77).

Nach den Erhebungen von V-Dem zeigen sich spannende Zahlen: 46% des Welt-BIPS entfällt 2022 auf autokratische Staaten, 1992 waren es noch 24%. Dass Ende des Kalten Krieges 75% des Welt-BIPs auf die demokratischen Staaten fiel, während die Sowjetunion nur mit 10% aufwarten konnte, demonstriert die faktische ökonomische Überlegenheit, zeigt aber auch die aktuell neue Positionierung der autokratischen Staaten im internationalen (Handels-)Geflecht. Ob man von der „third wave of autocratisation" sprechen will, nach dem zweiten Weltkrieg und in den 60er und 70er Jahren, ist offen für die Diskussion (Boese/Hellmeier 2021).

Für liberal ausgerichtete Augen zeigen sich eher alarmierende Zahlen: Der zunehmende Anteil des Welthandels mit und zwischen Autokratien geht zulasten des Handels zwischen demokratischen Staaten. Der lag 1998 noch bei 74%, 2022 spielte sich noch 47% des Welthandels zwischen Demokratien ab. 18% des Welthandels fand zwischen Autokratien statt (6% in 1992), die restlichen 35% zwischen Demokratien und Autokratien (V-Dem Institute 2023: 33 f.).

Natürlich verändert dieses Wachstum die damit bedingte ökonomische Machtposition von Autokratien – wofür immer auch diese Potentiale eingesetzt werden. Es verändert die relative Position im internationalen Beziehungsgefüge, wenn mehr existierende Autokratien miteinander mehr Handel betreiben. Und es verändert die Abhängigkeiten. Zwischen 1999 und 2022 hat die Export-Abhängigkeit von Demokratien zu Autokratien von 11 auf 23% zugenommen. Im selben Zeitraum haben sich Autokratien mit mittlerweile 55% statt 71% weiter von Demokratien unabhängig gemacht. Ähnlich ist die Entwicklung beim Import (V-Dem Institute 2023: 33–35).

Letztlich geht es bei Abhängigkeiten um Verletzbarkeiten und die werden in ihrer Wirkmacht unterschiedlich wahrgenommen. Hat die in den Demokratien gut verankerte Atmosphäre des Wandels durch Handel zu einer gewissen Sorglosigkeit oder Schmerzlosigkeit geführt hat? Tatsächlich hat Deutschland nach der russischen Krim-Invasion 2014 keine Anstalten gemacht, erkennbare Verletzbarkeiten, die vor allem im Energiesektor augenfällig waren, zu verkleinern. Nun ist aus der Verletzbarkeit eine Verletzung geworden, die tief in die deutsche Gesellschaft und Wirtschaft hinein reicht. Offenbar hat das bisher bestehende und unterstützte System gravierende schwarze Flecken. Kamin et.al. empfehlen daher der EU, nicht nur die eigenen Bedarfe und Abhängigkeiten genau unter die Lupe zu nehmen, „sondern auch ein besseres Verständnis von autokratischen Regimen und ihrer Handelspolitik aufzubauen" (Kamin/Bayerlein/Dombrowski 2023).

Vulnerabilitäten rund um den Hegemon

Wer in Austausch mit anderen tritt, setzt sich der Gefahr aus, in irgendeiner Form verletzt zu werden. Beziehungen machen verletzlich. Eine offene, arbeitsteilige Welt kann Verletzungen mit sich bringen. Umso mehr, wenn wir gemäß der komparativen Kostenvorteile vorgehen, vielleicht ein paar Standards reklamieren, auf die wir nicht verzichten wollen, aber sonst sehr vertrauensvoll sind. Spieltheoretisch betrachtet kommt es durch positive Erfahrungen zur Vertrauensbildung bis hin zu strategisch ungünstigen Positionierungen.

Beispiel Generika: Das sind Medikamente, die denselben Wirkstoff wie ehemals patentgeschützte Präparate enthalten. Sie werden deutlich preiswerter angeboten, weil die Entwicklungskosten entfallen. In Deutschland gibt es dazu gesetzlich vorgegebene Festbeiträge, an die sich die Krankenkassen laut Bundesgesundheitsministerium halten müssen. Krankenkassen wiederum machen Rabattverträge mit Herstellern von Generika. Und die beklagen, dass sie für knapp 80 Prozent der Versorgung bloß noch 7 Prozent der Summe erhalten, die die gesetzlichen Krankenkassen für Arzneimittel ausgeben. Rein ökonomisch verständlich, dass sie sich abwenden – und zum Beispiel keinen Fiebersaft für Kinder mehr produzieren. Die Produktion im Inland rechnet sich nicht, die Chinesen können das viel preiswerter anbieten. Also importiert man die Säfte fast vollständig. Eine politische Sensibilität im Bereich solcher kritischen Güter blieb lange aus. Marktunvollkommenheiten wurden nicht gesehen.

Kritische Infrastrukturen

„Kritische Infrastrukturen (KRITIS) sind Organisationen oder Einrichtungen mit wichtiger Bedeutung für das staatliche Gemeinwesen, bei deren Ausfall oder Beeinträchtigung nachhaltig wirkende Versorgungsengpässe, erhebliche Störungen der öffentlichen Sicherheit oder andere dramatische Folgen eintreten würden.“ so beschreibt es das Bundesamt für Bevölkerungsschutz und Katastrophenhilfe. (Bundesamt für Bevölkerungsschutz und Katastrophenhilfe 2023)

Kritische Infrastrukturen umfassen unter anderem Energie, Informationstechnik und Telekommunikation, Transport und Verkehr, Gesundheit, Medien und Kultur, Wasser und Ernährung. Sie sind von hoher Bedeutung für das Funktionieren des Gemeinwesens, weil durch ihren Ausfall oder ihre Beeinträchtigung erhebliche Versorgungsengpässe oder Gefährdungen für die öffentliche Sicherheit eintreten würden. KRITIS umfasst einen Bereich des Bundesamtes für Bevölkerungsschutz und Katastrophenhilfe.

Im Corona-Winter 2022/23 war Fiebersaft für Kinder ein Engpass und in einem Land, in dem bisher quasi alles ausreichend vorhanden war, sind das einprägsame Erfahrungen. Die offizielle Liste gemeldeter Lieferengpässe des Bundesinstitut für Arzneimittel und Medizinprodukte (BfArM) wies zu diesem Zeitpunkt über 300 Positionen aus. Gut zu wissen, dass solche Engpässe bei entsprechenden strukturellen Änderungen im Land schnell behoben werden können, weil Knowhow und Produktionsmittel vorhanden sind und es Kritische Infrastrukturen gibt. Im Gegensatz etwa zu Rohstoffen, die es im eigenen Land nicht gibt.

So oder so geht es um Verletzbarkeiten, sprich Vulnerabilitäten oder zumindest um Empfindlichkeiten (Sensitivity). Wie also geht man damit um, dass die Nutzung komparativer Kostenvorteile zu Abhängigkeiten führen kann? Als Robert O. Keohane, teilweise zusammen mit Joseph S. Nye, mit einem interdependenztheoretischen Ansatz eine spezifische Sicht auf die Struktur und die Prozesse der internationalen Beziehungen warf – weitgehend auf die westliche Hemisphäre beschränkt – sah er in dieser Ausgangslage weniger eine Gefahr. Vielmehr erkannte er in diesen Vulnerabilitäten einen Sachzwang zur Kooperation. Das geht schon in die Richtung, dass man keinen Krieg mit einem Land führt, mit dem man den Doppel-Wumms-Burger teilt und Wohlstand generiert durch Handel.

Neoliberaler Institutionalismus nennt sich dieser Ansatz und Keohane hat mit seinem Konzept der multilateralen Kooperation (Keohane 1984), einer Zusammenarbeit von mindestens drei Staaten, einen Aufschlag gemacht, der weitergedacht zu einer Global Governance führt. Dabei ist das Ziel nicht die Weltregierung. Die UN-Commission on Global Governance beschreibt wie folgt: „Governance is the sum of many ways individuals and institutions, public and private, manage their common affairs. It is a continuing process through which conflicting or diverse interests may be accommodated and co-operative action taken. It includes formal institutions and regimes empowered to enforce compliance, as well as informal arrangements that people and institutions either have agreed to or perceive to be in their interest" (Commission on Global Governance 1995: 4).

Das wiederum kommt vom Prinzip nahe an die Ideen im Bretton-Woods-System mit seinen Institutionen WTO, IWF, Weltbank.

Unverkennbar die idealistischen Anteile der Sicht auf die internationalen politischen Prozesse. Wenngleich Keohane „Macht" nicht als wichtige Kategorie ausgeschlossen hat, war sie doch keinesfalls wie bei den Realisten der primäre Regulator der Ordnung, sondern eher eine „soft-power". In der Konsequenz sah auch er den Nationalstaat als machtvollen Akteur, geschwächt durch die Kooperationen, die ihm Autonomie entziehen. Und zudem verwies er auf die weiteren Akteure der Bühne, die zwar partikulare Interessen verfolgen, aber wirkmächtig auftreten und umsetzungsstark sind. Die UN-Commission on Global Governance sieht das auch so und verweist in diesem Kontext auf Nichtregierungsorganisationen, Bürgerbewegungen, Multinationale Konzerne und die globalen Massenmedien.

Die zunehmende Interdependenz der Staaten und sonstigen Akteuren, die sich aus (sicherheits-) politischen, sozialen und ökonomischen Beziehungen ergeben, schafft neue Bedingungen. Zumal eine ganze Reihe von Themen nicht im nationalen Alleingang lösbar ist. Die Kooperationen haben also handfeste Sachzwänge, die ebenso handfeste Gründe dafür liefern, dass Staaten zumindest einen Teil ihrer Autonomie aufgeben. Mit einer Global Governance findet sich diese Autonomie in der Problemlösungskompetenz der Kooperationen.

Für Keohane, Professor für Politikwissenschaft in Massachussetts, war die Frage schon in den 80er Jahren geklärt, ob es über kurz oder lang noch einen Hegemon braucht, um den Welthandel zu dirigieren. Der Institutionalismus, die Sachzwänge und Kooperationen würden alles klären. Hier sein Testimonial in der Auseinandersetzung zwischen den Realisten und den Idealisten in seiner bezeichnenden Publikation „After Hegemonie“:

„Institutionalists could interpret the liberal international arrangements for trade and international finance as responses to the need for policy coordination created by the fact of interdependence. These arrangements which we will call international regimes contained rules, norms, principles. Realists could reply that these regimes were constructed on the basis of principles espoused by the United States, and that American power was essential for their construction and maintenance. For Realists, in other words, the early postwar regimes rested on the political hegemony of the United States. Thus Realists and Institutionalists could both regard early postwar developments as supporting their theories. After the mid-60s however, U.S. dominance in the world political economy was challenged by the economic recovery and increasing unity of Europe and by the rapid economic growth of Japan. Yet economic interdependence continued to grow, and the pace of increased U.S. involvement in the world economy even accelerated after 1970. At this point, therefore, the Institutionalists and Realist predictions began to diverge. From a strict Institutionalist standpoint, the increasing need for coordination of policy, created by interdependence, should have led to more cooperation. From a realist perspective, by contrast, the diffusion of power should have undermined the ability of anyone to create order“ (Keohane 1984: 8 f.).

Aber noch gab es einen Hegemon. Die USA hatte diese Rolle im 19. Jahrhundert von Großbritannien übernommen, ihre isolationistische Politik aufgegeben und Schritt für Schritt ihre tatsächlich hegemoniale Stellung im Welthandel gefestigt, unter anderem, weil sie mit ihrem Dollar Liquidität zur Verfügung stellten. In den siebziger Jahren mit dem Ölpreisschock und dem Entstehen von Organisationen, die nicht mehr unter dem Einfluss der USA waren, allen voran die OPEC, die Organisation der erdölexportierenden Länder, schien sich zu zeigen, dass Welthandel auch ohne Hegemon funktioniert. „After Hegemonie“ war die Zeit der „zweiten Phase der Globalisierung“, die nach Fäßler ca. 1945 begann.

4. Die Globalisierung dreht sich weiter

Viele bedeutungsvolle Motivationen waren zunächst dieselben wie in der ersten Phase: Es gab diesen Hegemon, Hauptantriebskraft des Austausches waren ökonomische Interessen, die Kommunikations- und Verkehrswege hatten sich verbessert und neben den originären Handlungszentren Europa und USA kam Japan mit dazu (Fäßler 2007: 122). Aber wie Fäßler zurecht vermerkt, lässt sich die zweite Phase nicht nur als ein Schneller und Weiter verstehen. Stattdessen „spielte der Gestaltungswille zur Errichtung einer politischen und ökonomischen Weltordnung, zur gezielten Absenkung von Handelshemmnissen (...) kurz: zur aktiven Förderung inter- und transnationaler Kooperationen auf allen Gebieten eine viel größere Rolle" (Fäßler 2007: 122). Vereinte Nationen, WTO, Weltbankgruppe, Internationaler Währungsfonds waren der erste Standard. Transnationale Akteure, die Global Players, Non-Governmental Organisationen waren zunehmend wirkmächtige Einheiten in den internationalen Beziehungen. Dann darf die westeuropäische Dynamik nicht unterschätzt werden, die in supranationalen Einheiten an Bedeutung gewann.

Viele Zeichen deuten darauf hin, dass die Entwicklung des Austausches immer mehr in die Richtung Kooperation der Vernünftigen einmünden würde. Für Keohane, für alle, die dem Prinzip anhingen, war das folgekonsequent und für das Prinzip des Wandels durch Handel eine sehr angenehme Atmosphäre.

Präferenzen, Autonomie und Abhängigkeit

Was in dieser Atmosphäre – wie wir heute wissen – zu wenig explizit betrachtet wurde, waren nationale Interessen, auch im Sinne von „harter" Macht. Entsprechend fehlt dort und offenbar auch in der McDonald's-Theorie, die Annahme, dass Interessen, Präferenzen und Bewertungen sehr unterschiedlich ausfallen und ein paar Prämissen des neoliberalen Institutionen-Ansatzes mindestens ins Wanken bringen könnte. Dass etwa Staaten und/oder Bürger nicht bereit sind, Autonomieverlust und Abhängigkeiten in Kauf zu nehmen oder den Sachzwang, dass globale Probleme nur durch die Zusammenarbeit aller gelöst werden können, hinter die Lösung nationaler Probleme stellen. Die Bemühungen im Bereich Klimaschutz zeigen das deutlich.

Auch hier gab und gibt es Anzeichen, dass sich Interessen und Präferenzen deutlich unterscheiden und dass die Menschen, die Wählerinnen und Wähler, bereit sind, zumindest theoretisch wirtschaftliche Abstriche zu machen, damit der Nationalstaat keine Souveränität abgeben muss. Sogar im Kernstück der Supranationalität, in der EU, hat ein Land die Entscheidung getroffen, die Kooperation aufzugeben – trotz aller Warnungen, dass das zu einer Einbuße des Wohlstands führen würde. Der Brexit war ein harter Schlag gegen die Idee, dass gemeinsame Problemlösung letztlich ein Win-Win-für alle wäre. Die an die EU abgegebene Souveränität – die gerade im handelspolitischen Bereich stark ist – wurde wieder in den Nationalstaat zurückgeholt. 52% der Wählerinnen und Wähler in Großbritannien entschieden sich im Juni 2016 für den Austritt aus der EU. In der Abwägung wurden die Kosten der Kooperation mehrheitlich höher als der erwartete Nutzen einer Ablösung veranschlagt.

Für Andrew Moravcsik war der Brexit eine „extremely unlikely occurrence" (Kurze/Schwanholz 2020: 287), denn Regierungen, die ihre Präferenzen primär an den wirtschaftspolitischen Größen und an sozio-ökonomischen Nutzenkalküle ausrichten, wenden sich in seinem Verständnis nicht gegen die Option, die das am besten realisiert.

Sein Ansatz des Liberalen Intergouvernementalismus basiert auf Keohane, wobei Moravcsik primär den europäischen Integrationsprozess untersucht hat. Er fokussiert stärker auf den Staat als Keohane, aber sieht ihn nicht als den nach außen bestimmenden und konsistenten Akteur wie die Realisten, sondern als einen, der die inneren Interessen, vor allem die konfliktären, zusammenführt. Es sind die einflussreichsten Vertreter der Interessengruppen, die am meisten Gehör finden und damit ihre Vorstellungen in die politischen Verhandlungspositionen einfließen lassen. Übertragen auf die Verhandlungen zwischen den Staaten auf europäischer Ebene sieht Moravcsik eine Konvergenz der Präferenzen, die letztlich zu der Bereitschaft führen, auch Souveränität aufzugeben. In der Essenz sind es vor allem in den 80er Jahren Konvergenzen in der marktliberalisierenden Haltung und zwar auch in dem Maße, in dem geopolitische Erwägungen, etwa die Bedrohung durch die Sowjetunion zurückgingen und dann mit dem Niedergang des Ostblocks ganz obsolet wurden (Kurze/Schwanholz 2020: 287).

Auch wenn Moravcsik mit seinem dreistufigen Ansatz dann tatsächlich dort gescheitert ist, wo eines seiner wichtigsten Anhaltspunkte für kooperatives Verhalten brüchig wurde, nämlich bei den Präferenzen, ist er Quelle für Ideen zur Gestaltung einer Zukunft des Handels. Tatsächlich waren im Vorfeld des Brexit die Präferenzen der relevanten Gruppen eher diffus und wichen von dem breiten Konsens der rein ökonomischen Nutzenkalkulation ab.

Sein Ansatz zu zeigen, dass der Nationalstaat keine Black-Box ist, sondern dass dort Gruppen, manchmal sogar Individuen auf die Dynamik der Verhandlungsmasse Einfluss nehmen können – denken wir an Greta und Elon – wirft ein anderes Licht auf die Frage, wo Wandel auch im Handel herkommen kann.

Sieben Jahre nach dem Referendum zeichnen sich ökonomische Konsequenzen ab. War Großbritannien 2016 noch drittwichtigster Exportmarkt und fünftwichtigster Handelspartner Deutschlands, sackte das Land 2022 auf Platz acht beziehungsweise elf ab. Die Inflation ist hoch, die Erwartungen einer konjunkturellen Erholung gering. Der „Bregret" greift um sich, die wirtschaftlichen Schäden sind gut dokumentiert, das Land büßt an wirtschaftlicher Potenz ein und die Bevölkerung spürt das im Geldbeutel (Springford 2022). Knapp die Hälfte der Briten würden heute für eine Rückkehr in die EU votieren (Public First 2023). Ein einfaches „Das war doch klar", hilft nicht weiter, denn ein eindeutiges Ergebnis ist das nicht, zumal die Briten zu fast 75 % das Vertrauen in ihre Politiker verloren haben und darin einen wesentlichen Grund für das Scheitern sehen.

Der besondere insulare Blick, Wiederbelebung ehemaliger Großmachtphantasien – die Erklärungen der Kontinentaleuropäer waren erhellend. Bleiben wir hier lieber bei Präferenzen, oder noch besser bei Rationalitäten.

5. Rationaler Akteur und die Werkzeuge des Austauschs

Sowohl den Modellen der Institutionalisten als auch denen der Realisten liegt die Prämisse des Rationalen Akteurs zugrunde. Ein rationaler Mensch, ein rationaler Politiker, entscheidet nach Kriterien der Vernunft. Er wägt Input und Output, Nutzen und Konsequenzen miteinander ab. Im Modell der Ökonomen sprechen wir vom Homo Oeconomicus, der grundsätzlich Zugang zu allen relevanten Informationen hat, in der Lage ist, diese Informationen zweckorientiert zu verarbeiten und die Konsequenzen zu bewerten.

Hinter diesem neoklassischen Prinzip der „Rational Choice" (Etzioni 1988: 1) stehen Utilitarismus und das Erklärungsprinzip Zweckrationalität. Grundaussagen des Utilitarismus sind Nutzen der Ziele und Nützlichkeit der Mittel. Nutzen bezieht sich auf das Eigeninteresse, den „pursuit of self-interest" (Sen 1985: 101–127). Dieses Nutzenkonzept ist eine Hilfskonstruktion, um der realen Multidimensionalität von Werten und Zielen gerecht zu werden. Die Bewertung, ob eine Entscheidung rational ist oder nicht, ist davon unbenommen.

Beispiel: Wenn mein Ziel ist, einen Beitrag zum Klimawandel zu leisten, dann treffe ich die Entscheidung, künftig keine Langstreckenflüge mehr zu machen. Wenn mein Ziel ist, mich selbst besser kennenzulernen, indem ich fremde Länder bereise, ist es sinnvoll, in den Flieger zu steigen.

Eine Wertung wird nicht vorgenommen, streng nach dem zweiten Aspekt der rationalen Entscheidung, der Norm der Zweckrationalität im Sinne des Postulats der Wertfreiheit nach Max Weber. Ziele beinhalten Wertsetzungen, die nicht begründet und nicht gerechtfertigt werden können. Rationale Handlungen sind nach Weber „Abwesenheit physischen und psychischen ‚Zwangs', ‚leidenschaftlicher Affekte' und ‚zufälliger' Trübungen der Klarheit des Urteils vollzogen" (Weber 1976: 226).

Oder anders formuliert: Manipulation, Beeinflussung, Emotionalität, Verhaltensänderungen, sozusagen die Kräfte der Freiheit, die auch ihre Einschränkungen bedingen, sind in der Bewertung der Entscheidung nach rationalen Kriterien außen vor.

Damit offenbart sich der rein modelltheoretische Charakter dieser Zweckrationalitätsnorm, die Spielwiese des Homo Oeconomicus in den Wirtschaftswissenschaften und des Rational Actors in den Sozialwissenschaften. Praxisrelevanz kann es dort geben, wo eine Art Common Sense, eine Grundsatzvernunft (Spinner 1986) zugrunde gelegt wird. Haller sieht darin „eine Praxis, genauer die Lebensweise unseres gemeinsamen Handelns, die allem Wissen zugrunde liegt" (Haller 1981: 179). Das ist nachvollziehbar, denn ohne diese Basis wird es schwierig, Rationalität bzw. rationale Entscheidungen zu bewerten oder gar zu antizipieren. Das kann im Extremfall zu einem „Anything goes“ (Feyerabend 1979) führen, wenn man die Ziele nicht mit in Betrachtung einbezieht.

Im Grunde lässt sich die Entscheidung der 52% für den Brexit nach rationalen Kriterien nur bewerten, wenn man die Ziele und die daraus abgeleiteten Präferenzstrukturen betrachtet. Dazu gehörten der insulare Blick, die historischen Erfahrungen und die Betroffenheit bestimmter Bevölkerungsgruppen. Wenn sich diese Ziele oder Präferenzen und Prioritäten von unseren unterscheiden, kann eine andere Wahl der Mittel rational sein. Aber, das wissen wir auch dank Moravcsik: Die Präferenzen (der Wähler) sind die maßgeblichen Vektoren der Ziele, die die Staaten verfolgen und für die sie sich einsetzen.

Gravierende Unterschiede können auch im nationalen Kontext auftreten, denn politische Entscheidungsträger agieren in Zirkeln vieler Rationalitäten. Daraus entstehen Zielkonflikte. Nehmen wir das magische Viereck, das die Stabilität des Preisniveaus, hohen Beschäftigungsgrad, außenwirtschaftliches Gleichgewicht und angemessenes Wirtschaftswachstum als Grundlage für ökonomische Entscheidungen sieht. Die Ziele bedingen sich nicht, so dass in dieser Quadriga Prioritäten gesetzt werden müssen. Die konsequente Verfolgung eines Ziels geht dann zu Lasten eines anderen. Und ganz sicher werden die Monetaristen andere Prioritäten für vernünftig halten als die Keynesianer. Politik spielt sich immer im Rahmen konfliktärer Werte ab.

Ergo: Die Bestimmung rationalen Entscheidens und Handels, die den Modellen und Annahmen zugrunde liegt, hängt davon ab, welchem Politikverständnis und welchen methodischen Überlegungen gefolgt wurde, welche Menschen- und Weltbilder sich dahinter wiederfinden und welche Probleme als zentral wahrgenommen werden (Hoffmann 1993: 30 f.).

Und dabei haben wir bisher noch gar nicht auf das Prinzip der „Bounded rationality“ hingewiesen, auf die begrenzte Rationalität der Menschen, die wir in die Bewertung einfließen lassen müssen, wenn wir den Weberschen Pfad der Wertfreiheit verlassen. Herbert A. Simon hat gezeigt, dass Menschen grundsätzlich, nicht nur bei komplexen Herausforderungen, dazu neigen, die Entscheidung zu treffen, mit der sie am besten klarkommen. Das muss nicht die rationalste sein (Simon 1982). Es genügt schon zu sehen, dass eine endgültige Explikation von Rationalität nicht global gesehen werden kann.

Rationalität ist keine Naturwissenschaft. Damit geht es um Unsicherheit. Entscheidungen unter Unsicherheit sind immer schwierig, weil sie mit sich bringen, dass die Optionen, die man hat, eben auch unsicher sind. „Richtige“ Entscheidungen gibt es in einem komplexen Umfeld nicht. Allerdings jede Menge Nährböden für Konflikte. Die wiederum stören die Kreise derer, die wie Keohane, im Optimismus einer fortschreitenden zivilisatorischen Entwicklung hin zur erfolgreichen Umsetzung und Pflege von Kooperationen, verbleiben.

5.1 Konflikte und Koexistenz

(Handels-) Beziehungen mit anderen Staaten oder Gemeinschaften aufzunehmen ist vergleichbar mit Beziehungen zwischen Menschen. Es gibt Punkte, bei denen alles gut läuft und es gibt Meinungsverschiedenheiten. Es gibt Gründe zusammenzubleiben und manchmal geht es einfach nicht mehr. Über all da, wo sich die Chance auf Kooperation, Kooptation und Wettbewerb ergibt, gibt es auch die Gefahr von Konfrontation und Konflikt.

Machen wir hier mal eine generelle Unterscheidung in Form einer Eskalationsstufe. Am unteren Ende steht das *Missverständnis*. Der Sender sagt: „Wir hatten 16.00 Uhr ausgemacht. Wo bleibst Du?" Die Empfängerin schaut entsetzt auf Whatsapp, sie dachte sechs Uhr. Passiert. Sowas kann man relativ schnell klären.

Dann gibt es auf der nächsten Stufe die *Meinungsverschiedenheit*. Die kann man aushalten oder nicht. Wenn Sie der Meinung sind, dass es kein Problem ist, Fleisch zu essen, ihr Gegenüber aber entschlossen ist, sich nur noch vegan zu ernähren, dann sind das erst mal zwei Statements. In einer guten Beziehung isst dann halt der eine ein Steak und der andere Salat. Kein Problem, wenn man die Meinung des Anderen akzeptiert und zulässt, dass es Unterschiede gibt und geben darf.

Schwieriger wird es, wenn man über den *Einsatz der Mittel* streitet. Es gibt eine gemeinsame Haushaltskasse. Sie isst Fleisch, er Brokkoli. Und dann sagt er, dass es nicht okay ist, dass überproportional viel Geld für Fleisch ausgegeben wird. Eine gute Ausgangslage für Streit. Argumente werden ventiliert, auch solche die mit der Sache nichts zu tun haben. Wer saugt jede Woche, wer geht einkaufen, wer mäht den Rasen? Die Verhandlung läuft! Bei diesem Mittelkonflikt sind Kompromisse, mit denen beide Seiten leben können, jederzeit möglich.

Nicht so bei einem *Wertekonflikt*. Was, wenn der Mann in keiner Weise versteht, warum seine Partnerin Fleisch isst. Weil das für ihn ein zutiefst falsches Verständnis von Ernährung ist, etwas, was dem Klima und der Gemeinschaft schadet – und seinem Weltbild völlig zuwiderläuft. Da kann die Frau argumentieren, dass eine nachhaltige Tierhaltung Sinn ergibt, dass sie nur bewusst Fleisch ist, aber wenn sie nicht darauf verzichten will, wird es schwierig. Wenn die Unterschiede in der Denk- und Lebenswelt liegen, ist der Verhandlungsspielraum eng. Der Blick in die Geschichte zeigt, dass es solche konfrontativen Positionen gab. Ostblock und Westblock, kalter Krieg. Der Versuch zu missionieren, wie das manchmal in privaten Beziehungen vorkommt, stand in der realen politischen Welt von damals nicht auf der Agenda. Stattdessen einigte man sich auf eine Art friedliche Koexistenz. Man respektierte die Grenzen des anderen, die unterschiedlichen Wertesysteme, Präferenzen, Zielkorridore und die immanente Systeminkongruenz. Trotzdem wurde die Teilung der Welt in Machthemisphären immer auch begleitet von Versuchen der Annäherung. Die Ostpolitik in Deutschland, wie schon erwähnt, gehört dazu. Handel ist dabei ein sehr gutes Instrument, um in Kontakt zu bleiben bzw. Kontakt aufzubauen.

Eine interessante Formation nimmt China ein, mit seinem System des Staatskapitalismus, das – im Gegensatz zur Blockbildung früher – offen ist für internationale Transaktionen, ohne dabei den Weg kultureller und politischer Annäherung einzuschlagen. China nutzt die Vorzüge des Freihandels, nutzt seinen Status als Entwicklungsland in der WTO und stellt sich rhetorisch zumindest als Teil des Systems dar. Staatspräsident Xi Jingping hat sich 2017 auf dem Weltwirtschaftsforum in Davos für Freihandel und Öffnung der Märkte ausgesprochen – eine diplomatisch sehr geschickte Reaktion auf die Rückzugsgefechte von Donald Trump, dem damaligen US-Präsidenten. Gleichzeitig sollte das nicht davon ablenken, dass Xi Macht hat, die Trump möglicherweise auch angestrebt aber nicht erreicht hat: Ihm obliegt es, die gezielte Allokation von Ressourcen zu befehlen, die Investitionsstrategie- und Industriepolitik des Landes vorzugeben und mittels einer politisch steuerbaren nationalen Medienlandschaft von Fehlentwicklungen abzulenken. Dabei agiert China einerseits ideologisch, andererseits, ohne auf der Werte-Ebene Vorgaben zu machen. Die neue Seidenstraße, die „Road and Belt Initiative“, hat den Einfluss Chinas in Afrika gestärkt. Viele begrüßen die von Xi Jingping ausgegebene Doktrin der Nichteinmischung und nationalen Selbstverantwortlichkeit, fühlen sich von China ernst genommen und sehen Vorteile der direkten Investitionen aus dem Reich der Mitte. Sie sehen offenbar ein Potential zum Wandel durch den Handel mit dem Reich der Mitte. Möglicherweise sind die Kosten dieser Politik Chinas noch nicht einkalkuliert, gleichzeitig wirken die westlichen Ermahnungen zu mehr Demokratie und Rechtstaatlichkeit, zu mehr Feminismus in der Politik, zu mehr Nachhaltigkeit nicht besonders attraktiv.

Bleibt auf minimalem Level hier festzuhalten, dass ohne Kommunikation, ohne Kontakt und Austausch, die Mauer wirklich unüberwindbar wird und die Systeme sich tatsächlich entkoppeln. Und zwar auf so ziemlich allen Ebenen, die den Zugriff von Soft-Power ermöglichen könnte und die die Grundlage für möglichst freien Handel in einem politischen Rahmen, der definiert, wie er Wandel sehen will und wie nicht.

5.2 Kommunikation, Kontakt und Welthandel

Wagen wir entsprechend zu behaupten, dass Freihandel ohne Kommunikation nicht existiert, dass es ohne Kommunikation keine internationalen Beziehungen geben kann. Dabei gelten die Grundregeln der Kommunikation im Sinne von Paul Watzlawick. Er hat auf die Sach- und die Beziehungsebene der Kommunikation hingewiesen und darauf, dass Kommunikation immer Ursache und Wirkung ist (Watzlawick 1988).

Wie ist das nun in internationalen (Wirtschafts-) Beziehungen? Inwieweit ist Kommunikation ein Faktor, der neben ökonomischen und politischen Bedingungen eine Beziehungsebene schafft, die teilweise auch jenseits rein rationaler Positionen zum Gelingen oder Nicht-Gelingen von Wirtschaftsbeziehungen beiträgt. Nicht nur Niklas Luhmann sieht Kommunikation als neuralgische Position an, auch Jürgen Habermas, Philosoph und Soziologe, hat die Kommunikation ins Zentrum sozialer Beziehungen gesetzt und kann uns sicherlich Anregungen zur Bewertung der jetzigen Situation geben (Habermas 1981).

Prof. Dr. Franco Rota von der Hochschule der Medien in Stuttgart und Experte für Internationale Beziehungen gibt uns Einblicke in die kommunikationstheoretischen und -praktischen Positionen.

Interview Prof. Dr. Franco Rota

Kommunikation ist ihr Kerngeschäft. Sie sind gleichzeitig Experte für Internationale Politik. Welche Rolle spielt Kommunikation in internationalen (Wirtschafts-) Beziehungen?

Rota: In der internationalen Politik und den internationalen Wirtschaftsbeziehungen ist Kommunikation grundsätzlich unverzichtbar, aber auch ihre verschiedenen Kommunikationskanäle sind conditio sine qua non des gelungenen Austausches zwischen inter- und transnationalen Kommunikationspartnern. Kommunikation ist nach Habermas ein sprachlicher (verbaler, schriftlicher, bildlicher und symbolischer) Handlungszusammenhang zwischen Personen. Die Personen sind nicht nur kommunizierende Individuen, sondern Vertreter und Repräsentanten von Organisationen oder Staaten und haben damit Vertreterqualität für größere Gruppen. Der Kern internationalen kommunikativen Handelns ist die zwischenmenschliche Kommunikation von Personen, die im Sinne Max Webers zweckrationalen Überlegungen und Zielen folgen. Diese können z.B. ein bilaterales Handelsabkommen zwischen Staaten sein oder eine Vereinbarung über verschiedene Produktionsstandorte eines Wirtschaftskonsortiums. Für internationale Beziehungen und Kommunikation gelten nach Habermas grundsätzliche weitere Annahmen über ein kommunikations- und handlungstheoretisches Gelingen von Kommunikation, denn die auszutauschenden Botschaften auf den Kanälen müssen Kriterien einer gelungenen Verständigung aufweisen:

- die ausgetauschten Inhalte der Beteiligten müssen authentisch sein,
- sie müssen der sachlichen Wahrheit entsprechen,
- es muss ein kulturell tradiertes Normenverständnis bestehen und
- die Informationen müssen Verständlichkeit aufweisen.

Erst mit diesen kommunikativen Grundannahmen und deren gelungener Übermittlung kann man, wenn gewertet werden soll, von guten oder schlechten Beziehungen zwischen Staaten, Organisationen oder Unternehmen reden, kurz Akteure genannt. Die Kommunikationskanäle werden vom jeweiligen politischen System national, regional oder global zur Verfügung gestellt. Ihre Nutzung und Verbreitung sind abhängig von politischen, wirtschaftlichen, kulturellen (i.e. religiösen, moralischen) Bedingungen, die in den jeweiligen politischen Systemen herrschen. Diese staatlich-gesellschaftlichen Bedingungen lassen einen weitgehend freien Einsatz dieser Kanäle wie in westlichen Ländern zu, oder sie beschränken oder verbieten diesen Einsatz, wie dies z.B. in autoritären, autokratischen oder diktatorischen Staaten der Fall ist. So sperren manche Staaten und Regime ganze oder Teildienste des Internets, weil sie dies zweckdienlich (zweckrational) oder moralisch (wertrational) zur Erhaltung ihres Regimes für gegeben halten. Je offener die kommunikativen Handlungssysteme gestaltet werden, desto enger werden nach Luhmann die Beziehungen, bezogen auf die Strukturen und die quantitativen Verknüpfungen (Systemdichte und -stabilität) der verbundenen Kanäle. Dies bedeutet nicht gleichzeitig eine psychologische Qualität nach Schulz von Thun zwischen den durch diese Kanäle verbundenen kommunikativen Entscheidungsträgern, Akteuren und Kommunikationsteilnehmern. Unter psychologisch positiven Bedingungen könnte man damit z.B. von der Deutsch-Französischen Freundschaft sprechen, andererseits negativ von der Abneigung zwischen Griechen und Türken, trotz der vielfältig zur Verfügung stehenden Kanäle. Bei supranationalen Organisationen wie der EU müssten neben den oben genannten zweckrationalen Bedingungen auch traditionale, sprachliche, kulturelle, historische Faktoren wirksam sein, um eine psychologische positiv wertrationale Dimension in den Beziehungen zu erschaffen.

Neben diesen sozialwissenschaftlich begründeten Annahmen über internationale Kommunikation sind klassische politische und staatlich-offizielle Kommunikationsinstrumente und -kanäle die formalen Instrumente des Austausches.

Dazu zählt die klassische Diplomatie mit den ständigen Botschaften, ständigen Vertretungen oder Konsulaten, zu denen auch besondere Emissäre und Sonderbotschafter gehören, die Regierungshandeln übermitteln oder Vermittlungsdienste vornehmen.

Zu den Instrumenten ständigen Austausches zählen dazu eingerichtete bilaterale oder multistaatliche Institutionen, die der Regelung von Handlungsabläufen (z.B. NATO, ASEAN etc.), dem Austausch von Rechtssetzungen (z.B. Internationaler Gerichtshof für Menschenrechte, Europäischer Gerichtshof EUGH), die dem kulturellen Austausch (z.B. Europarat) oder dem wirtschaftlichen Austausch (z.B. Asean, Gatt-Abkommen) dienen.

> Die staatlich-offiziellen Kanäle werden ergänzt durch inoffizielle Botschaften von Qualitätsmedien, die als Online-Kanäle oder auch noch in Printform indirekte Botschaften, z.B. in Form von Interviews, von Regierung zu Regierung, von Staat zu Staat verbreiten. Dazu kommen redaktionelle Inhalte der Massenmedien, die heute selbst auf vielfältigsten Kanälen Informationen verbreiten und durch ihre redaktionellen Mitarbeiter als Interpreten und Kommentatoren der kommunikativen Inhalte von Regierungsmitgliedern gelten. Auch TV- und Rundfunk-Kanäle sind vermittelte Kommunikation zwischen den Menschen und deren (ver-)öffentlichter Meinung.
> Die persönlichen traditionell-historischen Übermittlungssysteme wie früher Telefon oder Fernschreiber werden heute in ihrer Vielfalt potenziert durch Video-Kommunikation (z.B. Zoom, Skype etc.) und Social Media-Plattformen (z.B. Twitter, Whatsapp, Telegram etc.). Seit einigen Jahren gehören die Social Media zu den informellen Kommunikationskanälen in der internationalen Politik bzw. den Wirtschaftsbeziehungen und kommunizieren Partikularinteressen, die in die Botschaften der Massenmedien einfließen und hin und wieder von politischen Akteuren kolportiert werden. Häufig stehen deren geringe kommunikative Relevanz im Kontrast zu ihrer hohen Wirkung und Beachtung durch die Nutzer und die Massenmedien, wie beispielsweise beim ehemaligen US-Präsidenten Trump. Social Media-Kommunikation im internationalen Bereich gibt häufig einseitige, propagandistische Inhalte wieder und dient oft der Manipulation von Social Media Usern durch Propaganda oder durch Infiltration von Trollen.
> Summa summarum ist das Netz und sind die Kanäle der internationalen Kommunikation strukturell noch nie so dicht und engmaschig gewesen wie in unserer aktuellen technologischen Epoche. Nur vor diesem technologischen Hintergrund und dessen kommunikativen Handlungssystem können internationale Abkommen (z.B. WTO- Abkommen), regionale Organisationen (z.B. OAU) oder globale Organisationen (z.B. UNO, WHO, etc.) oder auch Nichtgouvernementale Organisationen (NGOs, wie z.B. Greenpeace, Organisationen der Migranten-Rettung etc.) entstehen. Das globale kommunikative Dorf wird dadurch erst denkbar. (Interview der Autorin mit Prof. Dr. Franco Rota am 12.03.2023)

Damit ist die Vielfalt an Möglichkeiten, an Plattformen und Netzen, zu kommunizieren genannt – sofern der Wille dazu da ist. Kommunikation und Kontakt sind in diesem Sinne die Trägersubstanzen für eine mögliche Annäherung aber grundsätzlich auch für eine entsprechende Ablehnung.

Rota bezieht sich auf die Norm der Zweckrationalität im Sinne Webers, sieht sehr deutlich die transformative Kraft der Kommunikation als ein Medium, um zwischen unseren Arbeitsebenen Kooperation, Kooptation und fairem Wettbewerb agieren zu können. Kommunikation kann daher als Katalysator, als Soft-Power auf niederschwelliger Ebene eingesetzt werden, um Wandel durch Handel zu bestimmen. Auf welcher Ebene das jeweils gewünscht ist, auch wenn nicht alle Wünsche in Erfüllung gehen.

6. Paradigmenwechsel gefällig?

Ist Wandel durch Handel gescheitert? Gibt es einen Paradigmenwechsel im Handel, eine ganz neue Sicht auf die Prozesse? Weg von bestehenden Denkansätzen und/ oder Entscheidungs- und Handlungsstrukturen, wie wir sie jetzt kennengelernt haben?

Paradigma gehört zu den Begriffen, die bei Veränderungen gerne genutzt werden. Thomas Kuhn hat ihn auf seiner Suche nach der Struktur wissenschaftlicher Revolutionen (Kuhn 1976) auf die Agenda gesetzt und war wohl selbst erstaunt über die Resonanz: „Es war ein prima Begriff, bevor ich ihn in die Finger bekam" (Schlütter 2012), fasste der Physiker die Inflation an Interesse und Kritik zusammen.

Getreu dem Motto: Ist der Ruf erst ruiniert..., nutzen wir das Bild, das Kuhn von Fortschritt gezeichnet hat und mit dem er übrigens auch die Falsifizierungsthese von Popper in Frage stellte. Eine wissenschaftliche Revolution liegt dann vor, wenn das Paradigma, das die wissenschaftlichen Grundannahmen ausmacht, so erschüttert wird, dass es geändert werden muss. Einfaches Beispiel: Die Erde ist keine Scheibe, sondern eine Kugel. Das ändert so ziemlich alles, was bis dato erforscht wurde.

Paradigma kommt aus dem Griechischen und meint Beispiel, Muster, Erklärungsmodell, Weltsicht. In diesem Erklärungsmodell gibt es nach Kuhn ein Verständnis von Begriffen, Regel und Normen, die eine (Forscher-) Gemeinschaft als gegeben hinnimmt und innerhalb derer ihre Erkenntnisse entstehen. Weil dem so ist, kann man die Ergebnisse auch nicht falsifizieren, wie Popper das will, weil sich das Ganze eben in einer Art Blase abspielt. Wenn Abweichungen auftreten, die nicht so ganz ins Konzept passen, wird eher selten an die grundlegenden Prämissen des Paradigmas herangegangen, eher wird der Wissenschaftler, wird die Aussage bezweifelt. So lange, bis es dann wirklich nicht mehr anders geht.

Nennen wir es Paradigma, oder sprechen wir von Weltsicht und Lebensmodell: Sind die Regeln, Annahmen, Ansätze, Theorien, empirischen Erkenntnissen, die daraus abgeleiteten (multilateralen) Strukturen und Institutionen, die eingängige Wohlfühloase des Wandels durch Handel angesichts der neuen Realitäten reif für einen Paradigmenwechsel?

Natürlich erhöhen krisenhafte Umstände die Neigung, an die Grundfeste der Überzeugungen zu klopfen. Bis jetzt gibt es jedoch kaum Ansätze, die wesentlichen Elemente des marktliberalen Welthandel-Paradigmas grundlegend ändern.

Die Theorie der komparativen Kostenvorteile war es, aus der sich das Fanal speist, dass Freihandel für alle gut ist. Innerhalb dieser Community bewegten und bewegen sich viele Ökonomen und mittlerweile viele Ökonominnen, die diese

Konsequenz in ihrer Absolutheit aber nie absolut in Frage stellten. Heckscher/Ohlin, Samuelson, Prebisch, Baghwati, sie alle haben aus teils unterschiedlichen Motivationen heraus gezeigt, warum es im Welthandel zu Win-Loose-Positionen kommen kann. Unwesentlich an der Stelle, ob das bedingt ist durch unterschiedliche technologische Ausstattung, durch Faktorpreise, durch Präferenzabkommen, ob wir bei der Erforschung nach den Ursachen der Verteilungsproblematik bis in die Kolonialzeit zurück müssten: Die Mechanismen sind noch gültig. Auch wenn es Krugman gelungen ist, sich zu entwinden, weil er zeigen konnte, dass die komparativen Kosten nicht alle Verbindungen im Welthandel erklären: Dass die Grundannahme an sich geändert werden muss, ist nicht zu erkennen.

Bis jetzt bleiben wir im Paradigma. Und zu dem gehört übrigens auch, dass die Erkenntnisse der Ökonomen nicht immer von den politischen Entscheidungsträgern gehört werden und der Öffentlichkeit selten wirklich bekannt sind. Sie sind – sportlich formuliert – im Sinne von Moravciks eine Interessengruppe, die ihre Erkenntnisse in den Willensbildungsprozess miteinbringen soll, neben Managern und Unternehmenslenker, deren Präferenzen eher den Profit, denn das Gemeinwohl im Blick haben.

Die Präferenzen der Gesellschaften und die für sie handelnden Staaten waren und sind für viele Sozialwissenschaftler zentrale Katalysatoren des multilateralen Beziehungsgeflechts in dem Handel eine Rolle spielt. Dass derzeit die Entwicklung nicht wie angenommen in Richtung Ausbreitung des Liberalismus und des bedingt regulierten Freihandels läuft, sondern eher ins Gegenteil, ist schon gar kein Grund für einen Paradigmenwechsel. Wenn überhaupt, ist es ein Grund zu überdenken, ob die Attraktionspunkte der multilateralen Welt ausreichend gepflegt wurden. Und inwieweit es im mindesten Fall nachlässig war, die Erkenntnisse der realistischen Weltsicht bezogen auf den Welthandel und die vor allem in den 90er Jahren galoppierende Globalisierung einfach unter dem Radar laufen zu lassen.

Die Skepsis gegenüber der Wirksamkeit von Global Governance, die skeptische Sicht auf das Vermögen der Menschen, durchgängig das Gute zu wollen und zu tun, durchgängig im Dienst der Sache zu stehen: Das sind bekannte Überlegungen. Die Einschätzung des Nationalstaats als den zentralen Akteur in den internationalen Beziehungen: Realisten sind bis heute nicht davon abgewichen. Sie sehen zweckgebundene Kooperationen und eine interessengeleitete Politik, die machtbewusst auftritt.

Dass sich unter dem Einfluss der Multi-Krisen nun diese Sichtweisen einer Supermacht-Rivalität wieder verstärken, ist kein Paradigmenwechsel. Was sich abzeichnet ist, dass die idealistische Sichtweise in den Hintergrund gedrückt wird. Schade wäre, wenn es zum Versuch einer 180-Grad-Wende käme. Es würde den vielen positiven Errungenschaften des regelbasierten Laisser-faire nicht gerecht werden. Aber es wäre ohnehin kaum noch machbar, durch politische Anordnungen das System auf Null zu bringen. Zu viel Wandel durch Handel gibt es da. Zu viele Unternehmen sind bereits aktiv und haben Netzwerke, teilweise in Form von Lieferketten, die man auch als Kooperationen oder Kooptationen ansehen kann. Zu viele Menschen bewegen sich zwischen Kontinenten und genießen diese Offenheit und Mobilität. Idealistische Realisten oder realistische Idealisten könnten die heutige Welt sicher wirklichkeitsnäher abbilden als ihre jeweils eher starren Vorbilder.

Dilthey würde die Idee, des „Ende der Geschichte" vermutlich mit Unverständnis zur Kenntnis genommen haben. Wir können uns heute in seinem Sinne sehr bewusst fragen, wie abgehoben es ist, die westliche Weltsicht als etwas in sich so Überzeugendes zu sehen, dass alle folgen? Die Welt öffnet sich und damit öffnen sich neue Denk-, Lebens- und Empfindungswelten für alle. Davon auszugehen, dass diese Vielfalt auf eine Richtung hin kanalisiert, ist verwegen. Selbst dann, wenn wir überzeugt sind, dass das liberale, freiheitliche Modell, das Wohlstand schafft, unfassbar gut ist. Auch in den Momenten, in denen wir selbst die Regeln brechen, die zum Erhalt dieser Ordnung wichtig sind. Kleiner Einschub: Indem wir etwa die von uns selbst auferlegten Maastricht-Regeln nicht einhalten.

Dass die Komplexität der Welt, ihre Pluralität durch die Globalisierung und den Austausch nun deutlicher im Bewusstsein der Menschen ist, sollte eher dazu anregen, Ausschau zu halten nach den Aspekten, die unsere Weltsicht bereichern können.

Was den Handel betrifft kann ein Blick nach China hilfreich sein. Die Chinesen gestalten ihre Außenwirtschaft. Sie haben klare Ziele und verfolgen diese – auch indem sie Grenzen definieren, was sie etwa ausländischen Unternehmen erlauben und was nicht. Klarheit in das eigene Konzept zu bringen ist von einem Paradigmenwechsel weit entfernt.

Kontakt und Kommunikation – zentrale Manifeste des Wandels durch Handel werden auch und gerade in der heutigen Zeit weiterhin maßgeblich bleiben. Und vermutlich auch friedensstiftend wirken können. Wenn schon nicht mit dem Anspruch des Friedens auf der Welt, so doch wenigstens mit dem, möglichst wenig Kriege zu haben. Übrigens, das soll nicht unerwähnt bleiben: Kant selbst hatte wohl Zweifel an seinem „Zum ewigen Frieden", wie Jürgen Wertheimer in einer feinsinnigen Analyse der Schrift konstatiert: „Stehende Heere sollen, schreibt Kant, mit der Zeit ganz aufhören. Es folgt der ebenso verzweifelte Hinweis auf «irgendein Vertrauen auf die Denkungsart des Feindes», mit dem Kant darauf hofft, dass zumindest «irgendetwas» inmitten einer Welt des rabiaten Vernichtungswillens den Frieden ermöglichen könnte. So ungenau hat Kant noch nie nachgedacht." Als Kind der Aufklärung, „wollte er wohl ein wenig Hoffnung aufscheinen" lassen (Wertheimer 2023).

Also ganz klar: Einen Paradigmenwechsel gibt es in Sachen Wandel durch Handel nicht. Die Empfehlung zur Präzisierung des eigenen Wollens und Könnens aber schon. Was sind die eigenen Interessen, die Präferenzen, die Werte und deren Prioritäten? Es geht etwa darum, inwieweit man das Verhalten autoritärer Staaten mitträgt, wo Grenzen sind und wie man standhaft bleibt ohne als Belehrer und Besserwisser aufzutreten. Über Menschenrechtsverletzungen wegen des schnöden Profits hinwegzusehen ist kein ethisches Vergehen Einzelner mehr, wenn sich der „Systemrivale“ damit stärkt. Dann geht es um Sicherheit.

Es geht um Grenzen, es geht um Werte und in der Essenz auch um die Frage, ob und wieweit Politik, Wirtschaft und Gesellschaft von den jeweils unterschiedlichen Erfahrungen in den letzten Jahrzehnten gelernt haben. Sind Kooperationen bei einem stabilen Wettbewerb Muster, auf die sich aufbauen lässt, oder wird es zu einer Renaissance merkantilistischer Strukturen kommen? Wird aus der Trias von demokratischen Staaten, Freihandel und internationalen Organisationen in Zukunft tatsächlich ein Modell entstehen, das attraktiv ist und von der Mehrheit der Weltbevölkerung angestrebt wird?

Deutschland etwa reagiert mit einer wertegeleiteten Außenpolitik, die mit Klimaschutz bzw. sauberen Technologien punkten will. Werte, das hatte Nye erwähnt, sind wesentliche Attraktionen. Auch der Schutz der Menschenrechte ist hoch angesiedelt, eine Stärkung der Rechte der Frauen kann als Soft-Power gewertet werden, auf die die Politiker setzen. Ob damit der Handel durch eine politische Besetzung geplanter Abkommen verbessert wird, ist nicht ableitbar. Aber ohnehin gibt es derzeit eine Gemengelage, die sich in „Shoring-Konzepten“ verfängt.

Übung

1. Nennen Sie drei Faktoren, in denen das Prinzip „Wandel durch Handel“ unbestimmt war und geben Sie dazu jeweils ein Beispiel.
2. Nennen sie zwei Wissenschaftler, die herausgearbeitet haben, dass Freihandel bzw. Globalisierung nicht nur Gewinner hervorbringt. Machen Sie Gründe geltend.
3. Was hat die „Halbierte Globalisierung“ des sogenannten Kalten Krieges mit Decoupling zu tun?
4. In Deutschland resp. der EU gelten andere wissenschaftliche Prinzipien als in den USA. Beschreiben Sie beide und erklären Sie, warum das ein Handelshemmnis sein kann.
5. Was waren relevante Gründe, warum das Freihandelsabkommen TTIP nicht zu Stande kam und was sagt das über die Zukunft der Freihandelsabkommen aus?

IV. Friends only: Lieferketten und Weltordnung

1. „Shores“ und Freunde mit Vorzügen

Wir haben es alle am eigenen Leib erfahren: Die internationalen Lieferketten bzw. globalen Wertschöpfungsketten sind nur bedingt robust. Versorgungsengpässe oder gar Ausfälle auch in sensiblen Bereichen wie Energie, Medikation und kritischen Rohstoffen, rückten die Zuverlässigkeit und die Vertrauenswürdigkeit der Liefernationen bzw. Lieferanten und die Stabilität der Transportwege in den politischen Fokus. Aus den weitgehend ökonomisch gestalteten Konzepten des „off-shoring“ und des „re-shoring“ wurde das „friend-shoring“. Es ist die Forderung nach der politischen Ausrichtung der Handelsbeziehungen. Eine Art Gesichtskontrolle: Friends and Members only. In jedem Fall eine mögliche Reaktion auf die geänderten Rahmenbedingungen, die Wandel durch Handel herausgefordert haben.

Janet Yellen, US-Finanzministerin, hat „friend-shoring“ am 13. April 2022 in einer Rede vor dem Atlantic Council auf die Agenda der Weltöffentlichkeit gesetzt. „Favoring the friend-shoring of supply chains to a larger number of trusted countries to securely extend market access, will lower the risks to our economy as well as to our trusted trade partners“ (Yellen 2022).

Handel mit grundlegenden Vorleistungen soll auf vertrauenswürdige und zuverlässige Länder beschränkt werden, um die Risiken in den Lieferketten zu reduzieren. Denn mit Zunahme der internationalen Verflechtung von Wertschöpfungsketten kann ein einziger Ausfall zu empfindlichen Störungen entlang der gesamten Kette führen. Diese Markierung von Einflusssphären, das Abstecken von verlässlichen Aktionsräumen, sind klassische Felder der Außen- und Sicherheitspolitik. Zumindest bis dato und mit Wandel durch Handel im Hinterkopf, war die Vertrauenswürdigkeit von Partnern kein Ausschlusskriterium in der Handelspolitik. Mit der Vereinnahmung des Handels in geopolitische Ambitionen geht es nun um Fragen der Sicherheit, nicht nur um Fragen der Profit- und Effizienzorientierten Standortbewertung.

Wertschöpfungskette, Lieferkette und Supply Chain
Nach Michael Porter ist eine Wertschöpfungskette eine Sammlung von Prozessschritten an deren Ende ein Produkt und damit ein Wert für die Kundinnen und Kunden steht. In aller Regel beginnt der Prozess mit einem Rohstoff. Bei einem T-Shirt wäre das z.B. Baumwolle, dem vielleicht ein weiterer Stoff beigefügt wird. Porter nennt es Eingangslogistik. Der Rohstoff geht in einen Betrieb, der aus der Baumwolle ein fertiges Produkt macht, mit Stofferstellung, Schnitt, Nähen. Im Anschluß erfolgt die Ausgangslogistik, sprich die Belieferung des Kundenkreises.

Marketing und Vertrieb ist ein Meilenstein. Porter nennt auch die Dienstleistung, damit meint er alles, was den Service rund um das Produkt angeht. Dazu gehören Kundendienst, Rücknahmen, Garantien etc.
Der Wert des Rohstoffes Baumwolle ist durch sog. primäre Aktivitäten gestiegen. Mit den sekundären Aktivitäten, dazu gehört die Infrastruktur des Betriebs, das Personalmanagement, Beschaffung und Forschung & Entwicklung, wird der Erfolg des Produkt am Markt nach vorne gebracht (Akhil 2014).
Man kann viele dieser Maßnahmen in der Produktion arbeitsteilig dorthin geben, wo sie besonders gut, preiswert, schnell, zuverlässig, nachhaltig und menschenfreundlich hergestellt werden. Rund 80% des Welthandels basieren auf Lieferketten (https://www.bmz.de/de/themen/lieferketten). Abhängigkeiten inklusive.
Die Globalisierung hat zu ausdifferenzierten Lieferketten geführt. Die Rohstoffe kommen aus unterschiedlichen Ländern, die Verfeinerungen finden in unterschiedlichen Ländern statt. Nicht immer teilen diese Länder unsere Standards, weshalb Deutschland seit 2023 ein „Lieferkettensorgfaltspflichtengesetz" verabschiedet hat. Die Unternehmen werden gemäß der UN-Leitprinzipien für Wirtschaft und Menschenrechte verpflichtet zu ermitteln, inwieweit ihre Geschäftstätigkeit zu Menschenrechtsverletzungen entlang der gesamten Lieferkette führen kann.

Friend-shoring war Yellens Ansage und sie ist die im wahrsten Sinne des Wortes freundliche Umschreibung einer protektionistischen Maßnahme. Auch die EU stimmt ähnliche Töne an und erklärt in der „Strategische(n) Vorausschau 2022": „Die Sicherung des Zugangs zu kritischen Rohstoffen wird für den grünen und digitalen Wandel der EU von entscheidender Bedeutung sein. Derzeit ist die Abhängigkeit der EU von Drittländern, darunter China, bei einer Reihe kritischer Rohstoffe sogar noch größer als die Abhängigkeit von Russland in Bezug auf fossile Brennstoffe." (Europäische Kommission 2022). Letzteres klingt defensiver und schutzbedürftiger als die werte- bzw. freundschaftsorientierte Variante der Janet Yellen. Aber wenn die EU-Kommission von „sicherem" Handel spricht, dann steckt auch darin Protektionismus.

Mindestens zwei neuralgische Fragen ergeben sich daraus:

1) Hält Janet Yellens Vorschlag in der politischen Praxis gegen die Überzeugung von Charles de Gaulles oder Henry Kissinger stand, die lautet: „Staaten haben keine Freunde, nur Interessen"? Mit „friend-shoring" wird dieses realpolitische Konzept wenn schon nicht auf den Kopf gestellt, so doch zumindest um eine Variante ergänzt, die auch eine idealistischen Sicht der Kooperation beinhaltet – aber quasi nur für „Mitglieder im Club".

2) Was bedeutet diese (sicherheits-) politische Anreicherung der Handelspolitik? Denn die Aufforderung ist eine explizite Verquickung von ökonomischen mit außen- bzw. sicherheitspolitischen Positionen. Wenn wir an der Reform des Wandel durch Handel festhalten, wäre die Verbindung von Sicherheit und Handel eine mögliche Konturierung.

1.1 Offshoring

Gehen wir zunächst dem „Shoring-Konzept" nach, zu dem von Anfang an das Offshoring gehört. Die Auslagerung von Produktionskapazitäten, angefangen von kleineren Herstellungsprozessen bis hin zur Verlagerung ganzer Fabriken, also ausländische Direktinvestitionen, begann in den siebziger Jahren und hat sich Jahrzehnte weiter ausgebreitet.

Verantwortlich dafür waren die zunehmende Liberalisierung der Weltmärkte, die abnehmenden Transportkosten, die besseren Kommunikationsmöglichkeiten, die Angebote von Niedriglohnländern – wir hatten all das schon identifiziert als Booster der Globalisierung. Natürlich gehört auch die politische Bereitschaft dazu, den Aktionsradius der Unternehmen abzusichern, etwa durch Hermesdeckungen, ein wichtiges Instrument der Außenwirtschaftsförderung, das Exporteure vor wirtschaftlich und politisch bedingten Zahlungsausfällen schützt. Das Risiko trägt zu einem wesentlichen Anteil die Nation. Die fortschreitende Globalisierung ist – unter dem liberalen Schirm des Handels durch Wandel – quasi lehrbuchartig ökonomisch orchestriert.

Das Shoring-Konzept lag zunächst auf rein ökonomischer Ebene. Die „Macher", die Akteure der Globalisierung, sind Konzerne, Individuen, Verbände, Gewerkschaften, NGOs etc. Im Welthandelssystem sind es die Unternehmen, die die Dynamik bestimmen. Peter A. Hall und David Soskice weisen sie vor allem in kapitalistischen Ökonomien als Schlüsselakteure aus, „wenn es um Fragen des technologischen Wandels, des globalen Wettbewerbs oder ganz allgemein die Wirtschaftskraft eines Landes gehe" (Franke 2020: 291). Sie sind bzw. waren damals diejenigen, die im Rahmen der gegebenen politischen Architektur entscheiden, mit wem sie handeln und wo sie direkt investieren.

Nun folgen unternehmerische Entscheidungen anderen Regeln als politische, weil sie andere Ziele verfolgen und sich über Effizienz und Profit definieren. Selbst wenn die Ziele gleich sind, Klimaschutz zum Beispiel, unterscheiden sich die Absichten: Investition in den Klimaschutz heute spart morgen Geld und erhöht die Attraktivität bei den Kunden. Außenpolitische Wirkungen ihrer Entscheidungen fallen eher weniger in die Auswahlkriterien der Manager und Unternehmer – solange sie sich im politisch erlaubten Rahmen bewegen. Sie entscheiden unter Beachtung ihrer Bedarfe, aber sie bewerten nicht, ob ihre Entscheidung zu politischen

Schwierigkeiten führen könnte. Kein Unternehmer wird sich wegen des preiswerten Gases aus Russland beschweren. Und kaum einer wird sich Gedanken machen, was es bedeutet, wenn das Kollektiv irgendwann eine kritische Menge an Gasimporten erreicht, die zu nationalen Unannehmlichkeiten führt – konkret zu einer deutschen Importquote von 53% beim russischen Gas. Marktunvollkommenheiten kann man das nennen. Das ist nichts, was nicht politisch reguliert werden könnte. Wie weit diese Regulierung gehen soll, ob das in einer wie auch immer umfassenden Industriepolitik mündet, wie der ehemalige Bundeswirtschaftsminister Altmaier sie im Blick hatte, „ein unterhaken" (Altmaier 2022: 10) von Politik und Unternehmen, ist politisch zu entscheiden. Mit Blick auf die Wandel durch Handel-Reform ist politische Sensibilität gegenüber Marktunvollkommenheiten gefordert.

Unternehmen denken in anderen Zeiträumen als Politik. Von der Entscheidung, ein Werk etwa in Chattanooga zu bauen bis zum Tag, an dem der erste Volkswagen das Band verlässt, vergeht Zeit. Ähnlich viel wie es zur Schließung eines solchen Werks braucht. Neue „freundliche" Partner, die Teile der Lieferkette abdecken können, wenn „unfreundliche" Länder wegfallen, sind keinesfalls im Handumdrehen zu finden. Unternehmerische Standortentscheidungen können sich im Zeitablauf ändern. Zugang zu Fachkräften etwa spielt heute eine wichtige Rolle. Ausgezeichnete Universitäten, die Experten anziehen sind ein Vorteil, also im Sinne der Soft-Power. Subventionen, wie wir es in großem Maße vom Inflation Reduction Act kennen, haben auch einen Anteil an den Entscheidungen.

Das Risiko eines Bruchs in den Lieferketten auf die die politischen Entscheidungsträger nun weltweit reagieren, wird zum wesentlichen Kriterium für Unternehmen bei Standortfragen und der Gestaltung von Lieferketten. Sollte „friendshoring" zur Norm der Handelspolitik werden, müssen die bisherigen Kriterien der Effizienz, der Nachhaltigkeit und der Sicherheit im Sinne von Lieferfähigkeit und Qualität der Produkte, um die politische Verlässlichkeit der Handelspartner erweitert werden.

Abgesehen vom Zeitfaktor, den es braucht, um Investition oder Lieferketten umzugestalten, wird es spannend, wie die wesentlichen Motoren der Globalisierung, die Unternehmen, mit den politischen Vorgaben einer Frau Yellen et al. umgehen.

1.2 Reshoring

Zurückhaltendes Investitionsverhalten oder bewusste Rückverlagerung der Produktion nennt man Reshoring und das kann aus vielerlei Gründen greifen. Qualitätsmängel ausländischer Produktionen können eine Rolle spielen; Spielzeug aus China etwa wurde zunehmend unbeliebt. „Made in Germany" – um das am Beispiel Deutschland festzumachen – gewann wieder an Attraktivität. Unternehmen tun sich leichter mit Reshoring, wenn die Löhne im Ausland steigen oder die politischen Rahmenbedingungen unangenehmer werden. Vor allem die technologische Weiterentwicklung im eigenen Land, eine profunde Digitalisierung, die Zuverlässigkeit bei Lieferfähigkeit, die Nachhaltigkeits-Kosten langer Transportwege spielen mit ein. Die Mehrheit der Unternehmen sieht in der Automatisierung den Schlüssel für Verlagerungen. So planen angeblich 84 Prozent der befragten deutschen und 75 Prozent der europäischen Unternehmen in den nächsten drei Jahren Investitionen in Robotik und Automatisierung, um Reshoring oder Nearshoring zu ermöglichen. Adidas etwa hat die Hochtechnologie in der Produktion genutzt, um in Deutschland seine „Speedfactory“ aufzubauen – per 3D-Druck werden individuell designte Sportschuhe hergestellt. Der Sportartikel hat gleichzeitig international seine Produktion ausgebaut und an die neuen Bedingungen angepasst.

Eine Umfrage unter deutschen und europäischen Führungskräften ergab, dass 86 Prozent der deutschen und 74 Prozent der europäischen Unternehmen planen, ihr Geschäft zu re- oder nearshoren, um ihre Lieferkette angesichts des verstärkten Fokus auf Nachhaltigkeit und globaler Unsicherheiten widerstandsfähiger zu machen (Poll 2022).

Andere Studien zeigen andere Schwerpunkte: Das ifo-Institut verzeichnet, dass Re-oder Nearshoring nur von jedem zehnten Unternehmen genannt werde. Stattdessen planen sie stärkere Diversifizierung und eine Erhöhung der Lagerhaltung. Die Erkenntnis dabei: „Großunternehmen planen eine Diversifikation der Beschaffung, während KMUs vermehrt eine Erhöhung der Lagerhaltung avisieren“ (Flach et. al. 2021: 4).

Dazu passt die Aussage von Ralph Wiechers, Chefvolkswirt der VDMA, dem „Verband Deutscher Maschinen- und Anlagenbau“, der ein Reshoring für seine Branche nicht feststellen kann: „Es mag andere Industrien geben, die jetzt Produktion in größerem Stil zum Beispiel aus Asien zurückholen, aber für den Maschinenbau gelten eher andere Überlegungen, nämlich sich in allen drei großen Wirtschaftsblöcken resilienter aufzustellen. Sprich, wer die nötige Unternehmensgröße hat – und das ist schon eine eigene Hürde – baut in der Triade vielleicht noch eine zusätzliche Produktion auf“ (Poll 2022).

Die Rückholung von ausgelagerten Produktionsprozessen ins Inland impliziert, dass künftig mehr im Inland produziert wird und Import zurückgeht. Es ist eine punktuelle Form der Diversifizierung, die von Branche zu Branche unterschiedlich läuft und von generellen Standortbedingungen abhängt.

1.3 Near-Shoring

Dabei muss die Rückholung der Produktion nicht nur das eigene Land betreffen, es kann sich auch um angrenzende Länder handeln. Near-Shoring, bezogen auf

Deutschland, wäre als eine Rückabwicklung der Wertschöpfungsverflechtungen und auch der Direktinvestitionen vor allem in die EU-Staaten am geschmeidigsten denkbar (Flach et.al 2021: 4). Ein echter Vorteil des Binnenmarktes, denn viele Hürden, die erfahrungsgemäß da sind, wenn man in einem anderen Land investieren möchte, entfallen. „Friend-shoring" par excellence könnte man sagen. Und auch wenn die Statistik bezogen auf die Handelsbeziehungen sehr gut ist, bleibt noch Luft nach oben (vgl. Tabelle).

EU-Gesamt	859,90
USA	156,21
Frankreich	118,17
China	106,76
Großbritannien	73,76

Tab.1: Deutsche Exporte 2022 in Mrd. Dollar
Quelle: Statistisches Bundesamt (Destatis)

Selbstverständlich ist diese Form der Diversifizierung auch außerhalb des Binnenmarktes eine gute Möglichkeit, um Abhängigkeiten, Versorgungsengpässe und Lieferrisiken zu minimieren, vor allem, wenn man sich auf mehrere Länder konzentrieren kann. Je breiter die Versorgung angelegt, desto stabiler ist die Produktion – und desto teurer, denn mehrere Standorte zu halten, kostet.

1.4 Inside the shore

In einer großangelegten Studie des ifo-Instituts in Zusammenarbeit mit der Konrad-Adenauer-Stiftung wurden die Effekte des Re- bzw. Nearshoring quantifiziert. Zunächst wurden die potenziellen Risiken für Deutschland in Bezug auf die internationalen Wertschöpfungsketten definiert, ein- und zugeordnet. Während China und das Vereinigte Königreich als Partner mit hohem bis sehr hohem Risiko gewertet wurden, waren die USA, Japan, und selbstredend die europäischen Partner als zuverlässig gerankt. Auf Basis des ifo-Simulationsmodells wurden die ökonomischen Effekte des Reshoring (RS) und Nearshoring (NS) jenseits der bereits bestehenden Handelsbeziehungen wie folgt quantifiziert:

- Sowohl RS als auch NS hätten und haben in Deutschland, das als Exportland stark in internationale Produktionsprozesse eingebunden ist, negative Effekte. In beiden Fällen würde das Bruttoinlandsprodukt BIP runtergehen. Bei RS um 9,7%, bei NS um 4,2%.

- Die potenziellen Risiken der Verknüpfung von Wertschöpfungsketten müssten zu einem möglichen Rückgang des BIPs von fast zehn Prozent führen, damit es sich rechnen würde, die Produktionsstätten zurückzuverlagern.
- Beide Varianten hätten negative Auswirkungen auf andere Volkswirtschaften und auf das Bruttohaushaltseinkommen (Flach 2021: 3 f.).

Die Autorinnen kommen zu einem klaren Ergebnis: „Gesamtwirtschaftlich betrachtet gibt es keinen ökonomisch sinnvollen und erklärbaren Grund, weshalb Deutschland Produktionsprozesse zurück ins Inland holen sollte. Das Ziel, in Deutschland durch Reshoring und Nearshoring die Wettbewerbsfähigkeit zu erhöhen und dadurch Wertschöpfung und Arbeitsplätze im Verarbeitenden Gewerbe zu schaffen, kann durch keines der Szenarien erreicht werden“ (Flach 2021: 3).

Das erklärt zum Teil, warum weder europäische noch amerikanische Unternehmen Eile haben, friend-shoring umzusetzen. Die Daten der Deutschen Bundesbank zum Kapital, das deutsche Firmen in Produktionsstätten im Reich der Mitte investiert haben: 2021 lagen die deutschen Direktinvestitionsbestände bei 102,6 Milliarden Euro. „Im Jahr 2022 sind schätzungsweise weitere 11,5 Milliarden Euro an Direktinvestitionen in Betriebe an chinesischen Standorten geflossen – ebenfalls ein Rekordwert“ (Matthes 2023). Die deutschen Exporte nach China gingen im Jahr 2023 zwar zurück, aber das kann auch daran liegen, dass China an sich weniger importiert, mehr auf eigene Produktion setzt und dabei von seinen technologischen Fortschritten profitiert (Stamer 2023).

Bei aller Vorsicht lässt sich konstatieren, dass friend-shoring keine Beiträge in Richtung mehr Wertschöpfung leisten wird. Primärer Ansatz dafür ist ein (sicherheits-) politischer und der Versuch der USA, in der Summe die Wettbewerbsfähigkeit gegenüber China auszubauen. Das heißt: Geopolitische Positionen sind im Vordergrund, Außen- und Sicherheitspolitik first; Handel ist weiterhin ein zentraler Punkt, aber nur in der Kombination mit Sicherheitsaspekten.

1.5 Beyond the shore

Es geht drunter und drüber mit den Anforderungen der Unternehmen an Handel und Globalisierung und denen, die die Politik zunehmend ins Spiel bringt. Unternehmen haben ihre Bilanzen und ihre Erträge auf der Agenda, die Politik hat den Zugang zu Versorgungsgütern sicherzustellen und das Gemeinwohl im Blick zu halten. Sie kann Unternehmen anweisen, wie sie sich im Umgang mit Handelspartnern positionieren sollen, um diese Ziele zu erreichen. Die operative Sicherheit der Lieferketten kann durch „friend-shoring“ verbessert werden. Politik kann Unternehmen darüber hinaus in die Pflicht der demokratisch liberalen Werteordnung nehmen und auf deren Einhaltung im Handel bestehen.

Das Lieferkettensorgfaltspflichtengesetz (LkSG), das ab 01. Januar 2023 für Unternehmen mit mindestens 3000 Beschäftigten gilt, zielt auf diesen werteorientierten Impetus ab. Das war schon im Nationalen Aktionsplan zur Umsetzung der UN-Leitprinzipien für Wirtschaft und Menschenrechte avisiert, aber nur bedingt umgesetzt worden. Deshalb wurde das Ganze in ein Gesetz gegossen. Unter § 3 Abs. 1 LkSG heißt es: „Unternehmen sind dazu verpflichtet, in ihren Lieferketten die in diesem Abschnitt festgelegten menschenrechtlichen und umweltbezogenen Sorgfaltspflichten in angemessener Weise zu beachten mit dem Ziel, menschenrechtlichen oder umweltbezogenen Risiken vorzubeugen oder sie zu minimieren oder die Verletzung menschenrechtsbezogener oder umweltbezogener Pflichten zu beenden.", wie das BMAS schreibt. Die Unternehmerseite kritisiert das damit verbundene Mehr an Bürokratie und die resultierende Einschränkung der internationalen Wettbewerbsfähigkeit und moniert, dass die Prüfung der Vorgaben in Sachen Menschenrechte äußerst schwierig, wenn überhaupt machbar ist. Auf der anderen Seite kritisieren Menschenrechtsgruppen, dass die Maßnahmen nicht weit genug gehen würden. Präferenzen und ihre Stakeholders!

Wie gut das Gesetz die Umsetzungsfähigkeit und Konsequenzen der Vorgaben reflektiert, kann hier nicht bewertet werden. Unternehmen könnten etwa den Handel mit kritisch bewerteten Ländern, das sind häufig Entwicklungsländer, einstellen. Die Menschen in diesen Ländern würden davon zumindest nicht profitieren.

Auf jeden Fall sind das manifeste Vorschriften für Unternehmen, die damit in die Verantwortung für die Einhaltung von grundlegenden Werten genommen werden. Das ist eher neu; es ist eine Abkehr vom Laisser-faire hin zu einer klaren Stellungnahme des Staates, seine Wertepositionen anzuzeigen. Für manche Betriebe mag es selbstverständlich gewesen sein, die im eigenen Land gelebten moralisch-ethischen Standards, die Achtung der Menschenrechte und der Nachhaltigkeitsprinzipien mit in die Handelsbeziehungen soweit als möglich einzubeziehen. Aber es gab immer andere, die sich ohne Rücksicht auf Verluste am System bedient haben und bedienen, wie das Beispiel Shein plastisch zeigt, stellvertretend für die Textilindustrie, die auch deutsche und europäische Unternehmen in Länder mit speziellen Arbeitsbedingungen führte. Insofern ist das Lieferkettengesetz ein Signal dafür, Marktunvollkommenheiten politisch regulativ anzugehen. Wenngleich nicht vergessen werden sollte, dass das nicht bedeuten kann, die Unternehmen für die politische Regulierung verantwortlich zu machen. Für ein realistisches Konzept von Wandel durch Handel ist es jedenfalls ein weiterer Ansatzpunkt.

1.6 Jedem seinen Shore

Politisch weitaus schwieriger zu fassen sind im internationalen Kontext die Individuen als Akteure. Das können Persönlichkeiten sein, die einen Unterschied in den Präferenzen der Menschen machen. Greta Thunberg fällt dem einen ein, Elon Musk der anderen. Als Cluster lässt sich die Kohorte der Verbraucherinnen und Verbraucher erkennen und deutlich unspezifischer die Kohorte derer, die sich als Verlierer der Globalisierung sehen. Letztere hatten wir schon im Blick; sie tragen weltweit dazu bei, dass ihre politischen Vertreter die Unzufriedenheit als Kritik an der Globalisierung formulieren. Populistische Töne sind dabei nicht ausgeschlossen.

Die Kohorte der Verbraucher spielt im Zeitalter der globalisierten Information und Kommunikation eine ganz neue Rolle. 29 Millionen Follower auf Instagram, mehr als sieben Millionen Follower auf Tiktok und mehr als 600 000 Anhänger auf Twitter-Nachfolger X, das ist die Bilanz von Shein, einem Unternehmen der KI-Modeindustrie. Es ist ein Unternehmen, das Urheberrechte verletzt, Arbeitnehmerrecht ignoriert, nicht nachhaltig produziert, intransparent ist, sprich die ganze unschöne Klaviatur abbildet. Fast 37 Millionen potenzielle oder tatsächliche Kundinnen zeigen als Anhänger von Shein deutlich ihre Präferenz.

Down the shore: Das Modell von Shein (Schi-in)

Shein ist einer der größten globalen Bekleidungsanbieter, die Zielgruppe ist unter 30, die Werbung läuft über Influencer (Wulfers 2022). Das Erfolgsrezept: Niedrige Preise für den Einzelnen, klar. Und Shein kopiert in Windeseile die neuesten Modeangebote. Zara und H&M haben das vorgemacht, aber Shein toppt alle. KI sei Dank. Mit 100 Milliarden Gesamtwert-Marke ist es so hoch bewertet wie die Konkurrenten H&M und Zara zusammen. Shein hat 29 Millionen Follower auf Instagram, mehr als sieben Millionen Follower auf TikTok und über 600 000 Anhänger auf Twitter-Nachfolger X (Kläsgen/Schmieder 2023).
Die „Kosten“ der Billigmarke:

- das Material ist nicht biologisch abbaubar
- die Lieferungen kommen fast vollständig aus China
- der CO_2-Abdruck ist hoch
- die Arbeitsbedingungen verstoßen selbst gegen chinesisches Arbeitsrecht
- Vereinnahmung geistigen Eigentums, Urheberrechtsverletzungen werden geltend gemacht

Wenn zunächst in Deutschland und dann in der EU das Lieferkettengesetz greift, gefährdet das Sheins Geschäftsmodell. Shein hat die Möglichkeit zur Diversifikation, kann zur Börse gehen und/oder in andere Standorte als China investieren. Zumindest sofern die Märkte offen sind dafür. In der Essenz bedeutet das, dass es sich transparenter präsentieren muss.

Verbraucherschützer vertreten die Verbraucher, aber tatsächlich im Sinne von Schutz, nicht im Sinne von Eigenverantwortung. Im Kontext der Zielvorgabe: Ich will spezielle Kleider, Taschen etc. und wenig Geld ausgeben, ist es rational, bei Shein zu kaufen. In einem Zielkorridor, in dem es um Nachhaltigkeit, Einhaltung von Menschenrechten etc. geht, ist es nicht rational, dort einzukaufen.

Die Verbraucher als Akteure der Globalisierung und des Welthandels, werden vermutlich nicht der interessanteste Untersuchungsgegenstand. Aber die These sei erlaubt, dass die Macht dieser Kohorte unterschätzt wird. Mit Wirkungen in allen Richtungen. Als in der TTIP-Debatte das Drama um das Chlorhuhn diskutiert wurde, wagten nur wenige den Hinweis, dass die Verbraucher nicht gezwungen werden, das Chlorhuhn kaufen zu müssen. De facto tut man sich schwer mit der Suche nach einer rationalen Begründung, das Huhn zu kaufen, wenn es wirklich schlecht für die Gesundheit wäre. Der Verbraucherschutz setzt bereits vor dieser Entscheidung an. So oder so kommt das einer Entmündigung des Verbrauchers gleich. Der Bürger tritt nur als ein abstraktes Gebilde auf, das geschützt werden muss.

Im Fall von Shein, tritt es in der Präferenzliste nicht auf und kann gar nicht auftreten, weil es keinen Hebel gibt, kein KI-Modesicherheitsschutz-Gesetz. Was nicht ist, kann noch werden. Wer hätte vor zwanzig Jahren gedacht, dass es ein Lieferkettenschutzgesetz gibt?

In einem stringenten und zielorientierten Konzept des Wandels durch Handel sollte nicht nur den Unternehmen eine aktive, gestaltende Rolle zugedacht werden, sondern auch der Gesellschaft. Wenn schon nicht im Sinne einer verantwortungsbewussten Haltung, dann zumindest im Sinne der Potenziale, der Soft-Power, die durch, mit und in einer global aktiven Gesellschaft entstehen können. Das Institut für Weltwirtschaft in Kiel folgt mit seinem Research Center „Globale Kooperation und gesellschaftlicher Zusammenhang“ der Überzeugung, „dass das Verständnis des individuellen Verhaltens für die Lösung komplexer Probleme, insbesondere auf globaler Ebene, zur Sicherung der individuellen und gesamtgesellschaftlichen Wohlfahrt von wesentlicher Bedeutung ist“ (IWF 2013).

1.7 Fair Shore

Donald Trump war nicht der erste und nicht der einzige Präsident, der den Begriff „Fair Trade“ für sich genutzt hat. Aber er hat ihn populär gemacht und Handel als fair bezeichnet, wenn er dem amerikanischen Interesse nutzt (Schmucker/Mildner 2017). Im Blick hatte er die unausgewogene Handelsbilanz, die etwa im Austausch zwischen Deutschland und den USA aufzeigte, dass Amerika weitaus mehr Waren von Deutschland importierte als dahin exportierte. Mit dem Fairtrade, das man in Deutschland aus dem Einzelhandel kennt, hat das nichts zu tun.

Fairness ist ein weicher Begriff, der mit friend-shoring insofern was zu tun hat, als man davon ausgehen kann, dass es in der Beziehung mit einem „trusted partner“ fair zugeht. Dabei, das zeigen psychologische Forschungen, haben Bürgerinnen und Bürger weniger Probleme mit ökonomischer Ungleichheit, sehr wohl aber mit ökonomischer Unfairness. „At the same time, people understand that unequal abilities, effort, or moral deservingness imply that a fair distribution in society would also be unequal“ (Rodrik 2018b: 7). Rodrik hat dazu folgendes Gedankenspiel vorgestellt: Harry und John haben beide eine Firma und konkurrieren miteinander. In den vier Szenarien ist es so, dass Harry John im Wettbewerb hinter sich lässt, der schließt seine Firma:

a) Harry arbeitet hart, reinvestiert seine Gewinne und ist mit neuen Produkten erfolgreich.
b) Harry findet einen preiswerten Zulieferer in Deutschland.
c) Harry lässt in Bangladesh produzieren, die Arbeiter haben zwölf Stunden Schichten und ein riskantes Arbeitsumfeld.
d) Harry holt Leute aus Bangladesh in die USA, gibt ihnen Zeitverträge und lässt sie unter Missachtung der Arbeits- und Umweltschutzregeln arbeiten.

Interessanterweise wird d) deutlich mehr abgelehnt als c). C) wird als akzeptable Umverteilung akzeptiert. Rodriks Conclusio: „It’s a different thing when you lose your job to someone who takes advantage of lax labor, environmental, tax, or safety standards in other countries“ (Rodrik 2018b: 8). So oder so: Fairness ist ein Parameter, der nur sehr schwer zu versachlichen ist und daher eine breite Interpretationsspanne lässt – ähnlich unspezifisch wie Handel durch Wandel, also keine Kategorie zur Konturierung.

1.8 Along the shore

Alle genannten Positionen kann man unter dem Verständnis der werteorientierten (Wirtschafts-) Politik subsumieren, aber es ist eine andere Sache, nun mit friend-shoring explizit die geopolitische Position des Handels auf die Agenda zu setzen. Es geht nicht nur darum, Bedingungen zu stellen und Standards des Austausches zu definieren. Die Handelspartner sollen a priori nach ihren politischen Grundsätzen bzw. entlang der politischen Architektur ausgewählt werden.

Das ist eine ganz andere Herangehensweise, als wenn die Unternehmen mehr oder weniger die Globalisierung zu ihrem Ding machen, womit die Wirtschaftlichkeit und – meistens – die Regeln der komparativen Kosten im Vordergrund stehen. So wie das vor allem in der Phase der Hyperglobalisierung in den 1990er möglich war, weil es in dieser Zeit keine geopolitischen Brüche und keine geopolitischen Diskussionen gab. Die gibt es jetzt. Eine neue Balance zwischen unternehmerischen, sprich privatwirtschaftlichen und öffentlichen Anforderungen steht an.

Friend-Shoring ist Außen- und Sicherheitspolitik und die ökonomische Macht wird weiter in den Mittelpunkt der Interessenpolitik gestellt. Dabei ist längst nicht ausgemacht, wie die politische Architektur aussieht, denn ein wirklich offenes, multilaterales System ist bei friend-shoring nicht zu erwarten. Eher wäre eine Blockbildung, eine Bipolarität zu befürchten. Wie soll das Netzwerk der „Friends" aussehen, wer bestimmt die Kriterien? Die WTO kann es kaum sein, sie würde sich selbst ad absurdum führen, wenn sie die Welt in eine freundliche und eine unfreundliche Hälfte aufteilen würde. Ngozi Okonjo-Iweala, Direktorin der WTO, sieht die Gefahr der Fragmentierung, was angesichts der regen Tätigkeit in Sachen Freihandelsabkommen naheliegt, und den damit unausweichlich um sich greifenden Protektionismus. Sie ruft zur Stärkung der WTO auf (Okonjo-Iweale 2023).

Solange das nicht der Fall ist, läuft die Erstellung von Kriterien oder Listen von „freundlichen" Staaten auf einen Hegemon hinaus. Oder vielleicht zwei, denn wer nun eigentlich der Hegemon ist oder wird, ist offen. Die „Systemrivalen" USA und China arbeiten mit unterschiedlichen Mitteln, um die Deutungshoheit in der hohen Dynamik von technologischen Transformationen, Klimaschutzanforderungen und Bedrohungsszenarien zu halten, die diesen Wettbewerb mitbestimmen. „While military power will still matter, the emerging great-power competition between the United States and China will ultimately turn on how effectively each country stewards its national economy and shapes the global economy" (Harris/Sullivan 2020).

Friend-Shoring ist eher eine populäre als eine einfache Formulierung. Denn Freundschaft ist eine Kategorie, die in den internationalen Beziehungen selten zum Tragen kommt. Schauen wir uns das im Stream der letzten Entwicklungen an.

2. Wann ist ein Freund ein Freund?

Lange Zeit galt der deutschen Regierung Russland als Partner, wenn auch nicht als Freund im engeren Sinne, dem man aber immerhin die Sicherung der Energieversorgung in Deutschland zutrauen wollte. Über die Hälfte der Erdgasimporte kam von Russland, mit dem Ausbau der Pipeline Nord-Stream II sollte das manifest werden. Dann kam der 24. Februar 2022 und es begann eine On-Off-Gaslieferung-Beziehung. Mal gab es Gas, mal nicht. Russland war von einem Tag auf den anderen kein Freund mehr. Die Abhängigkeit blieb.

Natürlich hat man sich in Deutschland im Nachhinein besonnen, dass es ungünstig ist, sich mehrheitlich abhängig zu machen von einem Land, wie befreundet auch immer. Zumal bei einer so kritischen Ressource wie Energie. Strategische Positionen beziehen Vulnerabilität ein und bauen auf Resilienz. Diversifikation wäre gut gewesen, aber gesteuert hat das niemand und die Unternehmen haben sich nicht gewehrt gegen das billige Gas. Die Grafik zeigt die Lage 2020, einige Zeit bevor Russland zum Gegner wurde. Im September 2022 wurden dann tatsächlich die Verbindungen gekappt, deshalb bleiben wir hier bei diesen Daten, um die Abhängigkeit zu veranschaulichen.

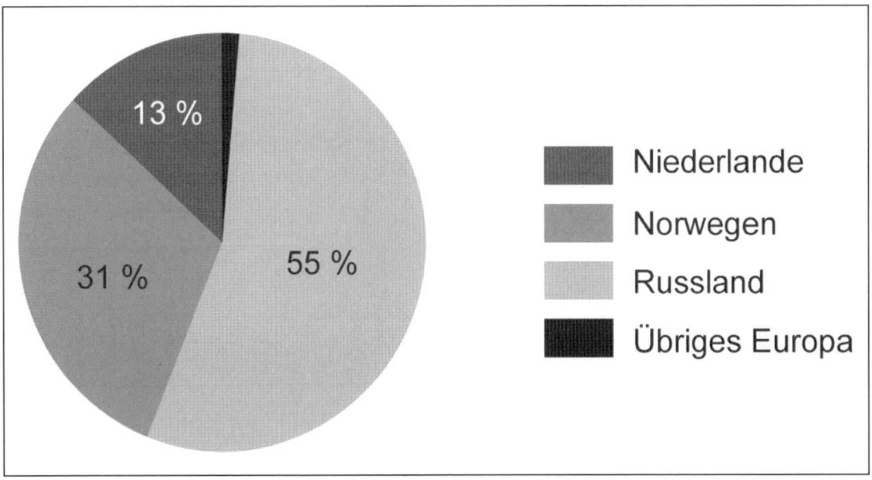

Abb. 2: Deutsche Erdgasimporte (ohne Flüssiggas) 2020
Quelle: British Petroleum 2020.

Abgesehen davon war die politische Ausrichtung auch getragen von den Hoffnungen auf einen Wandel durch Handel und die Überlegung, dass die Einbindung Russlands, die Präsident Putin in seinen früheren Jahren wohl gesehen hatte, zu einer weiteren Absicherung des Friedens in Europa beiträgt. Der weitere Auf- und Ausbau der Handelsbeziehungen war ein Weg, auch im Sinne der Soft Power, aber nicht in dieser Gänze. Da steht sogar Bundespräsident Frank Walter Steinmeier vor und sinniert: „Wir sind gescheitert mit der Errichtung eines gemeinsamen europäischen Hauses, in das Russland einbezogen wird. Wir sind gescheitert mit dem Ansatz, Russland in eine gemeinsame Sicherheitsarchitektur einzubinden" (Roßmann 2022).

Die Unterwasser-Gasleitungen, von Russland nach Deutschland, Nord-Stream I und Nord Stream II, wurden zum sinnbildlichen Engpass für die Energieversorgung. Die Forderungen der westlichen Länder nach wirtschaftlichen Sanktionen gegen das kriegerische Russland waren verquickt mit den Gaslieferungen. Für Deutschland war das aufgrund der besonderen Abhängigkeit von Russland eine schwierige Gratwanderung.

Bundeswirtschaftsminister Habeck reiste in dieser Krisensituation nach Qatar, um beim Emir ein höheres Quantum an Gas-Lieferungen zu verhandeln. Das tat er erfolgreich, aber „friend-shoring" kann man das nicht nennen. Qatar war lange Zeit nicht auf der politischen Liste der Handelspartner – Gründe waren Menschenrechtsverletzungen, frauenfeindliche Politik, der Mord an einem Journalisten und vieles mehr. Die sichere Energieversorgung stand den Bedenken einer werteorientierten Außenpolitik entgegen. Politik als gelebter Kompromiss bei Wertekonflikten.

Spätestens ab diesem Zeitpunkt war in der Bevölkerung angekommen, was Vulnerabilität im Zusammenspiel der Länder rsp. im Handel bedeutet. Der bange Blick auf die Gasspeicher und die Frage, ob das Gas über den Winter 2022/2023 ausreichen wird, um Wirtschaft und Gesellschaft gleichermaßen zu versorgen, führte zunächst zu hilflos wirkenden Appellen, Gas und Strom zu sparen. Letztlich steht die Energiesouveränität Deutschlands und die geopolitische Resilienz auf dem Spiel. Die Präferenzen des Einzelnen – Warmduscher versus Eisschwimmer – wurden zu einer nationalen Frage. Die Energieverknappung führte zu dem für Politik typischen Wertekonflikt und zur Notwendigkeit neuer Priorisierungen.

Der Wert der Energiesicherheit kollidierte auch mit den ursprünglichen Verwendungsplänen bei fossilen Brennstoffen. All das ist ein Fanal für eine klare politische Agenda, in der Wertekonflikte aufgezeigt und beantwortet werden. Natürlich schließt das Flexibilität nicht aus, aber die ist eben nur bei Zielorientierung eine Tugend, ansonsten eher ein Deckmantel für Orientierungslosigkeit.

2.1 Riskante Verflechtungen?

Wenn man die Welten zwischen Wirtschaft und Politik verbindet, stößt man häufig auf Analogien, die zumindest theoretisch Grundsteine für Lernprozesse sein könnten. Ein betriebswirtschaftliches Beispiel: Im Handel geht es manchmal um die kleinen, aber feinen Dinge. Um Verbindungsstücke, um Seltene Erden, um DIN-Kabel, usw., deren nicht-Verfügbarkeit ganze Produktionslinien lahmlegen können. Diese Erfahrung ist älter als die derzeitige akute Instabilität bei den Lieferketten. Als signifikantes Lehrstück bietet sich VW an, mit der Entscheidung, 2016 mit José Ignacio López de Arriortúa einen radikalen Kostenoptimierer zum Chef zu machen, der das sogenannte Just-in-Time Logistiksystem installierte. Lager sollten weitgehend abgebaut und die notwendigen Teile computergesteuert bei Bedarf geliefert werden. Toyota hatte das System schon eingeführt (Japan Management Association 1986), viele andere (Groß-)Unternehmen versuchten sich darin.

Die meisten Zulieferer fanden sich als Konsequenz in einem sehr autoritären Umfeld wieder. Sie hatten „on demand" zu liefern, mittel- oder längerfristige Planung war für sie kaum möglich. Jährliche Preisreduktionen waren vertraglich vereinbart. Die Gefahr, aus dem Portfolio genommen zu werden, weil sich ein preiswerterer Anbieter fand, war ständig greifbar. Die Machtpositionen waren klar verteilt und scheinbar manifest.

Dann haben die Tochterunternehmen der Prevent-Gruppe, Car Trim und ES Guss, Lieferanten von Sitzbezügen und Getriebeteilen, einfach nichts mehr geliefert. Ein Coup! VW hatte erwartungsgemäß nichts in den Lagern: Die Produktion bei VW stand still! Sicher ist es ungewöhnlich, dass sich Zulieferer einen solchen Move trauen und die Machtverhältnisse bei scheinbar einseitigen Abhängigkeiten drehen. Das Vorgehen konnte seitens VW weder durch eigene Produktionskapazitäten noch durch Lagerhaltung abgefedert werden. Eine hausgemachte Krise, die in der Essenz entstehen konnte, weil Profit und Kostendruck den Blick auf das große Ganze und auf die Potentiale im Kleinen verhindern. Die Analogie zu aktuellen Positionen in der Handelspolitik ist greifbar.

Die Erkenntnis, dass man sich nicht von einem Lieferanten abhängig machen sollte, hätte spätestens damit auch auf der politischen Agenda oder im Bereich der Aufmerksamkeit sein können. Die Wissenschaft denkt und forscht dann in Richtung Resilienz, Lagerhaltung und Diversifizierung, die Gesellschaft entdeckt die Selbstversorgung. Wir können also Management-Fehler diagnostizieren, die zu der schwierigen Lage beigetragen haben. Politisch gesehen sollte es um die Frage gehen, wie ein Staat eine solche Ohnmacht vermeiden kann. Das wiederum hat viel mit politischen Prioritäten zu tun, denn selbstverständlich kann auch Politik nicht alles erkennen und behandeln. Sind die Prioritäten nicht an der Wirklichkeit ausgerichtet, kommen die Themen eben mit Wucht zurück.

2.2 Kritische Rohstoffe

Die Nicht-Verfügbarkeit schwer substituierbarer Güter ist eine andere Sache. Energieträger wie Erdöl und Erdgas lassen sich nicht einfach und vor allem nicht kurzfristig ersetzen. Neben dem Versuch, andere Lieferanten zu finden, gibt es zwischenzeitlich auch in Deutschland bzw. Europa Ansätze, um eine gewisse Autonomie herzustellen. Dabei meint Energiesicherheit auch Klimaschutz und Nachhaltigkeit. Der europäische Green-Deal gehört dazu, Themen wie CleanTech, saubere Technologien, stehen auf der Agenda. In Deutschland wird sogar über Fracking nachgedacht, Investitionen in E-Mobilität, Wasserstoff, Verlängerung der Laufzeiten der Kernkraftwerke, all das wird diskutiert bzw. teilweise schon umgesetzt. Aber diese Transformation braucht Zeit. Solche Krisen, wenn man es überhaupt so nennen will, sind oft Ausgangspunkt für technologische Neuerungen, mehr oder weniger befeuert durch staatliche Initiativen wie den IRA.

„Kritische Rohstoffe" – dahinter verbergen sich wirtschaftlich wichtige Rohstoffe mit hohem Versorgungsrisiko. Versorgungsrisiko meint die Konzentration der globalen Produktion von Primärrohstoffen und die Lieferung in die EU auf Länderebene, die Regierungsführung der Lieferländer, die Umweltverträglichkeit, die Substituierbarkeit und die Handelsbeschränkungen in Drittländern. Die EU hat dazu eine Liste von 30 Rohstoffen erstellt, die unter diesen Bedingungen als kritisch einzustufen sind. Und auch gleich die Lieferländer von kritischen Rohstoffen ausgemacht. In einem System des „friend-shoring" kann konsequenterweise keine Rücksicht genommen werden, welche Länder welche Rohstoffe haben.

Da gibt es auf den ersten Blick „Freunde" und solche, die man außen vorlassen möchte. Die EU hat eine Europäische Rohstoffallianz (ERMA) ins Leben gerufen. Ziel ist es, Europa resilient zu machen, indem Lieferketten diversifiziert werden, aber auch indem der Ausbau eigener Kapazitäten etwa beim Recycling oder der Verarbeitung und Raffinierung vorangetrieben wird. Auf der Agenda der ERMA steht die Sicherung des Zugangs zu nachhaltigen Rohstoffen und des industriellen Verarbeitungs-Knowhows. Dazu setzt sie ein internationales Netzwerk von Stakeholdern aus privaten und öffentlichen Bereichen zusammen. Das sind Akteure der Industrie, Investoren, Mitgliedsstaaten, NGOs, Vertreter aus Forschung- und Entwicklung, Wissenschaft und viele mehr.

Maroš Šefčovič, Vizepräsident für interinstitutionelle Beziehungen und Vorausschau, erklärt das Programm so: „Eine widerstandsfähige Wirtschaft setzt eine sichere und nachhaltige Rohstoffversorgung voraus. Allein für die Batterien von Elektrofahrzeugen und zur Energiespeicherung wird Europa bis 2030 bis zu 18 Mal und bis 2050 bis zu 60 Mal mehr Lithium benötigen. Wie unsere Zukunftsstudie zeigt, können wir es uns nicht erlauben, unsere derzeitige Abhängigkeit von fossilen Brennstoffen gegen eine Abhängigkeit von kritischen Rohstoffen einzutauschen. Die Störungen unserer strategischen Wertschöpfungsketten durch das Coronavirus haben dies noch deutlicher aufgezeigt. Wir werden daher ein starkes Bündnis schmieden, um gemeinsam unsere hohe Abhängigkeit mithilfe einer diversifizierten, nachhaltigen und sozial verantwortlichen Rohstoffbeschaffung sowie durch das Kreislaufprinzip und durch Innovation zu überwinden." (Europäische Kommission 2020).

Natürlich können Rohstoffe nicht einfach ersetzt werden, sind aber grundlegend für die Produktion einer Reihe von Selbstverständlichkeiten, etwa für ein Smartphone (Bookhagen/Bastian 2020). Der Versuch, den Zugang zu diesen Stoffen zu sichern ist mehr als nachvollziehbar. Maroš Šefčovič hat die relevanten Möglichkeiten genannt, mit denen man diesen Abhängigkeiten und Vulnerabilitäten entgegnen kann. Diversifikation, Kreislaufprinzip, Innovation.

Ungeklärt bleibt allerdings, in welchem Rahmen diese Maßnahmen stattfinden sollten oder könnten. Soll das auf nationaler Ebene geschehen? Auf supranationaler, auf internationaler, auf institutioneller? Wieviel „Freundschaft" steckt in den Dingen? Lassen wir uns zunächst von der Praxis und dann mal wieder von der Wissenschaft ein paar Ideen geben.

2.3 Freunde mit neuen Vorzügen?

In der Vergangenheit kam es zu Konstellationen, in denen vermeintliche „Freunde", also Staaten, die den Anforderungen von Frau Yellen wohl gerecht worden wären, nicht zum Zug kamen, bzw. die Verhandlungen steckten jahrzehntelang in der Pipeline des Werte-Laissez-faire Paradox.

CETA, das Comprehensive Economic and Trade Agreement, gehört zweifelsfrei dazu. 1999 begann die EU Verhandlungen mit Kanada aufzunehmen. Damals wie heute würde Kanada bei einem „Freundschaftstest" sicherlich sehr gut abschneiden. Die Proteste gegen das Abkommen waren trotzdem ähnlich massiv wie gegen TTIP.

Die Ziele von CETA noch einmal in Kurzform: „robustere Lieferketten, ein besserer Zugang zu wichtigen Rohstoffen, klimafreundlichen Technologien und Vorprodukten, Chancen für neue Arbeitsplätze sowie idealerweise niedrigere Preise", liest man bei der Bundesregierung nach. Also klassische Intentionen des internationalen Handels. Nach der Pandemie, inmitten des Ukraine-Krieges und mit Blick auf die wachsenden Spannungen zwischen den Großmächten USA und China liest sich das offenbar anders als davor. Die Zustimmungswerte zur Ratifizierung steigen. CETA ist ein zustimmungspflichtiges Gesetz, sprich muss von jedem EU-Mitglied einzeln bestätigt werden. Das von der Bundesregierung auf den Weg gebrachte Ratifizierungsgesetz ist am 20. Januar 2023 in Kraft getreten. Die EU und Kanada hatten die Verträge bereits 2016 unterzeichnet. Lässt friendshoring nun alle Bedenken hinter sich? Oder haben sich nur die Präferenzen geändert und die zuvor geäußerten Kritikpunkte, die vergleichbar wie bei TTIP waren, spielen nun keine oder nur noch eine nachgelagerte Rolle? So oder so: Man tut sich schwer, den Kern der Debatte zu finden.

Ähnlich wie CETA standen und stehen auch die Verhandlungen mit den MERCOSUR Staaten Argentinien, Brasilien, Paraguay und Uruguay lange Zeit im Abseits deutscher Politik. Wir hatten schon erwähnt, dass die Ratifizierung u.a. in der Warteschlange war, weil die Regenwald-Politik des Brasilianers Bolsonaro mit dem Umweltschutz- und Nachhaltigkeitsverständnis kollidierte.

Ende Januar 2023 reiste Bundeskanzler Scholz nach Südamerika und warb, allerdings mit einem neuen brasilianischen Präsidenten im Hintergrund, für das MERCOSUR-Abkommen. Auch seitens der NGOs gibt es nun wenig Widerstand gegen das Abkommen. Ein solches Vorgehen trägt zumindest nicht dazu bei, Kriterien des „Freund-Seins" filtern zu können und operationalisierter zu machen. Vertrauensbildende Maßnahmen im Sinne einer nachvollziehbaren und konsequenten politischen Linie, an der sich Freund und „Feind" orientieren können, sehen anders aus. Transparenz und Kontinuität gehören zu Freundschaft.

3. „Freundschaften“ und Beziehungsmuster

Nutzen wir an dieser Stelle einen theoretischen Approach, mit dem sich solche Dinge wie „friend-shoring“ besser analytisch betrachten lassen. Die Spieltheorie eignet sich dazu sehr gut. Und in diesem Fall vor allem das sogenannte Prisoner's Dilemma.

Die Geschichte: Zwei, sagen wir, eher nicht-systemkonform orientierte „Freunde“, Jo und Erwin, stehlen ein Auto, bedrohen den Fahrer, werden erwischt und kommen ins Gefängnis. Die Staatsanwältin weiß, dass die beiden davor rote Juwelen aus dem „Gelben Gebäude“ gestohlen haben, was sie aber nicht beweisen kann. Der Diebstahl des Autos mitsamt Bedrohung könnte zu zwei Jahren plus X Haft führen. Der Diebstahl der wertvollen Juwelen wäre deutlich höher zu veranschlagen und es bestünde die Möglichkeit, die Beute zurückzuholen. Die Staatsanwältin überlegt sich einen Deal, unter der Bedingung, dass Jo und Erwin in Isolations- bzw. Einzelhaft kommen.

Sie schlägt jedem Einzelnen unabhängig voneinander Folgendes vor: Der Vorgang Autodiebstahl ist sicher, dafür gibt es eine Strafe von mindestens zwei Jahren. Wenn beide nicht über den Juwelendiebstahl sprechen, fällt maximal diese Strafe für beide an. Wenn sie beide gestehen, müssen sie beide jeweils sechs Jahre ins Gefängnis. Wenn aber einer gesteht und der andere nichts sagt, sind wir in einer Art Kronzeugenregelung. Der „Verräter“ kommt dann frei, dem anderen werden zehn Jahre aufgebrummt. Sehr offensichtlich ist, dass es eine beste Version für Jo und Erwin gemeinsam gibt. Wenn Sie beide den Mund halten, werden sie für das vergleichsweise geringfügige Verbrechen angeklagt und müssen mit zwei Jahren Haft, vermutlich auf Bewährung, rechnen.

Nur: Was malen die sich jeweils in ihrem Kopf aus? Wird der andere dichthalten? Oder pokert er? Trumpf As für jeden Einzelnen ist natürlich, dass er freikommt. Das geht nur, wenn der andere davon ausgeht, dass sein Kumpel die Freundschaft vor den Eigennutz stellt.

Zwei Aspekte sind es, die dieses Spiel erst zu einem Dilemma machen: Die beiden können nicht kommunizieren und haben keine Möglichkeit, verlässliche Verträge zu schließen!

Anatol Rapoport (Rapoport 1965; Axelrod 2009) hat sich mit diesen spieltheoretischen Annahmen intensiv befasst. Spiele mit zwei, Spiele mit X Teilnehmern hat er durchgespielt. Was das Gefangenendilemma angeht, war eine interessante Variante, dass es bei der Wiederholung des Spiels zu sog. „Tit for Tat“ Situationen kam. Werden die beiden Gefangenen wiederholt vor diese Entscheidung gestellt und ist beiden die jeweils vorherige Entscheidung des anderen bekannt, gibt es verschiedene Strategien, um das Spiel erfolgreich zu durchlaufen. Tit for Tat heißt, die Beteiligten lernen, dass es gut ist, zu schweigen und – falls sich einer nicht daran hält – dass man sich eben auch „rächen" kann. Wenn der Mitspieler beim nächsten Mal gemeinschaftlich reagiert, kommt es wieder zu Kooperationen.

Kommunikation und Kontinuität sind wesentliche Treiber dafür, die Beziehungen auf einer „friend-shore" Ebene zu halten. Wer friend-shoring will, braucht Verlässlichkeit im Umgang mit Verträgen und ein Verständnis davon, wie die Zusammenarbeit zwischen den „Friends" aussehen könnte und sollte. Da gibt es eine ganze Reihe von Formen der Zusammenarbeit auch unter unterschiedlichen Bedingungen. Auf ökonomischer Ebene wird dabei vor allem in Bezug auf die Art der Beziehungen von Unternehmen zum einen der Wettbewerb (competition) herausgestellt; neben der Kooperation (cooperation) findet sich auch eine Art Vermischung zwischen den beiden: Die Koopetition (coopetition), seltener Koopkurrenz genannt.

3.1 Wettbewerb / Competition

In Marktwirtschaften ist Wettbewerb ein grundlegendes Gestaltungselement. Er sorgt dafür, dass die vorhandenen Ressourcen effizient eingesetzt werden, sprich die Produktionsfaktoren so verwendet werden, dass die Güterversorgung bestmöglich gewährleistet ist. Wettbewerb ist Quelle und Motor des technischen Fortschritts und damit von Wachstum. In einer globalisierten Welt stehen auch Volkswirtschaften im Wettbewerb zueinander.

Damit der Wettbewerb fair verläuft, braucht es sowohl innerhalb der Staaten als auch auf internationalem Gebiet Regeln. Die EU-Kommission markiert: „Die Wettbewerbsvorschriften der EU sind so konzipiert, dass sie faire und gleiche Bedingungen für die Unternehmen gewährleisten und gleichzeitig ausreichend Raum für Innovation, einheitliche Normen und die Entwicklung kleiner Unternehmen lassen. Die Europäische Kommission kontrolliert und untersucht wettbewerbsfeindliche Praktiken, Fusionen und staatliche Beihilfen, um Unternehmen in der EU faire Wettbewerbsbedingungen und europäischen Verbrauchern eine angemessene Auswahl und faire Preise zu garantieren." (Europäische Union 2023). Die permanente Überprüfung der Wettbewerbs-Bedingungen ist wichtig. Mit dem neuen Gesetz über digitale Märkte (Digital Markets Act) ergänzt die EU das Wettbewerbsrecht und beschränkt die Macht marktbeherrschender Digitalkonzerne.

Es ist wichtig, weil nur dann die Systeme der Marktwirtschaft reibungslos funktionieren und weil das Vertrauen der Marktteilnehmer dadurch gestützt wird. Wettbewerb ist ein Null-Summen-Spiel. Was ich habe, kann der andere nicht haben. Aber es geht nicht um Zerstörung! Das ist wichtig zu sehen, vor allem wenn wir uns erinnern, dass es darum in der Phase des Kalten Krieges ging:

Das System durch ökonomische Überlegenheit zu zerstören, zumindest lahm zu legen.

3.2 Kooperation / Cooperation

Eine Kooperation zwischen Unternehmen oder Staaten ist ein koordiniertes Handeln unterschiedlicher Intensität und Dauer, das ein Ziel verfolgt bzw. der Verwirklichung gemeinsamer Interessen dienen soll. Ohne gemeinsame Zielrichtung handelt es sich lediglich um eine Interaktion. Kooperation ist ein Prozess, kein Zustand. Eine Kooperation kann sich gegen die Interessen eines anderen Gegenübers richten (Keohane 1984: 51–54).

Kooperationen stellen unterschiedliche Formen kollektiven Handelns mit all ihren Schwierigkeiten dar, sie sind entsprechend fragil, weil sie von der Bewertung und den Präferenzen der Teilnehmer abhängig. Wir haben Beispiele kennengelernt, in denen Partner aus einer Kooperation ausgeschert sind (Brexit) oder sich gar nicht darauf eingelassen haben (TTIP).

Für Keohane sind Kooperationen der Katalysator der Zusammenarbeit, Realisten haben dagegen immer den temporären, zweckgebunden und damit schnell wandelfähigen Ansatz gesehen.

Im Rahmen des „friend-shoring“ werden die Kooperationen festgelegt auf einen bestimmten Kreis von Akteuren. Zum Kreis derer, die die Gesichtskontrolle passieren dürfen, gehören Staaten, die ein Regelwerk akzeptieren, das noch gar nicht richtig festgelegt ist. Die multilaterale Ordnung als Idee lässt sich schwerlich in Freund-Feind-Schemata pressen und ist hier weniger einsatzfähig. Ordnungsstrukturen für eine eventuell erneut geteilte „Globalisierungsspielwiese“, wie es Fäßler beschrieben hat, sind unter den Bedingungen der Fragmentierung neu zu bewerten. Bis dahin gilt: Wettbewerber auf ökonomischer Ebene ja, Wettbewerber im politisch-systemischen Kontext sollen im „friend-shoring“ nicht durch die Gesichts-Kontrolle.

3.3 Koopetition / Coopetition

Der interdisziplinäre Blick hilft manchmal. Koopetition, eine Mixtur von Wettbewerb und Kooperation könnte ein Wegweiser sein. Kooperationen zwischen knallharten Wettbewerbern, stehen immer vor der Aufgabe, das Allerheiligste, das spezielle Knowhow, das Wissen, vor einer Preisgabe zu schützen. Im Falle von Staaten kann es auch um den Schutz von Werten, vor allem Sicherheit, gehen.

John von Naumann und Oskar Morgenstern waren es, die mit ihrer Publikation „Theory of Games and Economic Behavior“ (Naumann/Morgenstern 1963) einen Grundstein legten für die erfolgreiche Anwendung der Spieltheorie in ökonomischen Umwelten. Brandenburger, Professor an der Harvard Business School in Boston und Nalebuff von der Yale School of Management griffen das auf und sprachen von Coopetition (Brandenburger/Nalebuff 2021). Bei Coopetition ist der Erfolg des einen nicht zwingend der Misserfolg der anderen, es ist kein Nullsummenspiel, es kann mehrere Gewinner geben. Dabei ist die grundsätzliche Möglichkeit, das „Spiel" zu ändern, der größte Asset im Verhalten. Zusammen mit der Fähigkeit, die eigene Perspektive zu ändern. Das impliziert, dass man zum einen akzeptiert, dass der andere Wettbewerber ist und im Zweifelsfall eigennützig, also nicht im Sinne des Kollektivs reagieren wird, dass das aber nicht ausschließt, in bestimmten Punkten zusammenzuarbeiten. Dazu ist es wichtig, sich selbst aus dem „Spiel" zu nehmen und Optionen zu prüfen, die dem anderen nützen – sofern man am Ende auch einen Nutzen hat. Den anderen nicht in seiner Ganzheit ablehnen, sondern Punkte für Win-Win-Situationen suchen.

Beispiel: „Sometimes, getting ahead of (or not falling behind) other rivals outweighs considerations of relative advantage. Autonomous driving technology, for instance, will be a key capability in the near future. Most automakers recognize that they won't be able to develop self-driving vehicles quickly or cost-effectively alone. That's why Ford invited Volkswagen to join its investment in Argo AI, an autonomous vehicle start-up. VW's $2.6 billion investment (...) greatly reduced the drain on Ford's resources.The deal also plays to each party's respective strength in getting regulatory approvals—Ford is strong in the United States, VW in Europe—significantly increasing the chance that Argo AI will be one of the platforms that gets worldwide approval. Ford also believed that if it didn't work with VW, VW would find another partner, which would decrease the chance that Argo AI would become one of the approved standards. Because Ford's market share is greater than VW's in the United States and VW is ahead of Ford in Europe, it was a good bet that this partnership wouldn't change the balance of power between them. The focus was on elevating the pair relative to their many rivals. One party has a strong competitive advantage, and sharing only heightens it; even so, less-powerful parties are willing to cooperate" (Brandenburger/Nalebuff 1996: 2f).

Auch im globalen Bereich gibt es Herausforderungen, die ein Staat nicht allein lösen kann. Die Erkenntnis, dass eine Koopetition dem Wohle aller dient, könnte neue Denkstrukturen initiieren. Und die ungeliebte Aussage – wenn wir es nicht machen, machen es halt andere – könnte von ihrem moralisch anrüchigen Impetus befreit werden, wenn die Dinge in einen breiten Kontext geschoben werden.

So bleibt die Erkenntnis: „Cooperation is an overall win-win, but splitting the gains is a zero-sum game. The solution is relatively straightforward when there's an even trade (...) It's harder if cooperation involves an uneven trade and payments are required" (Brandenburger/Nalebuff 2021).

Oder auch: Freihandel ist Win-Win, die Verteilung kann zu einem Null-Summenspiel werden – außer politische Entscheidungen durchkreuzen das und machen eine Coopetition daraus.

3.4 Zwischen Wettbewerb und Kooperation

De facto sind wir mit „friend-shoring“ auf der Wettbewerbsebene mit den „Unfriendlies“ gelandet. Das sogenannte Decoupling macht das deutlich. Wir hatten schon gesagt, dass es eine häufige Reaktion auf Krisen ist, das Pendel in die andere Richtung ausschlagen zu lassen. Aber wenn schon von einem Level auf das andere geswitcht wird, dann sollte das nicht ohne die Lehren aus den vergangenen Jahrzehnten geschehen. Die wesentliche Erkenntnis war, dass Handel durch Wandel nicht automatisch zu Konvergenz führt. Und China hat mehrfach gezeigt, dass es keinen Weg zur Konvergenz gibt. Aber wird es dann die derzeit gezogene Variante, der Wettbewerb, schaffen, das Land oder die Länder abzuhängen, sie zu decoupeln von Wachstum und Wohlstand oder gar noch mehr? Politisch spürt man manchmal diesen Hauch der „Zerstörung“, der sich in den Wettbewerb einschleicht. Ob das alle Akteure so mittragen, wird sich auch beim Decoupling zeigen.

4. Decoupling: die neue Zweiteilung der Globalisierung?

Hinwendung zu einer Sache ist zwangsläufig die Abwendung von einer anderen. Die Konsequenz des „friend-shoring“ ist das Decoupling, die Abkopplung von all denen, die nicht in das Freund-Schema passen. Es geht letztlich um eine Aufteilung in Einflusssphären zwischen der Supermacht Vereinigte Staaten und der aufkommenden Supermacht China. Die Abkopplung der Handelsbeziehungen zu China, die, wenn überhaupt, nur schrittweise voran gehen kann, hat mehrere Komponenten:

- die technologische Seite. Sie ist eine radikale Ausprägung. Anstatt gemeinsame Standards zu definieren, mit denen Handel reibungsarm laufen kann, werden Technologien gefördert, die nicht kompatibel sind. Der Austausch lässt sich so an vielen Stellen stoppen. Und sei es nur, dass eine URL nicht anerkannt wird.
- Das heißt auch, dass unterschiedliche Kulturen in den Gesellschaften entstehen, nicht zuletzt, weil die Algorithmen hinter den Technologien unterschiedlich sind. Eine geistige Trennung, so wie Marx das ja auch gesehen hat, eine Trennung der Kulturen – auch wenn sie dieses Mal technologisch induziert sind – eine geistige Mauer, die jeweils isolierte Positionen herausfordert.
- Und leider auch eine fortschreitende militärische Positionierung.

Überraschen muss dieser Versuch nicht. China verdankt seine heutige starke Rolle einem Mix an Industriepolitik, gezieltem Protektionismus und dem Erschleichen von technologischem Know-how. Es hat die liberale und offene Atmosphäre sehr konsequent für seine Ziele genutzt, was nicht verboten ist, sondern auf den Mangel an Gegenwehr aufmerksam macht. Tatsächlich hätte man sehr zeitig auch im Wandel durch Handel-Flow die Anzeichen erkennen können.

Das chinesische Ministerium für Staatssicherheit hat bereits 1998 die Entwicklung des sogenannten „Golden Shield Protect“ ins Leben gerufen und 2003 in Betrieb genommen. Es ist letztlich eine kommunikative Abschottungspolitik. China hat ein „Cross-Border Inter-Bank Payments-System“ (CIPS) entwickelt, um unabhängig vom international anerkannten SWIFT-System zu werden. Die Society for Worldwide Interbank Financial Telecommunication (SWIFT) ist ein offenbar sehr sicheres Telekomunnikationsnetz, das vorwiegend von Banken genutzt wird. Wenn Sie eine Überweisung ins Ausland machen, nutzen Sie das. Bei den Sanktionen gegen Russland etwa wurde es blockiert. Heißt: Zahlungen sind nicht mehr möglich. Zauberwort: Unabhängigkeit.

So oder so: China ist zu einem globalen Wirtschaftsakteur geworden, der mit der Mehrheit der Länder Beziehungen pflegt, auch mit den USA und der EU, dort sogar in ausgeprägtem Maße. Das Reich der Mitte ist gerade für diese beiden von zentraler Bedeutung in Sachen Wachstum, Wohlstand und Technologie. Dass es gerade bei Künstlicher Intelligenz, Robotik und Biotechnologien mit Ansage von Xi Jinping zum führenden Staat werden will, zeigt, dass es zuvorderst an der wirtschaftlichen Front und nicht zwangsläufig auf militärischem Gebiet reüssieren will.

Decoupling kommt an seine Grenzen, weil es keine scharfe Blockbildung gibt und geben wird. In Zeiten des Kalten Krieges gab es das in Reinform. Ostblock, Westblock. Heute sieht das Bild feingliedriger aus. Das liegt auch daran, dass die Länder nahezu alle in das Netz von Abhängigkeiten eingebunden sind. Das exportabhängige Deutschland wird sich nicht gegen die USA stellen, aber auch nicht in der Absolutheit gegen China, weshalb von Derisking die Rede ist.

Vergessen wir nicht, dass die Unternehmen überall auf der Welt präsent sind, sich ihre Handelspartner aussuchen und sie platzieren bzw. lokalisieren ihre Unternehmen entsprechend. Der Volksmund spricht von „Localisation“, es ist eine Quintessenz der Globalisierung.

4.1 Localisation

Wie sieht diese Localisation in der gelebten Unternehmenspraxis aus? In einem unaufgeregten Interview mit dem Handelsblatt hat sich dazu Mohsen Sani, Chef der Freudenberg-Gruppe geäußert. Der Ingenieur für Maschinenbau, Luft- und Raumfahrttechnik ist im Irak geboren, in den USA aufgewachsen und hat dort auch studiert. Seit 2012 steht er der Freudenberg-Gruppe vor, die spezialisiert ist auf Dämmstoffe, Schwingungstechnologie und spezielle Dichtungen. Vileda ist Teil des Unternehmens, das in Familienhand ist. 2022 setzte es mit mehr als 50.000 Mitarbeitern 11,8 Milliarden Euro um, das Konzernergebnis belief sich auf 640 Millionen.

Interview mit Mohsen Sani, Chef der Freudenberg-Gruppe

Handelsblatt: Halten Sie an China trotz der aktuellen Debatte fest?

Sohi: China ist ein sehr wichtiger Markt für Freudenberg. Wir werden dort weiter investieren. Wir exportieren nicht viel aus China, wir produzieren in China für China. Dabei bleibt es.

Handelsblatt: Auch wenn die Politik in Berlin oder Brüssel gern die Abhängigkeit von China reduzieren möchte?

Sohi: Freudenberg ist nicht abhängig von China. Im Übrigen wären wir alle gut beraten, mehr mit China zu reden als über China.

Handelsblatt: Die USA locken mit attraktiven Rahmenbedingungen und hohen Investitionen durch den Inflation Reduction Act. Wie anziehend ist dieser für Freudenberg?
Sohi: Wir werden verstärkt in den USA investieren. Unser Geschäftsfeld Performance Materials, das zum Beispiel spezielle Materialien für Seekabel fertigt, ist sehr energieintensiv. Wenn wir hier eine neue Fabrik bauen wollen, ist die USA bei der Standortwahl ein sehr guter Kandidat.
Handelsblatt: Das klingt nicht gut für Ihren Heimatstandort Deutschland.
Sohi: Wir investieren auch viel in Deutschland, allein im vergangenen Jahr rund 145 Millionen Euro. Hier ist unser Firmensitz, hier ist unsere zentrale Forschung und Entwicklung. Aber wir müssen aufpassen, dass wir in Deutschland beim Thema Energiekosten und Bürokratie nicht überziehen. Sorgen bereiten mir zum Beispiel die sehr anspruchsvollen Vorgaben für das Reporting beim Thema Nachhaltigkeit, also der ESG-Ziele (Koenen 2023).

Deutsche oder europäische Unternehmen ankern in allen Wirtschaftsräumen und halten so nicht nur die Märkte für sich offen, sie bleiben auch im Austausch mit den jeweiligen Technologien. Sie „decouplen" nicht. Aber sie „derisken". Das tun übrigens auch amerikanische Unternehmen.

Siemens investiert in China an den Stellen, wo für China produziert wird. Andere asiatische Länder sollen künftig von Shanghai aus beliefert werden (Höpner/Gusbeth 2023). Diese Doppelstrategie verfolgen viele Unternehmen, bevorzugte Länder sind Vietnam, Indonesien und auch Malaysia.

Localisation betreiben nicht nur Betriebe in der Kategorie der Freudenberg-Gruppe. Auch mittelständische Betriebe wie Hawe Hydraulik aus München mit 497 Millionen Euro Umsatz in 2022 und 2750 Mitarbeitern, ist mittlerweile weltweit mit 14 Tochtergesellschaften vernetzt. Der Trend, sich in vielen Regionen anzusiedeln, Vielfalt als Unternehmensstrategie zu formieren, zeigt sich auch bei Mittelständlern – allerdings nur bei den kapitalstarken. Auch hier gibt es „Verlierer", die diese Dynamik nicht finanzieren können und erstmal bei den Derisking- und Resilienz-Strategien nur begrenzte Aktionsräume haben.

4.2 Derisking / Resilienz

Insbesondere Deutschland hat sich gegen ein „Decoupling" und für ein „Derisking" ausgesprochen. Eine zunächst deutlich weniger ausschließende Variante, die sich vor allem um Resilienz bemüht, sprich Abhängigkeiten durch vielfältigere Beziehungen vermindern, gleichzeitig aber auch nicht alle Verbindungen zu China / zum Osten kappen will.

Ursula von der Leyen, Präsidentin der Europäischen Kommission, hat in einer Rede am 30.03.2023 in Brüssel die Komplexität der Beziehungen zwischen China und der EU dargestellt und kam zu dem Schluss, dass „das klare Ziel der Kommunistischen Partei ein systemischer Wandel der internationalen Ordnung ist, in deren Mittelpunkt China steht" (von der Leyen 2023). Eine systemische Rivalität, das ist im Übrigen auch das Analyseergebnis der Chinastrategie der Bundesregierung vom 13. Juli 2023, wonach China für Deutschland „gleichzeitig Partner, Wettbewerber und systemischer Rivale" (Bundesregierung 2023: 8) ist. Es geht um Wettbewerb, es geht um Kooperation und vielleicht um Koopetition.

Risikominimierung zielt entsprechend zum einen auf möglichst viel Unabhängigkeit bei den Schlüsselfaktoren der Wettbewerbsfähigkeit, allen voran die Kritischen Rohstoffe. Bei 98% der Seltenen Erden, 93% unseres Magnesiums und 97% unseres Lithiums – um nur einiges zu nennen – sind wir auf einen einzigen Lieferanten, China, angewiesen sind.

Zur Sicherung des Handels und vor allem auch der Investitionsbeziehungen vor dem Hintergrund der Rivalität plant von der Leyen die Neubewertung des Investitionsabkommens mit China, das Netto-Null-Industrie-Gesetz als zentralen Baustein des Europäischen Grünen Deals und das Gesetz zu kritischen Rohstoffen. China ist ein wichtiger Handelspartner, auf den 9% unserer Warenausfuhren und mehr als 20% Wareneinfuhren in die EU entfallen. In dieser Gemengelage entscheidet sich die Politik für Diplomatie, für Kommunikation. Gegen die Entkopplung und für die Risikominimierung. Gleichwohl, und daraus sollte man keinen Hehl machen, sind seitens der EU protektionistische Handlungen deutlich erkennbar, denken wir beispielsweise an die Subventionen in Sachen Green Deal. Oder schauen wir in die wirtschaftliche Sicherheitsstrategie vom Juni 2023. Darin wird sehr explizit und prominent auf die Bedeutung des Multilateralismus, der regelbasierten internationalen Ordnung, für die EU hingewiesen und dass eine Stärkung dieses liberalen Gutes angestrebt wird. Letztlich fokussieren die weiteren Schritte aber auf gleichgesinnte Länder, USA, Japan und auch Indien und auf bilaterale und „plurilaterale" Kooperationen, auf unterschiedliche Formen der Zusammenarbeit mit variablen Institutionalisierungsgraden, von der G-7 über hochrangige Wirtschaftsgespräche bis hin zu Investitionspartnerschaften. China wird nicht erwähnt. Die Vorzeige-Gemeinschaft in Sachen liberale Ordnung geht auf Distanz zum bestehenden oder nicht mehr so wirklich bestehenden multilateralen System. EU-Kommissionspräsident Juncker hat 2016 in seiner „Rede zur Lage der Union: Hin zu einem besseren Europa – Einem Europa, das schützt, stärkt und verteidigt gesagt: *„Wir sollten keine naiven Freihändler sein (...)* Doch selbst wenn Europa stolz darauf ist, eine weltgewichtige Soft Power zu sein, dürfen wir nicht naiv sein. *Mit zunehmenden Gefahren um uns herum reicht Soft Power allein nicht* *mehr aus*" (Juncker 2016; Hervorhebung im Original). Heute ist die Interdependenz ihrer Gemütlichkeit beraubt, die Maßnahmen passen sich der Realität an.

Für die Globalisierung ist die derzeitige Lage eine Bremse, keine Frage. Aber gab es nicht auch schon davor Zeichen einer nachlassenden Beschleunigung? Wir schauen nach.

4.3 Slowbalization

Die Neuorchestrierung der Lieferketten und die sich ändernden Bedingungen für ausländische Direktinvestitionen haben zur intensiven Reflexion über die Zukunft der Globalisierung und des Handels geführt. Das Nachdenken, wie sich die Globalisierung weiter entwickeln würde, begann aber schon nach der Finanzkrise 2008/2009 (Garcia-Herrero 2022). Welthandel und ausländische Direktinvestitionen brachen ein und hielten sich danach im Schnitt hartnäckig unter dem Niveau von 2008. Die Zeit der 1990er und 2000er Jahre, die manche auch als Hyperglobalisierung bezeichneten und in der die Lieferketten eine zunehmende Rolle spielten, wollte sich einfach nicht mehr einstellen. Die Grafik zeigt deutlich, dass der steile Anstieg in diesen Jahren der Hyperinflation nach der Wirtschaft- und Finanzkrise deutlich abgeflacht ist. Beispielhaft seien genannt die Absage an TTIP, der Austritt Großbritanniens aus dem erfolgreichen Konzept des Binnenmarktes, alles Zeichen einer Wende zu einem neuen Umgang, weg von der Leichtigkeit des Globalisierung-Seins, hin zu mehr Vorsicht.

Eine Sache fällt ins Gewicht und bereitet im Grunde Decoupling vor: Die perzipierte Großmachtrivalität zwischen den USA und China hat vor allem im Bereich der Technologie zu deutlichen Einschränkungen der Beziehungen geführt. Donald Trump und sein Nachfolger Biden leiteten den Weg in Richtung Entkopplung, in Richtung technologische Unabhängigkeit bzw. Trennung der Technologie-Kreisläufe. Genutzt wurden und werden dazu Methoden wie die Verringerung der Genehmigungen für Exportlizenzen, die Beschränkung der Verwendung von Hardware (durch Sanktionen und die Auferlegung von Listen von Unternehmen, mit denen die USA und andere Unternehmen keinen Handel treiben dürfen) und durch Versuche, Software gänzlich zu verbieten. Das US Department of Commerce's Bureau of Industry and Security (BIS) hat die Ausfuhrgenehmigungen nach China von 82% in 2018 auf 67% im Jahr 2021 reduziert. Der Wert der nach China ausgeführten Waren, die einer BIS-Genehmigung unterliegen, ging 2021 gegenüber 2018 um 58 % zurück, wobei die Vorfälle, die eine BIS-Genehmigung benötigen, zunehmen. Im Gegenzug hat China in 2022 auch Ausfuhrgenehmigungen für Schlüsseltechnologien eingeführt, darunter Drohnen und künstliche Intelligenz. Der klassische Wettlauf.

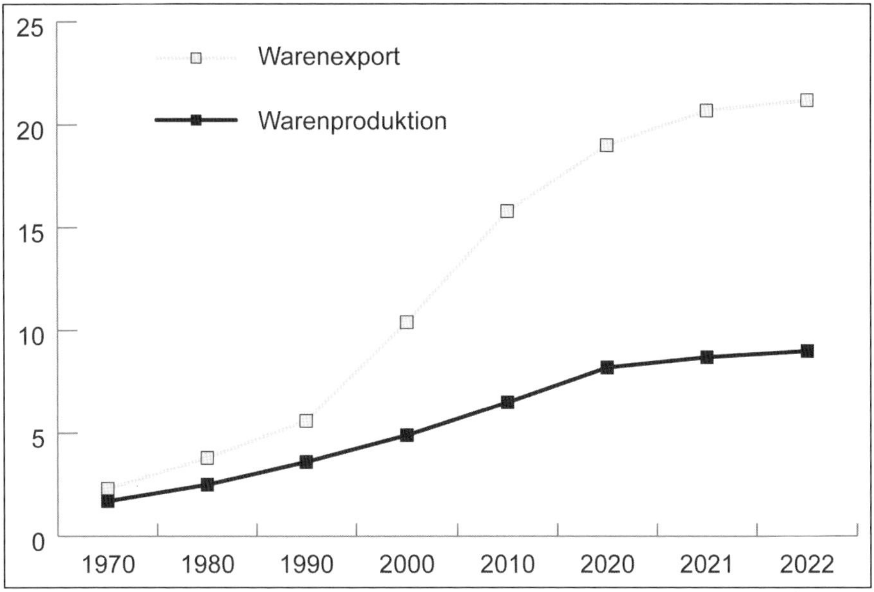

Abb. 3: Entwicklung des grenzüberschreitenden Warenhandels
Quelle: World Trade Organization.

Eingeschränkt wurden auch technologische Investitionen. Nachdem Donald Trump den Ausschuss für Auslandsinvestitionen in den USA (CFIUS) gestärkt hatte, wurden zunehmend chinesische Fusionen und Übernahmen in den USA blockiert. Die EU zog nach und führte im April 2020 ein eigenes Investitionsscreeningverfahren ein, der Technologieprotektionismus gewann an Fahrt.

Zusätzlich wuchs die Liste der chinesischen Unternehmen, mit denen US-Unternehmen keine Geschäfte machen dürfen. Ein bekanntes Beispiel ist Huawei. Und ohne jede Überraschung: China hat eine eigene Liste veröffentlicht (Garcia-Herrero 2022).

5. Offene strategische Autonomie

Nun also die Verlangsamung, denn all diese Aktionen bremsen die Globalisierung. Adjiedj Bakas, seines Zeichens Trendforscher aus den Niederlanden, machte dafür schon 2015 den Begriff der „Slowbalization" salonfähig. Manche sprechen sogar von De-Globalisisation. In jedem Fall steckt Zurücknahme des Handels und der Direktinvestitionen plus Verkleinerung bzw. Verkürzung der Lieferketten drin.

Samuelson hatte bekanntlich schon 2005 davon gesprochen, „den Prozess ein wenig (zu) bremsen" (Hornig/Jung 2005). Nun hat die Realität diese damals eher unpopuläre Empfehlung eingeholt. Auf eine andere Weise als Samuelson dachte: Die Verlangsamung kam durch einen Bruch der liberalen Grundstruktur hin zu einer Politisierung des Handels, der in dieser Schärfe so in den Jahrzehnten seit Bretton Woods nicht angedacht war.

Roosevelts Vision einer Welt, in der freie Staaten in freundlichen, zivilisierten Gesellschaften miteinander kooperieren, wurde dem Konzept der „strategischen Autonomie" gegenübergestellt. Dass es ursprünglich für den militärischen, sicherheitspolitischen Bereich reserviert war, stört nicht angesichts der geopolitischen Dimensionen, die nun den Handel leiten und auch in einer möglichen Neujustierung des Handels durch Wandel eine Rolle spielen sollten.

Allein der Begriff der Autonomie – Unabhängigkeit, Selbstständigkeit – symbolisiert einen Gegenpol zu (unkontrollierter) Offenheit, zur Bereitschaft, Abhängigkeit und damit auch Verletzbarkeit im bisher gekannten Ausmaß akzeptieren zu wollen. Der Rückzug des Kant'schen Denkansatzes mit seinem Friedenskonzept macht den Weg frei für Hobbes. Konzeptionell zu klären ist, wieviel Autonomie gewollt und möglich ist und wieviel Abhängigkeit ertragen werden kann. Ein weiterer Punkt, um Wandel durch Handel zu schärfen.

Strategische Autonomie meint für das Europäische Parlament die Fähigkeit „autonom zu handeln, sich in zentralen strategischen Bereichen auf die eigenen Ressourcen zu verlassen und bei Bedarf mit Partnern zusammenzuarbeiten" (Anghel u.a. 2020: 1). Aus freiem Handel wird damit bedarfsorientierter Handel, das Konzept der komparativen Kosten, die im Kern natürlich weiter gelten, werden nur noch in einem Modell von mehreren konzentrischen Kreisen eingesetzt, die sich gegenseitig überlappen, zum Beispiel durch Lieferketten.

Offenbar ist, dass sich die Transformation weg von der multilateralen Ordnung begibt. Ob der Weg hin zu einer multipolaren Struktur geht, ist offen. Bundeskanzler Olaf Scholz sieht die Zukunft der neuen Weltordnung, die entsprechend auch die Welthandelsordnung determiniert, als eindeutig multipolar. Im Vorwort der Nationalen Sicherheitsstrategie schreibt er: „Neue Machtzentren entstehen, die Welt des 21. Jahrhunderts ist multipolar" (Bundesregierung 2023). Man kann in etwa erahnen, welches Bild ihn dabei leitet: eine Welt in der es mehrere wichtige Pole/Player/Spieler gibt, die alle ihre Ansichten von Recht und Ordnung einbringen und ihre Interessen vertreten. Die EU könnte einer sein. Ob er alle Dimensionen des Begriffs für sich beleuchtet hat?

Multipolarität
Multipolarität liegt vor, wenn es mehr als zwei Staaten mit ähnlichen Machtpotentialen gibt. Gerade in der (neo-)realistischen Schule spielt der Begriff eine grundlegende Rolle, denn die Machtverteilung und das damit verbundene Gleichgewicht der Kräfte ist in dieser Denkschule strukturbildend. Multipolarität wird in der Zeit zwischen dem Westfälischen Frieden 1648 bis zur Teilung der Welt 1945 gesehen. Sie war geprägt durch ständige Versuche der Staaten, neue Machtverhältnisse auszuloten und war entsprechend kriegerisch. Bipolare Systeme dagegen werden auch in der neorealistischen Theorie als äußerst stabil betrachtet (Schörnig 2010: 76 f.).
Lau weist daraufhin, dass der Begriff im Mai 1997 durch einen Brief des russischen und des chinesischen Botschafters an die UN-Vollversammlung in die internationale Öffentlichkeit kam. Der Inhalt richtete sich gegen die „westliche Hegemonie“ verkörpert durch die EU und NATO. Russland und China wollten eine neue Ordnung in „Eurasien“ und verbaten sich eine Einmischung der westlichen Staaten. Der Westen sollte „politische Diversität“ anerkennen und akzeptieren, dass es eben unterschiedliche Wege der Entwicklung gibt, womit auch undemokratische Strukturen gerechtfertigt sind. „Alte Herrschaftsansprüche über unabhängig gewordene Nachbarn erscheinen nun als 'legitime Sicherheitsinteressen.“ (Lau 2023: 15).

Tatsächlich gibt es eine Reihe von Staaten wie China, Indien, Brasilien, die ihre Rolle im internationalen Konzert anmelden, ob sie willens und in der Lage sind, die Bereitstellung einer globalen Sicherheitsstruktur zu bieten, ist ungewiss (Kenner 2015). Die Geschichte zeigt: Multipolarität ist „instabil und sie ist vorübergehend“ (Kenner 2015). Sie tritt in Phasen der Transformation oder der Unordnung auf, überlebt aber nur bedingt. Bipolare Machtgefüge sind meist stabil und von Hegemonie geprägt, wobei der Hegemon stabil ist, wenn er die Mächte im Gleichgewicht hält.

Strategisch und offen

Im Zuge der Diskussion um die strategische Autonomie finden sich unsere Denker aus den vorherigen Kapiteln wieder. Selten, wenn überhaupt, werden sie in den Papieren der Regierungen genannt. Zur Einordnung:

Robert Keohane steht Pate, wenn die Vulnerabilitäten, die durch die vielfältigen Vernetzungen über die Handelsbeziehungen, die Lieferketten, über die Institutionalisierung des Handels volle politische Aufmerksamkeit bekommen. Aber wir sehen heute, dass gegenseitige Abhängigkeit bzw. Interdependenz, die zu verlässlichen Kooperationen führt, nur greift, wenn das Ganze in ein verlässliches Regelwerk eingebunden ist. Und nicht nur das: Es muss ein Regelwerk sein, das die zentralen Regulierer unterstützen und an das sich alle Beteiligten halten. Wenn etwa die Maastricht-Kriterien immer wieder durchbrochen werden, sinkt auch in engen Kooperationen die Moral, sich an die Regeln zu halten. Wenn ein wesentlicher Teil der multilateralen Ordnung, die WTO und vor allem ihr Schiedsgericht, nicht gestützt bzw. blockiert wird, werden nationale Ausrichtungen offensichtlich. Ohne starke Regulierer wird es immer Akteure geben, die die Offenheit anderer ausnutzen und aus Großzügigkeit eine Waffe machen. Von „After Hegemonie" kann nicht die Rede sein. Diese Akteure profitieren häufig davon, dass die meisten anderen Akteure sich nicht vorstellen können, wozu sie in der Lage sind.

Solche Akteure gab es schon immer; ob man sie im Sinne von Morgenthau mit einem „Selbstwiderspruch des Geistes" diagnostiziert oder ob man ihnen, im neorealistischen Sinne lediglich unterstellt, dass ihr Wirken „imperfekt" ist. Die Aufklärung hat an dieser Stelle einen blinden Fleck. Und das Konzept des Wandels durch Handel hat den auch. Ein „Es wird schon alles gut werden", zögerliches Abwarten, ein „historischer Optimismus" inkl. Fortschrittsglaube – das sind nicht die Ingredenzien, die Machtgleichgewichte halten. Für mehr oder weniger kurze Zeit. Der rationale Akteur, der im Sinne der Weberschen Zweckrationalität entscheidet und Sachzwänge vor alles andere stellt, ist nicht durchgängig zu finden.

Machtgleichgewichte – und auch das ein blinder Fleck im Wandel durch Handel – lassen sich nicht halten, wenn Ungleichgewichte toleriert werden. Die Ungleichgewichte in den Entwicklungen der am Welthandel beteiligten Staaten sind ein Grund für die Slowbalization. Samuelson hatte es in seinem Interview angesprochen: Es gibt Gewinner und Verlierer. Er hatte es, genau wie seine Kollegen Heckscher/Ohlin, Prebisch usw. auch theoretisch abgestützt. Die hohe Dynamik auf den Arbeitsmärkten, die sich etwa durch Importe aus Niedriglohnländern ergaben, die Schere an Wachstum zwischen stark kapitalisierten und arbeitsintensiven Ländern, die dazu führte, dass es eben erkennbar auch Verlierer der Globalisierung gibt, führte zu einer vorsichtigen, wenn nicht gar distanzierten Haltung bis hin zum Austritt aus den gesamten Vereinbarungen. Das sucht nach verstärkten Instrumenten zur Verteilungsgerechtigkeit, etwa in Form von Lieferkettengesetzen. Zumindest etwas in der Art.

Vergessen wir nicht, dass es lange Zeit keine Signale an die handelnden Unternehmen gab, das moralisch-ethische Gerüst einer freien, liberalen Weltordnung explizit mitzutragen, zumal sie den Welthandel maßgeblich gestalten. Unternehmen, multinationale Konzerne als zentrale Akteure der internationalen

Beziehungen nicht nur zu etikettieren, sondern ihre aktive Rolle auch in die Analysen mit einzupreisen, wie das Keohane und Hall/Soskice empfehlen, verändert den Aufgabenradius der Politik. Denn auch in der Welt der Wirtschaft gibt es Akteure, die ihrem Credo „Profit“ gefolgt sind und dabei Grenzen überschritten haben. Weil es das gab und gibt, hat sich die Politik etwa mit dem Lieferkettengesetz eingeschaltet.

Inwieweit sich im Sinne Moravciks deren Präferenzen und auch die Präferenzen der Gesellschaft noch prioritär, etwa ausgerichtet auf Wachstum und Wohlstandsmehrung einbinden lassen, kann nicht ohne den Kontext der nationalen oder globalen Sicherheit gesehen, bewertet und behandelt werden. Es war ein deutliches Manko des Wandels durch Handel, dass es weitgehend unter dem Radar der Sicherheitsfragen angesiedelt war. Die Politisierung des Handels hängt unmittelbar mit dieser Erfahrung zusammen. Versorgungsengpässe in Energie, bei kritischen Rohstoffen sind Fragen nationaler Sicherheit. Technologie kann als fundamentale Waffe eingesetzt werden, wird das teilweise schon. Cyber-War ist längst keine Fiktion mehr, die Ausrüstung dafür wurde durch Handel mit geschaffen. Das war nicht immer legal, aber auch dafür gibt es erst neuerdings Regeln.

Die Idee des Multilateralismus, sagen wir mal des globalen Multilateralismus, wird damit zurückgedrängt. Die Differenzierung erfolgt, wenn wir sehen, dass in der Ausarbeitung der Strategischen Autonomie für Europa deutlich hervorgehoben ist, dass sich der Multilateralismus innerhalb Europas durch die Autonomie verbessern wird. Die EU erhielte so die Möglichkeit, die vollständige Dividende für ihre Integration einzufahren. Inwieweit das realistisch ist, kann beobachtet werden (Lippert/von Ondarza 2019).

Immer zahlreicher werden jedenfalls im globalen Kontext unilaterale Handlungen, die auch zwischen Verbündeten wirken, denken wir an das IRA-Programm und die „Buy-America-Initiative“ der USA. Denken wir an die Ambitionen Chinas mit ihrer „Belt and Road-Initiative“, mit der gezielt Infrastrukturen im Ausland aufgebaut werden, oder an die Strategie „Made in China 2025“. An das Fehlen der institutionalisierten Korrektive und das Ausbleiben kooperativen Verhaltens trotz – oder gerade – wegen der tiergehenden Verflechtungen – was Keohane angenommen hatte.

Womit wir bei der Schule der Realisten im Bereich der Internationalen Beziehungen wären. Ein Umdenken, das den Idealisten und ihrem Ansatz der „One-World“ nicht leichtfallen dürfte. Die Realisten finden ihre nationalstaatlichen und sicherheitsorientierten Ansätze gegenüber dem Idealismus der „One-World“ offensichtlich in der Politik verankert: Macht und Interesse, die beiden Hauptmerkmale realistischer Politik, vor allem im Sinne eines Gleichgewichts der Kräfte zwischen Nationalstaaten.

Sehr plastisch hat Corona gezeigt, wie schnell das Streben nach Sicherheit und Schutz der eigenen Bevölkerung – eine der klassischen Aufgaben des Staates –

sogar im Binnenmarkt wieder auf nationale Grenzen bzw. Grenzkontrollen verweist. Eine Quasi-Wiedererlangung der Souveränität. Wie schnell sogar die Staatsbürger auf individuelle Verhaltensweisen zurückgreifen und tatsächlich oder vermeintlich knappe Güter horten bzw. Lager bilden. Wie befremdlich es in einem Wohlstandsstaat wirkt, wenn bis dato als selbstverständlich wahrgenommene Güter – wie vor allem Medikamente und Energie – nicht mehr vorhanden sind. Und sei es „nur", weil Lieferketten pandemiebedingt abgebrochen sind.

Strategische Autonomie ist auch eine Reaktion auf die daraus entstehenden Reflexe, doch wieder, zumindest in den kritischen Bereichen, zu einer überlebensfähigen Unabhängigkeit zu kommen.

Was den Binnenmarkt angeht, kann die Autonomie auf europäischer Ebene angesetzt werden, was aufgrund der breiteren Varianz des Angebots deutlich einfacher ist, als sich allein auf nationale Positionen zurückzuziehen (Europäischer Multilateralismus). Man kann sich auch auf alle befreundeten Staaten fokussieren, „friend-shoring" betreiben, und im anderen Falle dann Derisking oder Decoupling anwenden. Je nach politischer Einschätzung, Ambition und Handlungsfähigkeit und je nachdem, ob der Wettbewerb oder die Coopetition das Handeln leitet. Freihandel ist das nicht.

6. Paradox der Globalisierung

Eine spannendes Trilemma oder auch Paradox hat Dani Rodrik in die wissenschaftliche Debatte eingebracht. Es könnte dabei helfen Prioritäten zu setzen, vor allem, wenn die Verfolgung der eigenen Werte im Konflikt zueinander stehen. So wie im „Magischen Viereck", das die Wirtschaftspolitiker vor die Wahl stellt, das eine Ziel zu verfolgen und dabei dem anderen mehr oder weniger schaden zu müssen, sieht Rodrik die Globalisierung im Trilemma mit Demokratie und Nationalstaat. Scharf formuliert kann seiner Analyse nach Globalisierung entweder mit Demokratie oder mit einem Nationalstaat funktionieren. Nicht mit beiden! Alle, die im Wandel durch Handel einen Flow gesehen hatten, der direkt zu Demokratisierung führt, haben damit einen großen Brocken zu verdauen.

Rodrik sieht drei Optionen: „Wir können im Interesse einer Minimierung der internationalen Transaktionskosten die Demokratie einschränken und vor den wirtschaftlichen und gesellschaftlichen Peitschenhieben, die uns die globalisierte Wirtschaft gelegentlich versetzt, die Augen verschließen. Wir können der Globalisierung Grenzen setzen, in der Hoffnung, mehr demokratische Legitimität auf nationaler Ebene zu schaffen. Oder wir können die Demokratie globalisieren, auf Kosten nationaler Souveränitätsrechte. Wir können nicht alle Errungenschaften – Hyperglobalisierung, Demokratie und nationale Selbstbestimmung – zugleich haben. Wenn wir den Nationalstaat beibehalten und dazu die Hyperglobalisierung haben wollen, müssen wir die Demokratie vergessen. Und wenn wir Nationalstaat und Demokratie haben wollen, müssen wir uns von der tiefen Globalisierung verabschieden" (Rodrik 2011: 260f).

Im ersten Fall wird die Wohlstandssicherung vor demokratische Prinzipien gestellt. Wirtschaft hat Vorfahrt, soziale Aspekte stehen hinter den Forderungen der mächtigen Global Player, die die Offenheit der Volkswirtschaft fordern und die Rolle des Staates zurückdrängen. Tatsächlich hat „Wandel durch Handel" bei allem propagierten Multilateralismus, diese Variante nicht nur in der Phase der Hyperglobalisierung angeschoben. TTIP etwa wurde auch wegen fehlender demokratischer Legitimation (Einfluss von Interessengruppen, intransparente Entscheidungsprozesse) abgelehnt. „Friend-shoring" bremst diese Richtung abrupt ab, wenn auch die Gründe dafür andere sind. Wirtschaftliche Aspekte treten hinter Fragen der Sicherheit und fordern den Nationalstaat.

Womit wir bei Punkt zwei wären: Statt auf tiefe Globalisierung zu setzen, soll stärker auf demokratische Legitimität, gesichert durch entsprechende Entscheidungsprozesse im Nationalstaat, gesetzt werden. Kritik an TTIP, Brexit, die Schwierigkeiten der Gipfeltreffen auf Einigung – das sind deutliche Evidenzen, dass sich diese Orientierung mehr und mehr Boden verschafft. Spannenderweise gab es schon immer wirtschaftlich starke Staaten wie Japan und Südkorea, die diesen Weg eingeschlagen und durch ihr strategisches Agieren in Bezug auf Handel und Investment eine Art Vorreiterfunktion einnahmen. Für Rodrik ist daher der Aufstieg Chinas nicht Ergebnis des Zaubers der Globalisierung, sondern Ergebnis eines selektiven, strategischen Engagements der Chinesen auf globaler Ebene. „China pushed exports, but it also placed barriers on imports to protect employment in state enterprises and required foreign investors to transfer know-how to domestic companies" (Rodrik 2016a).

Dagegen erscheint die dritte Version, die Globalisierung der Demokratie, nun doch als leidend. Die Erwartungen an die Institutionen, die Fähigkeit und Bereitschaft der Staaten zu nachhaltiger Kooperation, sind ganz offensichtlich hinter nationaler Fokussierung zurückgetreten. Mit Politikern wie Donald Trump zeigt sich das im Handeln; denken wir an die Blockade der WTO, die als Sinnbild stehen kann, sogar in der Rhetorik wird der Begriff des Multilateralismus nicht mehr strapaziert. Auch in der EU, der Vorzeige-Supranationalisierung, zeigen manche Staaten deutliche Distanz bis hin zum Austritt. Und letztlich ist es nicht die Demokratie, die ihren Siegeszug fortgesetzt hat, es sind die Autokratien, die sich auf dem Vormarsch befinden.

Freundlich weiterdenken

Laut dem Institut für Demoskopie (IFD) Allensbach ist für 84% der Deutschen der wichtigste Aspekt im Leben, gute Freunde zu haben. Da sollte es nicht verwundern, dass es Menschen gibt, die sich mit diesem Thema beschäftigen. Daniel Tyradellis, Kurator, Philosoph und Freundschaftsforscher skizziert im Deutschlandfunk sein Verständnis von Freundschaft:

„Wenn alle Menschen, alle Freunde genau gleich sind, dann spiegelt man sich immer nur, aber man entwickelt sich nicht, man verändert sich nicht. Und nach Schiller wissen wir, dass die Seele nur dann schön ist, wenn sie sich verändert. Und wenn Freunde nur darin bestehen, zu sagen: finde ich super! Machen wir! Dann stagniert eine Entwicklung. Auf der anderen Seite: ein Freund, der alles immer nur infrage stellt, das hält ja kein Mensch aus. Das heißt, Freundschaft besteht immer auch darin, graduell zu entscheiden: in welchen Dingen brauche ich Ähnlichkeit. Aber er muss trotzdem so anders sein, dass er mich immer wieder mit Sichtweisen, Perspektiven, Meinungen in Berührung bringt, die mich irgendwie irritieren, ohne zu verstören. So kriegt man einen Input, der einen auch am Leben hält" (Grzeszyk/Wiedeń 2016).

Für das „friend-shoring" könnte man daraus ein paar Kriterien ableiten. Das Spiel verändern und das Positive sehen, nicht auf die Unterschiedlichkeit, sondern auf die Ähnlichkeiten achten. Und Asymmetrien aushalten. Dann macht es Sinn, dass mittlerweile von Rohstoff-Clubs gesprochen wird, von einem Club der Demokratieverteidiger, einem Club der Regulierer, einer Form der Coopetition.

The Critical Raw Materials Act der EU ist ein Beispiel dafür, dass sich Beziehungen und Netzwerke auch ändern können, wenn neue Bedingungen entstehen, etwa weil unabweisbare Abhängigkeiten zu mehr Gegenseitigkeit oder auch mehr Augenhöhe führt: „Prognosen zufolge wird die Nachfrage nach kritischen Rohstoffen zwar drastisch zunehmen, Europa ist aber stark auf Importe angewiesen, die häufig von Lieferanten aus nur einem Drittland mit einer Quasi-Monopolstellung stammen. Die EU muss die für die Lieferketten mit solchen strategischen Abhängigkeiten einhergehenden Risiken mindern, um ihre Wirtschaft widerstandsfähiger zu machen..." (Europäische Kommission 2023b). Nicht-Substituierbare Güter, zumindest auf absehbare Zeit nicht-substituierbar, verändern die Win-Win-Lage, es gibt hier keine komparativen Kosten, keine Faktorpreisrelationen. Erschwerend hinzu kommt, dass manche Rohstoff-besitzenden Länder noch nicht mal Demokratien sind.

Wir haben weiter oben schon konstatiert, dass es Sinn macht, wenn sich die demokratisch orientierten Staaten mit den Gepflogenheiten von Autokratien auseinandersetzen. Wenn sie einen Club gründen wollen, in dem auch Autokratien vorkommen, sollten die Regeln so ausgelegt sein, dass sie für alle Seiten attraktiv sind. Ob man dann Freunde wird, lassen wir offen, aber ganz sicher können sich Lerneffekte ergeben. Eventuell ändern sich die Rationalitäten der Entscheidung.

Um es mit Popper zu sagen: es können Leitplanken für neue Formen der Zusammenarbeit entstehen. Offenheit für andere Sichtweisen, von denen beide lernen können. Wieso nicht auf das chinesische Modell einer proaktiv gestalteten Globalisierung genauer schauen? Kritikfähigkeit ist gefordert, auch dem eigenen System gegenüber. Lernfähigkeit und Lernbereitschaft. Selten waren die Gegebenheiten günstiger als in dieser Zeit eines scheinbaren Rückfalls der Globalisierung. Bhagwati hat es schon versucht: Der Globalisierung ein sympathisches Gesicht geben, das wollte er. Zu tun gibt es viel, aber unverrückbar ist dabei, dass wir durch Austausch, durch Kommunikation in Kontakt bleiben. Handel ist dann immer ein guter Nährboden für Wandel. Das schließt die Definition der eigenen Grenzen nicht aus. Im Gegenteil. Denn das erfordert, dass man seine Ziele und Präferenzen kennt. Die dann für andere attraktiv sind oder nicht.

Übung

1. Was umfasst die Idee des Friend-shoring und wo findet sich das wieder in den theoretischen Konzepten der Internationalen (Wirtschafts-) Politik?
2. Wie kann eine Hungersnot einen Paradigmenwechsel im Bereich des Handels herbeiführen?

3. Was ist politisch mit dem Lieferkettensorgfaltspflichtengesetz beabsichtigt?
4. Wie realistisch bewerten Sie das Konzept des „Decoupling“ vor allem mit Blick auf die Technologieführerschaft?
5. Wie bewerten Sie die Verknüpfung von Handel und Sicherheit?

V. Global denken – lokal handeln

Die Welt ist in Unordnung, das Gleichgewicht der Kräfte balanciert sich neu aus. Für jede Sicht auf die Welt des Handels und der Globalisierung ist etwas dabei, was die eigene Logik stützt. Die Protektionisten verweisen auf die Gefährdung der (Versorgungs-) Sicherheit durch fragile Lieferketten, agieren nationalstaatlich und ziehen mehr oder weniger offensichtlich die Register protektionistischer Politik. Die Vertreter des westlich geprägten liberalen, regelbasierten Ordnungsmodells können darauf verweisen, dass der Welthandel trotz Krisen nicht zusammengebrochen ist, dass die Armut dank Handel nachweislich zurückgeht und der Klimawandel zu Kooperation zwingt. Dass der Veränderungsdruck der Globalisierung den Zusammenbruch des sozialistischen Systems im mindesten Fall beschleunigt hat und damit die Option auf ein „Ende der Geschichte".

Nun ist alles ein wenig anders gekommen als es Fukuyama skizziert hatte. Das scheinbar alternativlose Modell des Liberalismus, das die Demokratie und auch den Freihandel quasi anzieht, verliert an Mitgliedern. Der Hegemon der Nachkriegszeit, die Vereinigten Staaten von Amerika, gibt innenpolitischen Prozessen Priorität, will seine hohe Importneigung bremsen und lädt Unternehmen weltweit ein, in den USA zu investieren. Im Demokratieindex des Economist, liegt das Land derzeit auf Platz 30. Die EU wiederum möchte das multilaterale System retten, das Wort Freihandel fällt dort aber nur noch ähnlich sporadisch wie in Deutschland. In einigen Ländern der EU bewegen sich die Demokratiewerte nach unten.

Gleichzeitig wächst mit China eine Konkurrenz zur liberalen freien Weltordnung und die Gesamtkonstellation ist nicht mit der des Kalten Krieges zu vergleichen. Der Staatskapitalismus ist gesteuert offen, ökonomisch erfolgreich und betreibt klar eine interessengeleitete Außenpolitik. Wer will, kann China grundsätzlich als globale ordnungspolitische Alternative wahrnehmen, zumal in einer Welt in der es mehr Autokratien als Demokratien gibt. Wenn Keohane noch annahm, dass es keinen Hegemon bedarf, um Welthandel zu steuern, bieten sich heute zwei Potentaten an, der eine ist mehr, der andere derzeit weniger global ausgerichtet.

Die vielen nationalstaatlichen Akteure, die heute am Welthandel teilnehmen, nutzen ihre durch die Globalisierung gestärkte ökonomische Situation und zeigen kein großes Interesse, sich allzu offensichtlich einer möglichen bipolaren Struktur unterzuordnen. Nicht nur Indien, Brasilien oder die EU demonstrieren den Wunsch nach Eigenständigkeit, auch kleine Länder wie Vietnam, Malaysia und Singapore stellen sich breit auf, ihre Produkte und Dienstleistungen sind international wettbewerbsfähig, sie schaffen Wohlstand für ihre Nation.

Die wirtschaftlichen Akteure, die jahrzehntelange Erfahrung in der internationalen Arbeitsteilung haben, suchen auch unterhalb des politischen Radars neue Absatz- und Investitionschancen im Ausland und unterstützen gleichzeitig die Pläne der Regierungen, mit Freihandelsabkommen ihre Risiken zu begrenzen.

Freihandelsabkommen können Hilfskonstrukte für einen globalen Freihandel und eine offene Globalisierung sein, grundsätzlich aber tragen sie in erster Linie zu präferentiellen Abkommen zwischen den Handelspartner bei, die zu Handelsumlenkung und damit zu Nachteilen für die Nicht-Präferierten führen. Sie sind nach den Appellen zu Friend-shoring endgültig politisiert. Komparative Kostenvorteile stehen hinter Einflusssphären und Sicherheitszonen, auch militärischer Art.

Die Spaghetti-Schüssel ist nicht zu einem Hefeteig mutiert, der so viel und so Viele wie möglich verbindet und durch die Kooperation zu einem größeren Ganzen wird. Sagen wir: Wandel durch Handel hat viele Dienste geleistet, allerdings nicht nur im Sinne ihrer Erfinder. Das kann bei einem Laissez-faire passieren: Gerade in den 90er Jahren, der Hochphase der Globalisierung, wurde sehr wenig politisch geleitet und gelenkt. Für große Teile des Systems galt ein „Primat der Ökonomie", die Staaten ließen die Unternehmen ihr Ding machen, das multilaterale System agierte, wenn überhaupt, aus einer nachgelagerten Position heraus. Wohin laufen wir jetzt? In Richtung „Primat der Politik"?

1. Die Ökonomie

Schauen wir den Welthandel an der Essenz dessen an, was er originär ist, nämlich internationale Arbeitsteilung. Dann bleibt mit Blick auf die anstehenden Herausforderungen nur zu sagen: Vergessen wir die komparativen Kosten nicht. Vergessen wir den eigenständigen Wert des Freihandels nicht. Ob wir über Energie, Rohstoffe, Fachkräftemangel gehen: der internationale Austausch hilft beim produktiven Einsatz knapper Güter. Komparative Kosten zeigen, wo es Sinn macht, etwa Grüne Energie zu produzieren. Das brauchen wir heute mehr denn je.

Ökonomisch betrachtet ist der Reflex des Re-Shoring und des Near-Shoring mit hohen Kosten verbunden und dient nicht der Wohlstandsförderung. Unter politischen Gesichtspunkten kann das trotzdem vertretbar sein, um die Autonomie des Landes zu erhöhen. In demokratischen Systemen sollten dann die wirtschaftlichen Konsequenzen sauber an die Bevölkerung kommuniziert werden. Der Brexit etwa hat gezeigt, dass es Zustimmung zu „Autonomie vor Wohlstand" geben kann.

Die Rufe nach schneller Rückholung von Produktion bzw. Lieferketten können aber mindestens zwei Erkenntnisse nicht übertünchen: Die kostensparende Reduktion auf einige wenige Lieferanten bei gleichzeitigem Abbau der Lagerhaltung (Just-in-Time) produziert Abhängigkeiten. Wenn die nationale Preispolitik etwa bei Generika zu einer fast absoluten Abhängigkeit vor allem vom Partner China, teilweise Indien, führt und es keine Lager gibt, dann ist das als Managementfehler entlarvt. Auf volkswirtschaftlicher bzw. nationaler Ebene finden wir das Problem dort, wo ohne politische Sensibilität, wie etwa beim russischen Gas, aus den Handlungen der Unternehmen im Kollektiv eine über 50%-Abhängigkeit entsteht. Diese regulatorische Lücke durch Marktunvollkommenheiten hat bisher nur bedingt den Weg der Erkenntnis in die politischen Entscheidungsprozesse, z.B. in Richtung einer Industriepolitik, gefunden. Hausgemachte, handwerkliche Probleme sollten nicht den Freihandelsprinzien angelastet werden.

Die Unternehmen scheinen ihre Hausaufgaben gemacht zu haben; das zumindest lässt die Geschwindigkeit vermuten, mit der sie sich erfolgreich nach neuen Handelspartnern und Ländern für ihre Investitionen und Handelsbeziehungen umschauen. Sie schaffen Resilienz durch Diversifikation. Abhängigkeiten etwa von China werden sukzessive kompensiert durch den Aufbau von Beziehungen zu Staaten, auch solchen, die bisher weniger auf der Liste standen. Dort wo politisch über Decoupling und Derisking gesprochen wird, „lokalisieren" die Unternehmen. Sie entziehen sich politisch herbeigeführten Szenarien, die für sie ein Risiko darstellen, wie etwa die Trennung technologischer Weiterentwicklung durch Abkopplung und stellen sich in den jeweiligen Staaten auf. Als Investoren sind sie so ziemlich überall willkommen, ihre Handlungsreichweite ist durch die Globalisierung nicht kleiner geworden. Im Gegenteil. Sie treten zunehmend als starke Akteure in den Vordergrund und einige davon erkennen und kommunizieren ihre große Bedeutung bei der Wahrung grundlegender Rechte und Spielregeln. Das ist wichtig, denn der Staat allein kann das nicht regeln. Dazu braucht es auch die Fühler vor Ort und das sind nun mal die Unternehmen. Trotzdem segeln sie verständlicherweise gerne unter der Flagge von Freihandelsabkommen und internationalen Verträgen, um die Risiken von Investments klein zu halten. Viele haben längst erkannt, dass sie eine Verantwortung in diesem Gesamtkonzept haben und die wesentlichen, lebenserhaltenden und lebenswerten Positionen mit berücksichtigen müssen.

Der Welthandel ist nach den Krisen nicht zusammengebrochen, im Gegenteil. Im ökonomischen Bereich hat sich nichts ausgehandelt.

2. Das globale System

Das Multilaterale System, in dessen Kontext der Freihandel sich ursprünglich entfalten hätte sollen, ist angezählt. Der Wirkmacht der WTO verbleibt auf einem Tiefpunkt. Die WTO-Beitritte von China und Russland haben das System nicht gestärkt. Die G20-Treffen haben nicht die Schlagkraft, die multilaterale Ordnung weiter voranzubringen, zu viele Länder zeigen sich zögerlich. Politische Forderungen wie Friend-Shoring laufen direkt auf die weitere Fragmentierung des Welthandels zu.

Die Annahme, dass gegenseitige Abhängigkeiten die Partner aneinander binden, ist nur bedingt aufgegangen. Dass Sachzwänge wie Klimawandel, damit gekoppelt Fragen der Energieversorgung und des Zugangs zu Rohstoffen, letztlich unausweichlich in eine Global Governance münden, zeigt sich nicht. Nicht alle Staaten committen sich zu globalen Lösungsanstrengungen.

Stattdessen zeigt sich eine offene Welt. Eine Welt, in der viele Akteure mitmischen, die sich nicht unter das Label des westlich dominierten Liberalismus pressen lassen. Handel ja, aber die Zielrichtung ist nicht ausverhandelt. Der Liberalismus selbst musste unweigerlich seine Strahlkraft im internationalen Kontext verlieren, sofern er weitgehend auf ökonomische Vorteile ausgerichtet war. Das liberale, freiheitliche Modell zeigte sich nicht überzeugend, sondern in einer pluralen, heterogenen und komplexen Welt offenbar überlastet.

In dieser Welt der unterschiedlichen Werte, Ziele und Ansprüche, ging die gemeinsame Zielrichtung verloren. Die Verbindungen selbst dienten anfänglich tatsächlich dem Abbau von Handelshemmnissen und trugen zur Reduktion von Armut bei. Dass dabei manche Verbindungen zu Zwecken missbraucht wurden, die sich zum einen jenseits der nationalen Wertegerüste abspielten, wie etwa die Missachtung arbeitsrechtlicher Vorgaben, und die zum anderen entstehende Abhängigkeiten nicht für kooperative, sondern konfrontative Zwecke nutzten, wurde nur zögerlich wahrgenommen.

Wettbewerbsverzerrungen wurden zusehends weniger an die zuständigen multilateralen Stellen abgegeben, sondern im Tit-for-Tat Modus in protektionistische Spiralen gebracht. Dafür wurden die Abkommen zwischen den Staaten immer politischer, der de facto Zuwachs an ökonomischen Benefits – denken wir an TTIP – war klein, gemessen an den politischen Forderungen. Die ökonomischen und in dem Fall auch militärischen Verbindungen reichten als Kit nicht aus, aber auch zwischen den scheinbaren Freunden USA und EU wurde die gemeinsame Wertebasis als stellenweise sehr unterschiedlich wahrgenommen; das Abkommen scheiterte.

Am offensichtlichsten zeigen derzeit China und Russland ihr vom demokratischen Liberalismus abweichendes Werteverständnis. Für die Staatengemeinschaft des Westens ist das kein Grund, nicht für ihre Werte und Ziele einzutreten, sofern sie sich klar sind, wie die aussehen. Die Versuche, politisch zu polarisieren, etwa durch friend-shoring, greifen nur bedingt, weil die Unternehmen gemäß ihrer Ziele – Produktivität, Wirtschaftlichkeit und Effizienz – Partner suchen und auch sozialistische Länder finden, die ausreichende Sicherheit und politische Stabilität bieten, wie etwa Vietnam.

So gesehen erschweren die Netze der globalisierten Welt die Blockbildung. Die Kommunikationskanäle sind kaum noch auf Null zu schrauben. Die ökonomischen Abhängigkeiten, deren Kappung mit massiven Wohlstandsverlusten verbunden wäre, würden nur schwerlich Mehrheiten finden.

Die Offenheit, die die moderne Welt prägt, existiert nicht in einem hauptsächlich demokratisch geprägten Raum, der ist im Gegenteil zunehmend autokratisch. Das verändert die Suche nach dem kleinsten gemeinsamen Nenner der Zusammenarbeit.

Wenn dazu die multilateralen Strukturen genutzt werden sollen, braucht es eine tiefgreifende Reform der WTO hin zu einer Institution, die schnell und unbürokratisch einschreiten kann, wenn es zu Regelverletzungen kommt, die angesichts der unzähligen Freihandelsabkommen auch Prinzipien wie die Meistbegünstigungsklausel überdenkt, damit das große Ganze des Welthandels wieder mehr in den Blick kommt. Die bilaterale Struktur der Präferenzabkommen jedenfalls hat nicht zur Dynamisierung der globalen multilateralen Struktur beigetragen. Dafür gibt es derzeit wenig Hoffnung. Ein Hegemon, der dieses Prinzip auf die Agenda der Weltordnung setzt, ist nicht in Sicht. Sogar die EU, die zwar keine hegemonialen Absichten hat, aber als multilaterale Blaupause angesehen wird, verzichtet weitgehend darauf „Freihandel" zu erwähnen.

Auf Basis der eigenen Werte und Vorstellungen, dem klaren Verständnis, wie mit Ziel- und Wertekonflikten umgegangen werden soll, gilt es, neue Formen der Zusammenarbeit auszuloten. Zusammenarbeit auf unterschiedlichen Ebenen mit klar abgegrenzten Erwartungen. Punktuelle Kooperationen wie es sie etwa im Bereich der Rohstoffe schon gibt, umfassende Coopetitionen etwa im Bereich des Klimaschutzes und der Nachhaltigkeit. Abkommen, die nur niederschwellig mit politischer Normierung versehen sind wie RCEP. Der politische Aktionsradius reicht daher von einer völlig wertegeleiteten Politik bis hin zu einer, die Pragmatismus in den Vordergrund stellt und die moralische Grenze weiter nach hinten verschiebt.

Die Komplexität im Welthandel macht es notwendig, mit vielfältigen Methoden zu reagieren. Nicht nur weil Komplexität nur durch Pluralität gehandhabt werden kann, sondern auch weil es zu viele unterschiedliche Wertesysteme gibt, die nicht ineinander überführbar sind.

Ob das allerdings ohne einen Hegemon geht, muss noch bezweifelt werden. Das globale System wird sich nicht ohne Regeln und ohne eine Instanz, die die

Einhaltung dieser Regeln kontrolliert und bei Verstößen sanktioniert – und sei es durch die Stärkung der entsprechenden Institutionen – offen weiterentwickeln. Ohne vertragliche Bindungen, das haben wir im Gefangenendilemma gesehen, müssen „rationale Akteure“ davon ausgehen, dass jeder seinem Eigeninteresse folgt – auf Kosten der besseren kollektiven Lösung.

Wenn die Top-Down-Instanz im Sinne des Hegemons, der dann auch für die strategische Ausrichtung verantwortlich ist, fehlt, bleibt an zweiter Stelle die Bottom-Up-Bewegung; der Versuch durch klare Anzeige des eigenen Standpunktes dann Verlässlichkeit, Ansprechbarkeit und Kooperationsbereitschaft zu signalisieren. Für alle, die die konstatierten (Wert-) Positionen teilen und akzeptieren. Deshalb ist es gut, dass wir heute auch über „offene strategische Autonomie“ sprechen.

3. Stellschrauben der Veränderung

Es ist davon auszugehen, dass die meisten Staaten gemessen an ihren Zielen rationale Entscheidungen treffen. Aber, wie Außenministern Baerbock feststellte: Die Logiken oder Nationalitäten von Demokratien greifen in Autokratien nicht. Vor allem die Werte sind nicht kompatibel. Da sich Wertekonflikte, wie wir wissen, nicht auflösen lassen, muss die Politik Position beziehen und ihre Prioritäten klar machen (RND 2023).

Im Rückblick wird deutlich, dass es ein strategischer Fehler war, die Prämissen des Wandels durch Handel nicht in Frage zu stellen und die Hinweise der Wissenschaftler auf Fehlentwicklungen entweder nicht zu Kenntnis zu nehmen oder nicht in der poltischen Praxis anzuwenden. In anderen Worten: Ohne explizite Strategie verwischen Grenzen und vermeintliche Offenheit wird zur Orientierungslosigkeit. Deshalb ist es – wir bleiben bei Deutschland – in der derzeitigen Gemengelage der Ordnungstransformation gut, dass um Konzepte gerungen wird. Das impliziert auch eine bewusste Gestaltung des Handels mit erreichbaren Zielkorridoren.

Viele Hausaufgaben sind herausgearbeitet: Sensibilität für Marktunvollkommenheiten, explizite Zuordnung von Verantwortung an die Unternehmen, die rechtsstaatlichen und wertebasierten demokratischen Grundlage auch beim Handel gelten zu lassen, die Präferenzen der Bevölkerung einbinden.

Wichtig ist vor allem, die der Politik immanenten Wertekonflikte aufzulösen, weil nur dann ein wirkungsvoller Ziel-Mittel-Komplex erarbeitet werden kann. Salopp gesagt sollte geklärt werden, wann ein Staat als Handelspartner in Betracht kommen kann und was an Handel außer dem ökonomischen Aspekt geknüpft werden soll.

Viele Freihandelsabkommen wurden nicht ratifiziert oder wurden gar nicht zu Ende verhandelt, weil Bedenken bezüglich staatlicher Souveränität bzw. Autonomie, Verletzung von Nachhaltigkeitskriterien und Menschenrechte dagegen standen. Ökonomische Kriterien waren weitgehend außen vor, dafür waren umso mehr Werteansätze in der Diskussion. Dabei ist es eine Sache, seine eigene Werteposition nicht aufzugeben und eine andere ist, andere durch Nicht-Kooperation quasi dafür zu sanktionieren, dass sie die Welt anders sehen. In Demokratien kann man so vorgehen, wenn man die Mehrheit der Bevölkerung hinter sich sieht. Schwierig wird es dann, wenn in Notfällen die eigenen Vorgaben und mit ihnen der eigentliche Wert von Werten, ihre Standfestigkeit, über Bord gehen – was passiert ist bei Habecks Besuch in Saudi-Arabien.

Wertegeleitete Außenpolitik ja, aber mit welcher Absicht und bis zu welcher Grenze? Das ist zu klären, um im Welthandel eine klare Position einzunehmen. Das kann so lange nicht gelingen, wie das Thema im Inland nicht geklärt ist. Verteidigungsminister Pistorius merkte an, dass Deutschland trotz Nazivergangenheit in der Welt gerne moralisch als der „Waisenknabe mit der weißen Weste“ auftrete und sich zu schnell von Akteuren abwende, die die eigenen Werte nicht vollständig teilen. „Es reicht nicht zu sagen, wir spielen nicht mit diesen Schmuddelkindern“ (Olk/Specht 2023).

Ob diese Wahrnehmung Deutschlands andere Staaten davon abhält, Handel zu betreiben, hängt auch davon ab, wieweit die an Handelsabkommen politische bzw. werteorientierte Bedingungen knüpfen. Autokratien scheinen da eher fokussiert auf die Ökonomie, wie etwa RCEP zeigt. Da die Welt aber immer mehr aus Autokratien besteht, ist es politisch zwingend, sich mit deren Weitsicht und Gepflogenheiten auseinanderzusetzen, wenn man weiter Handel treiben will. Eine klare Positionierung im Spektrum zwischen interessens- und wertegeleiteter Politik ist Demokraten-Pflicht. Die Grenzen des Möglichen und Machbaren zu definieren ist eine zentrale Aufgabe.

Wandel durch Handel mit Zielrichtung Demokratisierung und zunehmendem Liberalismus als ein Automatismus hat sich überlebt. Aber da Handel offensichtlich immer Wandel bringt, sollten nicht nur die Unternehmen ihre klaren Ziele verfolgen – die haben sie nämlich – sondern auch die Staaten. Die „offene strategische Autonomie“ kann ein solcher Ansatz sein.

Offenheit ist nur dann eine leitende Kategorie, wenn sie mit Zielorientierung und den darin bestehenden Grenzen verbunden ist. Jedes System braucht Grenzen, um sich selbst erhalten zu können. Die komplexe Welt, die für den einzelnen nur sehr punktuell erfahrbar ist, macht aus Offenheit Orientierungslosigkeit.

Bei dieser Ziel- und Wertedebatte sollte gerade in Demokratien ein Kardinalfehler der vergangenen Globalisierungsphase vermieden werden: Die Menschen in den Prozessen außen vorzulassen, sie nicht in die Diskurse einzubinden und sie nicht mit ihren Präferenzen abzuholen. In Autokratien erübrigt sich das meist, aber wenn wir die internationale Demokratisierung propagieren, sollten wir das auf einem demokratisch abgesicherten, nationalen Podest machen. Zumal Werte und Motivationen, wie Solidarität und die Bereitschaft zur Subsidiarität zwar notwendig sind, aber nicht verordnet werden können. Sie kommen aus der Gesellschaft heraus – aber nur, wenn es breite Zustimmung gibt.

Dabei, erlauben Sie diese kurze Schleife, sollten wir nicht vergessen, dass die Gesellschaft dann auch nichts anderes ist als ein Spiegel dessen, was in der internationalen (Wirtschafts-) Politik geschieht. Wenn wir davon ausgehen, dass wir als Volk fragmentierter werden und uns immer mehr individualisieren – warum soll das nicht auch für die internationale Gemeinschaft gelten? Wer sein Ego wie eine Dampfwalze vor sich herschiebt und gleichzeitig Kooperation einklagt ist nicht vertrauenswürdig.

Das schließt eine ganze Reihe von Diskussionspunkten ein, wir nehmen hier zwei heraus und bleiben beispielhaft bei Deutschland, auch wenn die Themen nicht nur unser Land betreffen: Nicht nur, aber auch wegen des Globalisierungsparadoxons greifen wir zum einen die Frage nach dem Nationalstaat heraus und zum anderen, weil die Globalisierung lange dem Primat der Ökonomie folgte, die Frage nach dem Bezug zum Wachstum; ein Thema, das mit Blick auf den Klimaschutz kontrovers diskutiert wird.

3.1 Nationalstaat

Die Rückkehr zum oft totgesagten Nationalstaat als sicheren Hafen, hat vor allem in der Pandemie eine neue Performance gesehen. Er hat demnach „den Menschen jene emotionale Verortung zu bieten, ohne die das Zeitalter der Globalisierung gefährliche Zentrifugalkräfte entwickeln kann" (Grau 2016).

Bringen wir noch einmal Fukuyama ins Spiel, der ebenfalls sehr nah am Menschen ist mit seinem Buch: „Identität – Wie der Verlust der Würde unsere Demokratie bedroht" (Fukuyama 2019). Das Aufkommen von Populisten, die die so komplex gewordene Welt mit einfachen Begriffen und klaren Freund-Feind-Schemata erklären, sieht er als Gegenreaktion auf die konturlose Globalisierung. Dabei sind es nicht nur die ökonomischen Verlierer, die Samuelson und Prebisch beklagt haben, diejenigen, die die Milch für ihre Kinder nicht bekommen. Unmut kommt auch aus den Schichten, in denen diskutiert wird, ob sie noch zur unteren oder schon zur mittleren Mittelschicht zählen. Das Diktum der Marktwirtschaft, dass es dem System gut geht, solange es den Leuten gut geht, stimmt nicht mehr vollumfänglich. Die soziale Gerechtigkeit wird zu einem Motiv für die Gestaltung der Globalisierung. Die Gruppen, die das nicht für sich reklamieren, die in ihrer Not auf Parolen wie „fairer Handel" anspringen, sind teils bereit, die liberale Ordnung im Land selbst zu übergehen.

Das nimmt Politik, Wirtschaft und Gesellschaft gleichermaßen in die Pflicht. Vielleicht ist eine globale Identität irgendwann möglich, bis dahin hat sie ihre Ankerpunkte auf nationaler Ebene. Wir sehen selbst innerhalb der multilateral agierenden EU Zentrifugalkräfte und Autonomiebestrebungen. Liberale, demokratische Prinzipien sind keine Selbstverständlichkeiten mehr, sie müssen auch hier verteidigt werden. Ohne diese identitätsstiftenden Fundamente, verlieren, so Fukuyama, die Gesellschaften ihren Halt und fragmentieren: „Jede ethnische Minderheit will dann ihre Interessen vertreten" (Jahn 2019).

In der Essenz geht es darum, dass Identität Grenzen braucht. Grenzen innerhalb des Nationalstaates. Eine Demokratie ohne Nationalstaat ist für Fukuyama nicht denkbar. Für Rodrik auch nicht. Und die Realisten haben im Nationalstaat schon immer den relevanten Akteur gesehen vor allem im Bereich der (militärischen) Sicherheit.

Nun wäre es fatal, zu einem Begriff des Nationalen zurückzugehen, der Grenzen als Abschottung begreift. Vielleicht ließe sich an einen idealistischen Realismus oder realistischen Idealismus denken, der die Wurzel im Nationalstaat sieht und von dort aus zur selektiven Kooperation kommt. Dass es grundsätzlich funktioniert, zeigt sich am Beispiel Großbritanniens nach dem Brexit.

Wie kann das Verständnis eines modernen Nationalstaats aussehen? Er muss nicht auf ethnischen Zugehörigkeiten basieren, er kann genauso gut auf dem Bekenntnis zu Demokratie, Freiheit und Entwicklung basieren. Ungeachtet ethnischer und religiöser Herkunft oder sexueller Geneigtheit. Ein offenes System, das gerne in den Austausch geht und dort seine Grenzen definiert, wo diese Werte angegriffen werden. Ein System, das kritikoffen ist und sich dadurch weiterentwickelt. Ein System, das das Paradox, dass Freiheit immer auch die Freiheit ist, Freiheit zu zerstören, für sich beantwortet hat. Im Zusammenspiel von Politik, Wirtschaft und Gesellschaft. Es scheint, dass die Gesellschaft bereit ist für solche Orientierungen, für identitätsstiftende Diskussionen. Vor allem, wenn sie die weitere Entwicklung des Wohlstands nicht gravierend in Frage stellen, sondern die Absicht bekennen, ihn zu erhalten.

3.2 Wachstum und Liberalismus, nein danke?

In Deutschland steht Wachstum derzeit an und für sich in der Kritik, meist wird dabei die „neoliberale" Position stellvertretend genannt. Selbst Klaus Schwab, der das legendäre Weltwirtschaftsforum in Davos gründete und gemeinhin als die Verkörperung dieser ökonomischen Richtung gilt, behauptet, dass der Neoliberalismus in seiner bestehenden Form ausgedient hat. Er reiht sich damit ein in den inflationären Gebrauch des Begriffes. Wir bleiben bei Wachstum und versuchen die Kritik daran festzumachen. Die reicht dabei zu dem Punkt, die Wachstumsfrage an und für sich zu hinterfragen, die letztlich der Motor des Primats der Ökonomie ist. Wirtschaft schafft Wachstum, Wachstum schafft Wohlstand, Wohlstand ist der Grundstein für sozialen Frieden. Globalisierung schafft Wachstum und damit Wohlstand. Kann oder soll dieses „Wachstumsnarrativ" so aufrechterhalten werden?

Wachstum und Wohlstand schaffen, das wollten schon Smith und Ricardo, der Liberalismus hat Wachstum verinnerlicht, sofern er zum globalen Leitstern der Lebensorientierung werden sollte. Das Prinzip der Marktwirtschaft kreist um Wachstum und Wohlstand. Unternehmen bauen auf Wachstum. Aber es gibt auch Gruppen, die Wachstum ablehnen, die Wachstum als Ursache der Klimakrise ausmachen und nicht glauben, dass die bestehenden Probleme durch die vorhandenen (technologischen) Mittel gelöst werden können. Und dazwischen gibt es jede Menge Bewegungen, die nach Entschleunigung suchen, sich mit östlichen

Lehren wie dem Buddhismus beschäftigen, sich mit Yoga entspannen und sich vom vermeintlichen oder tatsächlichen Leistungsprinzip abwenden und nach Sinn suchen. Die individuell zentrierte Ausrichtung des Liberalismus wird nicht mehr durchgehend befürwortet, zumal manche Erscheinungen nur kollektiv handhabbar sind. Auch Unternehmen hängen sich an diesen Move und suchen nach „Purpose“ in der Arbeit. Die aufgeklärte Welt des Westens hat Konkurrenz bekommen.

Freiheit – ein Markenkern des Liberalismus – wird durch die Komplexität des täglichen Umfelds herausgefordert. Tatsächlich kann – vor allem ohne klare Zielrichtung – Freiheit auch als bedrohlich wahrgenommen werden. Es gibt Menschen, die aktuell stark nach Sicherheit suchen – und das möglicherweise vor den Wert der Freiheit stellen.

Wenn all das schon bei uns, im Mikrokosmos Deutschland, eine so zentrale Rolle spielt, um wieviel mehr müssen wir davon ausgehen, dass der Leitstern an Strahlkraft verloren hat. Um wieviel mehr sollten wir davon ausgehen, dass wir ihn nicht als selbstverständlich wahrnehmen dürfen, eigentlich nie hätten als selbstverständlich wahrnehmen dürfen, sondern dass wir die Bedeutung dessen, was unsere Kultur und unsere Werte für uns ausmacht in einem globalen Kontext auch erklären müssen.

Wenn wir das im Diskurs tun, entstehen aus den Polen Kompromisse mit Win-Win-Charakter. Dies vor allem mit Blick auf die erkennbaren Irritationen, die damit eben auch verbunden sind. Der Generalsekretär der OECD, der Organisation für wirtschaftliche Zusammenarbeit und Entwicklung, Angel Gurria, forderte 2015, das Wachstumsnarrativ neu zu definieren und den Menschen in das Zentrum der Aktivitäten zu stellen. 2018 hat er dazu eine Beratungsgruppe zusammengestellt, die die unterschiedlichen Perspektiven auf das Thema in ein konsistentes Konzept gießen sollten. Das Ergebnis erschien 2020 und das Abstrakt lautet wie folgt:

„This report explains why a new approach to economic analysis and policy is needed (...) a new set of overarching policy goals: environmental sustainability, a reduction in inequalities, improved wellbeing, and system resilience. Achieving these goals requires policymakers to look ‘beyond growth’. The report argues that the dominant approach to economic policymaking over the last forty years, based on an orthodox and subsequently revised model of neoclassical economic theory, is not adequate to address these challenges. It argues that overcoming these challenges requires structural rather than incremental reform, and sets out a range of policy approaches“ (OECD 2020).

Das wäre eine Diskussionsgrundlage, die von der reinen Fokussierung auf die ökonomische Seite abrückt und den Menschen, die Gesellschaft stärker in den Blick bringt. Sehr schnell könnte das auch die Prioritäten der Bürgerinnen und Bürger klar machen. Was darf denn der Beitrag zum Klimawandel kosten? Was die Rückgewinnung von Autonomie durch rückgeführte Produktion? Ganz schnell ist man bei der Frage nach dem deutschen Geschäftsmodell Export. Deutschland ist ganz vorne mit den Exporten und das berücksichtigt nicht zwangsläufig soziale Aspekte, denn die Waren, die in die anderen Länder fließen, entziehen dort Gelder, die nicht mehr für Investitionen zur Verfügung stehen. Und dazu gehört die Bedeutung der Verbraucher und Verbraucherinnen für die Einhaltung der Werte, die im Land hochgehalten werden.

Und selbstverständlich gehören auch hierher die Fragen, wie offen wir bleiben, wenn klar ist, dass es bestimmte Abhängigkeiten gibt, die sich gar nicht oder nur mit großer Zeitverzögerung auflösen lassen. Rohstoffe oder Chips etwa bedingen Asymmetrien in der Verfügbarkeit dieser notwendigen und damit instrumentalisierbaren Produkte. Da kann es um Kröten gehen, die man schlucken muss.

All solche Dinge gehören in Demokratien in den Diskurs, wenn eine offene strategische Autonomie festgelegt werden soll.

3.3 Eigenverantwortung

Globalisierung im Sinne des Handels funktioniert, auch wenn es nicht mit dem sympathischen Gesicht wahrgenommen wird, das Bhagwati zeichnen wollte. Von ganz wenigen Ausnahmen abgesehen, zeigen sich die Nationen offen für internationale Arbeitsteilung und noch viel mehr tun das die Unternehmen.

Ein wenig gewagt könnte man behaupten, dass die Globalisierung mit den dadurch gewachsenen Strukturen und Vernetzungen derzeit die Blockbildung untergräbt. Das Decoupling funktioniert noch nicht mal bei den amerikanischen Unternehmen wirklich und wurde auf ein Derisking zurückgeschraubt. Und das wiederum ist im Kern nichts anderes als das Ausbessern eines Managementfehlers bzw. die Beseitigung des unausgesprochenen Siegerlächelns des Liberalismus, des Wandels durch Handel.

Wie facettenreich die Welt heute ist, zeigt sich gut an dem Dreiklang der Bundesregierung, die in China Partner, Wettbewerber und Systemrivale sieht. Damit sind auf vielen Ebenen Kontakte möglich. Auf der Wettbewerbsebene, sofern die nicht auf Zerstörung des Gegners abzielt, gewinnt der Bessere, ein Null-Summen-Spiel. Partner sind in der Lage, eine Kooperation, einzugehen. Es gibt eine gleichgerichtete Verhaltensinterdependenz, der eine gewinnt nur, wenn der andere auch profitiert, es ist ein Positiv-Summenspiel. Für China böte sich aber auch eine Koopetition an, die bei allem Wettbewerb Zusammenarbeit in Feldern wie etwa Klimaschutz vorsieht.

Wichtig bleibt, und das haben wir im Gefangenendilemma gesehen, dass auf jeden Fall durch Kommunikation, Kontakt und die Möglichkeit auf vertraglich fixierbare Übereinkommen, Vertrauen gelernt werden kann. Das beugt einer Blockbildung vor – und damit der Abschottung der Weltbürger voreinander. Corona hat gezeigt, dass es global zu essentiellen Unterstützungsleistungen kommen kann, die über alle Differenzen hinweg gehen.

Und mittlerweile ist bekannt, dass Resilienz nicht durch Abschottung funktioniert. Also geht es darum, die vielen Möglichkeiten der Zusammenarbeit zu nutzen. Die eigenen Ziele und Werte im Blick zu haben und gleichzeitig die Vorzüge des Austausches, der Soft-Power weiter zu nutzen. Es geht darum, zur Kenntnis zu nehmen, dass sich die Präferenzen der Menschen mit den Entwicklungen ändern können. Es gehört zur Demokratie, nicht nur die liberalen, freiheitlichen Bedürfnisse zu befriedigen, sondern auch die nach Sicherheit.

Die Welt ist offen, die Bürgerinnen und Bürger stehen dieser Welt offen gegenüber. Welthandel und Globalisierung mit all ihren Zutaten wie Mobilität, Infrastruktur, Kommunikationsmöglichkeiten haben sie geöffnet – vor allem die westliche Welt hat viele Jahrzehnte davon profitiert. Im offenen Austausch können wir für uns selbst bestimmen, was uns gut gefällt und wo wir nicht mitgehen wollen. Erkennen, dass alles mit allem zusammenhängt, sehen, dass sich Gewinner und Verlierer abwechseln oder manifestieren, dass es vielleicht ganz viele Verlierer gibt, wenn wir die Nachhaltigkeit der Prozesse nicht in den Blick nehmen. Wir können unsere Lebensweise überdenken, neue Lebensgewohnheiten kennenlernen, uns daran reiben, um die eigene Kontur zu schärfen und uns selbst besser zu verstehen. Das ist es, was eine offene Welt eben auch bietet. Und diese Büchse der Pandora ist geöffnet.

Es hat sich nicht ausgehandelt, wenn wir auf Welthandel und Globalisierung schauen. Aber es bedarf noch zahlreicher Aushandlungsprozesse im eigenen Feld und dann auf internationaler Ebene, damit die Erfahrungen und Erkenntnisse der Vergangenheit, die ökonomischen Modelle und die politischen Realitäten in Lernfähigkeit, Kritikfähigkeit und Diskursfähigkeit einmünden. Es sollte klar sein, dass wir Poppers Kritikfähigkeit brauchen, dass wir nur resilient und offen sein können, wenn wir die Unvermeidlichkeit von Konflikten akzeptieren, Widerspruch und andere Weltsichten tolerieren und Ambiguitäten aushalten. Bottom-Up agieren: Das ist es, was jeder Einzelne beitragen kann. Die Hoffnung bleibt. Je mehr Einzelne es gibt, die das erkennen, umso besser für das große Ganze. Auch wenn das nicht bedeutet, dass Top-Down was kommt. Sapere aude. Und immer offen bleiben für die Vielfalt einer komplexen Welt.

Literatur

Albers, Hans-Jürgen/Albers-Wodsak, Gabriele (2011): Volkswirtschaftslehre, (9.Aufl.) Haan-Gruiten: Verlag Europa-Lehrmittel.

Altmaier, Peter (2022): Industriestrategie: Industriepolitik ist in der Zeitenwende wichtiger denn je, in: Wirtschaftswoche.de v. 24.Juli 2022, online: https://www.wiwo.de/politik/deutschland/industriestrategie-industriepolitik-ist-in-der-zeitenwende-wichtiger-denn-je/28536956.html. (Zuletzt geprüft: 25.01.2024).

Altmann, Jörn (2000): Wirtschaftspolitik. Eine praxisorientierte Einführung, (7.Aufl.) Stuttgart: Lucius und Lucius.

Ammon, Günter (2020): Jean-Baptiste Colbert, in: Janusch, Holger (Hrsg.): Handelspolitik und Welthandel in der Internationalen Politische Ökonomie. Ein ideengeschichtlicher Überblick, Wiesbaden: Springer Fachmedien, S. 3–13.

Anghel, Suzana u.a. (2020): Auf dem Weg zu „strategischer Autonomie". Die EU im sich wandelnden geopolitischen Umfeld, Brüssel: Europäisches Parlament.

Appel, Karin (2023): Chronologische Übersicht über EU-Sanktionen gegenüber Russland, in: Germany Trade & Invest.de v. 26.06.2023, online: https://www.gtai.de/de/trade/eu/zoll/chronologische-uebersicht-ueber-eu-sanktionen-gegenueber-russland-817424. (Zuletzt geprüft: 15.01.2024).

Attac Trägerverein e.V. (2023): TTIP: Konzerne profitieren, der Mittelstand fällt hinten runter, in: Attac.de, online: https://www.attac.de/kampagnen/handelsabkommen/einzelne-handels-und-investitionsabkommen/ttip/ttip-und-kmu. (Zuletzt geprüft: 25.01.2024).

Axelrod, Robert (2009): Die Evolution der Kooperation, (7.Aufl.) München: De Gruyter.

Bahr, Egon (1963): Wandel durch Annäherung. Rede in der Evangelischen Akademie Tutzing. 13. September 1963, dokumentiert in: https://www.1000dokumente.de/index.html?c=dokument_de&dokument=0091_bah&object=translation&l=de. (Zuletzt geprüft: 25.01.2024).

Banerjee, Abhijit/Duflo, Esther (2020): Gute Ökonomie für harte Zeiten. Sechs Überlebensfragen und wie wir sie besser lösen können, Bonn: Bundeszentrale für politische Bildung.

Bartsch, Frederike (2021): Made in Germany: Ist lokale Textilproduktion immer nachhaltiger?, in: Fashionchangers.de v 09.11.2021, online: https://fashionchangers.de/made-in-germany-wie-nachhaltig-ist-die-lokale-textilproduktion/. (Zuletzt geprüft: 25.01.2024).

Bastiat, Frederic (1845): Petition der Fabrikanten von Kerzen, Lampen, Kerzenständern, Straßenlaternen, Lichtputzscheren, Kerzenlöschern und von Talg-, Öl-, Harz-, Alkoholprodukten sowie allgemein von allem, was der Beleuchtung dient, dokumentiert in: https://www.bastiat.de/petition/. (Zuletzt geprüft: 25.01.2024).

Baur, Andreas u.a. (2022): Ökonominnen und Ökonomen für Einschränkung des Handels mit Autokratien, in: ifo-Schnelldienst 75 (7), S. 31–35.

Behrens, Maria (2020): Friedrich List, in: Janusch, Holger (Hrsg.): Handelspolitik und Welthandel in der Internationalen Politischen Ökonomie. Ein ideengeschichtlicher Überblick, Wiesbaden: Springer Fachmedien, S. 53–64.

Beier, Dietrich (1965): Die Theorie der peripheren Wirtschaft nach Raul Prebisch und ihre Stellung in der allgemeinen Außenhandelstheorie, Berlin: Duncker & Humblot.

Berg, Hartmut (1976): Internationale Wirtschaftspolitik, Göttingen: Vandenhoeck & Ruprecht.

Bhagwati, Jagdish (1995): US Trade Policy: The Infatuation with FTAs, New York: Columbia University.

Bhagwati, Jagdish (2008): Verteidigung der Globalisierung, München: Pantheon Verlag.

Bhagwati, Jagdish/Greenaway, David/Panagariya, Arvind (1998): Trading Preferentially: Theory and Policy, in: The Economic Journal 108 (449), S. 1128–1148.

Binder, Klaus Georg (2020): Der Handelsteil des Mercosur-Abkommens. Ein bedingt geeignetes Mittel der Klimapolitik, in: Schlembach, Claudia (Hrsg.): Europa gestaltet globale Handelsbeziehungen. Die Abkommen mit Japan, Mercosur und Vietnam, München: Hanns-Seidel-Stiftung e.V., S. 30–39.

Bookhagen, Britta/Bastian, Dennis (2020): Metalle in Smartphones, Hannover: Bundesanstalt für Geowissenschaften und Rohstoffe.

Boese, Vanessa/Hellseher, Sebastian/Lührmann, Anna (2021): Waves of autocratization and democratization, in: Democratization 28 (6), S. 1202–1210.

Brandenburger, Adam M./Nalebuff, Barry (1996): Mehr Geschäftserfolg – dank der Spieltheorie, in: Harvard Business Manager 2, S. 2–13.

Brandenburger, Adam M./Nalebuff, Barry (2021): The Rules of Co-opetition. Rivals are working together more than ever before. Here's how to think through the risks and rewards, in: Harvard Business Review (January–February), online: https://hbr.org/2021/01/the-rules-of-co-opetition. (Zuletzt geprüft: 25.01.2024).

Braunberger, Gerald (2022): Internationale Rivalitäten. Ordnung in einer unsicheren Welt, in: Frankfurter Allgemeine Zeitung.net v. 11.12.2022, online: https://www.faz.net/aktuell/wirtschaft/usa-gegen-china-und-die-globalisierung-der-niedergang-des-ordnungsdenkens-in-deutschland-18450619.html. (Zuletzt geprüft: 25.01.2024).

British Petroleum (2020): Statistical Review of World Energy. 69th edition, London: BP.

Bundesamt für Bevölkerungsschutz und Katastrophenhilfe (2023): Kritische Infrastrukturen, online: https://www.bbk.bund.de/DE/Themen/Kritische-

Infrastrukturen/kritische-infrastrukturen_node.html. (Zuletzt geprüft: 06.01.2024).

Bundesministerium der Finanzen (2024a): Weltbankgruppe, in: Bundesfinanzministerium.de, online: https://www.bundesfinanzministerium.de/Content/DE/Standardartikel/Themen/Internationales_Finanzmarkt/Internationale_Finanzpolitik/Entwicklungsbanken/Andere_MDB/weltbankgruppe.html. (Zuletzt geprüft: 25.01.2024).

Bundesministerium der Finanzen (2024b): Zollunion, in: Bundesfinanzministerium.de, online: https://www.bundesfinanzministerium.de/Content/DE/Standardartikel/Themen/Europa/Unsere-Union/zollunion.html. (Zuletzt geprüft: 25.01.2024).

Bundesministerium der Finanzen (2024c): Internationaler Währungsfonds, in: Bundesfinanziministerium.de, online:https://www.bundesfinanzministerium.de/Content/DE/Standardartikel/Themen/Internationales_Finanzmarkt/Internationale_Finanzpolitik/Internationaler_Waehrungsfonds/IWF-Definition.html. (Zuletzt geprüft: 25.01.2024).

Bundesministerium für Arbeit und Soziales (2024): Gesetz über die unternehmerischen Sorgfaltspflichten in Lieferketten, in: Bundesministerium für Arbeit und Soziales.de, online: https://www.bmas.de/DE/Service/Gesetze-und-Gesetzesvorhaben/Gesetz-Unternehmerische-Sorgfaltspflichten-Lieferketten/gesetz-unternehmerische-sorgfaltspflichten-lieferketten.html. (Zuletzt geprüft: 25.01.2024).

Bundesministerium für Gesundheit (2023): Wie Arzneimittelpreise entstehen und wie man sie senken kann, in: Bundesgesundheitsministerium.de, v. 27.04.2023, online: https://www.bundesgesundheitsministerium.de/arzneimittelpreise. (Zuletzt geprüft: 25.01.2024).

Bundesministerium für Wirtschaft und Klimaschutz (2023): Lieferkettensorgfaltspflichtengesetz. Gesetz über die unternehmerischen Sorgfaltspflichten in Lieferketten, in: Bundesministerium für Wirtschaft und Klimaschutz.de v. 01.01.2023, online: https://www.bmwk.de/Redaktion/DE/Gesetze/Wirtschaft/lieferkettensorgfaltspflichtengesetz.html. (Zuletzt geprüft: 25.01.2024).

Bundesministerium für Wirtschaft und Klimaschutz (2023): Welthandelsorganisation, in Bundesministerium für Wirtschaft und Klimaschutz.de, online: https://www.bmwk.de/Redaktion/DE/Textsammlungen/Aussenwirtschaft/wto.html. (Zuletzt geprüft: 25.01.2024).

Bundesministerium für wirtschaftliche Zusammenarbeit und Entwicklung (2023): Globalisierung gerecht gestalten. Lieferketten, in: Bundesministerium für wirtschaftliche Zusammenarbeit und Entwicklung.de, online: https://www.bmz.de/de/themen/lieferketten. (Zuletzt geprüft: 25.01.2024).

Bundesministerium für wirtschaftliche Zusammenarbeit und Entwicklung (2022): Außenwirtschaftsförderung. Exportkreditgarantien (sogenannte Hermesdeckungen), in: Bundesministerium für Wirtschaft und Klimaschutz.de, online: https://www.bmwk.de/Redaktion/DE/Artikel/Aussenwirtschaft/exportkredit-garantien.html. (Zuletzt geprüft: 25.01.2024).

Bundesregierung (2017): Nationaler Aktionsplan Umsetzung der VN-Leitprinzipien für Wirtschaft und Menschenrechte 2016–2020, Berlin: Auswärtiges Amt.

Bundesregierung (2023): China-Strategie der Bundesregierung, Berlin: Auswärtiges Amt.

Bundesregierung (2023): Freihandelsabkommen CETA. Wirtschaftsbeziehungen mit Kanada ausbauen, in: Bundesregierung.de, online: https://www.bundesregierung.de/breg-de/bundesregierung/bundesministerien/bundesministerium-fuer-wirtschaft-und-klimaschutz/ceta-ratifizierung-2059226. (Zuletzt geprüft: 25.01.2024).

Bundesregierung (2023): G7/G20: Übersicht der Gipfeldokumente und –erklärungen, in: Bundesregierung.de, online: https://www.bundesregierung.de/breg-de/themen/internationale-zusammenarbeit-g7-g20/uebersicht-der-gipfeldokumente-387332. (Zuletzt geprüft: 25.01.2024).

Bundesregierung (2023): Nationale Sicherheitsstrategie. Wehrhaft. Resilient. Nachhaltig. Integrierte Sicherheit für Deutschland, online: https://www.bmvg.de/resource/blob/5636374/38287252c5442b786ac5d0036ebb237b/nationale-sicherheitsstrategie-data.pdf

Bundestag (2023): Wirtschaft. EU-Mercosur-Handelsabkommen überwiegend positiv bewertet, in: Deutscher Bundestag.de v. 19.04.2023, online: https://www.bundestag.de/dokumente/textarchiv/2023/kw16-pa-wirtschaft-mercosur-abkommen-939364. (Zuletzt geprüft: 25.01.2024).

Bungenberg, Marc/Hermann, Christoph (Hrsg.) (2016): Die gemeinsame Handelspolitik der Europäischen Union. Fünf Jahre nach Lissabon – Quo vadis?, Baden-Baden: Nomos.

Campact.de, in: Über Campact, online: https://www.campact.de/ueber-campact/, (zuletzt geprüft: 17.06.2023)

Carpenter, Katie (2019): Petitions and the Corn Laws, in: UK Parliament Committees v. 26.07.2019, online: https://committees.parliament.uk/committee/326/petitions-committee/news/99040/petitions-and-the-corn-laws/. (Zuletzt geprüft: 25.01.2024).

The Commission on Global Governance (1995), *Our Global Neighbourhood*, Oxford: Oxford University Press,

Crook, Clive (2007): Beyond Belief. Some Economists are beginning to doubt the benefits of free trade. What's wrong with them?, in: The Atlantic c. 10.2007, S. 1.

Dalio, Ray (2022): Weltordnung im Wandel. Vom Aufstieg und Fall von Nationen, München: FinanzBuch Verlag.

Dams, Jan (2022): Bundesfinanzminister Lindner warnt vor Handelskrieg mit USA, in: Welt.de v. 03.12.2022, online: https://www.welt.de/wirtschaft/article242466547/Bundesfinanzminister-Lindner-warnt-vor-Handelskrieg-mit-USA.html. (Zuletzt geprüft: 25.01.2024).

Daniels, Laura von/Dröge, Susanne/Bögner, Alexander (2020): WTO-Streitschlichtung: Auswege aus der Krise. Drei Optionen für die EU, mit der US-Blockade umzugehen, Berlin: Stiftung Wissenschaft und Politik.

Deutscher Industrie- und Handelskammer (DIHK): Handelsbeziehungen zu UK nachhaltig erschwert. DIHK-Außenwirtschaftschef bilanziert sieben Jahre Brexit-Referendum, in: Deutscher Industrie- und Handelskammer.de, online: https://www.dihk.de/de/aktuelles-und-presse/aktuelle-informationen/handelsbeziehungen-zu-uk-nachhaltig-erschwert-97784. (Zuletzt geprüft: 25.01.2024).

Die Zeit (2023): US-Regierung begrüßt Gesetzesvorschlag zu TikTok-Verbot, in: Zeit.de v. 08.03.2023, online: https://www.zeit.de/politik/ausland/2023-03/soziale-medien-usa-tik-tok-verbot-vorschlag-regierung-parteien?utm_referrer=https%3A%2F%2Fwww.google.com%2F. (Zuletzt geprüft: 25.01.2024).

Dilthey, Wilhelm (2017): Der Aufbau der geschichtlichen Welt in den Geisteswissenschaften, (4.Aufl.) Berlin: Holzinger Verlag.

Dittrich, Viviane (2014): Karl Raimund Popper 1902–1994. Philosoph, Soziologe und Wissenschaftstheoretiker, Deutsches Historisches Museum, Berlin, in: Lebendiges Museum v. 14.09.2014, online: https://www.dhm.de/lemo/biografie/karl-raimund-popper.html. (Zuletzt geprüft: 25.01.2024)

Dohmen, Caspar (2021): Lieferketten. Risiken globaler Arbeitsteilung für Mensch und Natur, Berlin: Verlag Klaus Wagenbach.

Dougherty, James E./Pfaltzgraff, Robert L. JR (1990): Contending Theories of International Relations. A Comprehensive Survey, (3.Aufl.) Philadelphia: Harper & Row.

Ehrich, Florian (2011): Der Vater der Geisteswissenschaften, in: Deutschlandfunk Archiv v. 01.10.2011, online: https://www.deutschlandfunk.de/der-vater-der-geisteswissenschaften-100.html. (Zuletzt geprüft: 25.01.2024).

Etzioni, Amitai (1988): The Moral Dimension. Toward a New Economics, New York: The Free Press.

EUR-lex (2023): Binnenmarkt, in: eur-lex.euorpa.eu, online: https://eur-lex.europa.eu/summary/chapter/internal_market.html?locale=de&root_default=SUM_1_CODED%3D24. (Zuletzt geprüft: 25.01.2024).

EUR-lex Europäische Union (2024): Binnenmarkt, in: eur-lex.euorpa.eu, online: https://eur-lex.europa.eu/summary/chapter/internal_market.html?locale=de&root_default=SUM_1_CODED%3D24. (Zuletzt geprüft: 25.01.2024).

Europäische Kommission (2020): Kommission kündigt Maßnahmen an, um Europa sicherer und nachhaltiger mit Rohstoffen zu versorgen, Presseerklärung vom 03.09.2020, Brüssel: Europäische Kommission, online: https://germany.representation.ec.europa.eu/news/kommission-will-europas-versorgung-mit-kritischen-rohstoffen-sichern-2020-09-03_de.

Europäische Kommission (2022): Strategische Vorschau 2022. Verzahnung des grünen und des digitalen Wandels im neuen geopolitischen Kontext. Mitteilung der Kommission an das Europäische Parlament und den Rat, COM(2022) 289 final v. 29.06.2022, Brüssel: Europäische Kommission.

Europäische Kommission (2023a): EU-Emissionshandelssystem (EU-EHS), in: climate.ec.europa.eu.de, online: https://climate.ec.europa.eu/eu-action/eu-emissions-trading-system-eu-ets_de. (Zuletzt geprüft: 25.01.2024).

Europäische Kommission (2023b): Kritische Rohstoffe: Sichere und nachhaltige Lieferketten für die grüne und die digitale Zukunft der EU gewährleisten. Pressemitteilung vom 16.03.2023, Brüssel. Europäische Kommission. (Zuletzt geprüft: 27.04.24)

Europäische Kommission (2023c): Zollunionen, in: trade.ec.europa.eu, online: https://trade.ec.europa.eu/access-to-markets/de/content/zollunionen. (Zuletzt geprüft: 25.01.2024).

Europäische Kommission, Vertretung in Deutschland (2023): Europäischer Ansatz für wirtschaftliche Sicherheit der EU, in: Deutsche Vertretung in Europa.de v. 20.06.2023, online: https://germany.representation.ec.europa.eu/news/europaischer-ansatz-fur-wirtschaftliche-sicherheit-der-eu-2023-06-20_de. (Zuletzt geprüft: 25.01.2024).

Europäischer Rat (2023): Wie und wann die EU Sanktionen verhängt, in: consilium.europa.eu v. 17.10.2023, online: https://www.consilium.europa.eu/de/policies/sanctions/. (Zuletzt geprüft: 25.01.2024).

Europäische Union: Wettbewerb (2023): Gewährleistung und Förderung eines fairen Wettbewerbs, in: european-union.europa.eu, online: https://european-union.europa.eu/priorities-and-actions/actions-topic/competition_en. (Zuletzt geprüft: 25.01.2024).

Farrell, Henry/Newman, Abraham/Narlikar, Amrita (2019): Weaponized Interdependence, GIGA Distinguished Speaker Lecture Series v. 09.12.2019, online: https://www.giga-hamburg.de/de/veranstaltungen/giga-lecture-series/weaponized-interdependence. (Zuletzt geprüft: 25.01.2024).

Fäßler, Peter E. (2007): Globalisierung, Köln: Böhlau Verlag.

Felbermayr, Gabriel (2018): Ein Schaf unter Wölfen? Die Europäische Union und der Freihandel, in: Aus Politik und Zeitgeschichte 68 (4–5), S. 18–23.

Felbermayr, Gabriel (2021): Wir erleben eine neue Globalisierung, in: Handelsblatt.de v. 15.09.2021, online: https://www.handelsblatt.com/unternehmen/industrie/interview-ifw-chef-gabriel-felbermayr-wir-erleben-eine-neue-globalisierung/27612336.html. (zuletzt geprüft: 25.01.2024).

Feyerabend, Paul (1979): Wider den Methodenzwang, (2.Aufl.) Frankfurt a. Main: Suhrkamp.

Flach, Lisandra u.a. (2021): Internationale Wertschöpfungsketten – Reformbedarf und Möglichkeiten, Berlin: Konrad-Adenauer-Stiftung.

Franke Martin (2020): Peter A. Hall und David Soskice, in: Janusch, Holger (Hrsg.): Handelspolitik und Welthandel in der Internationalen Politischen Ökonomie. Ein ideengeschichtlicher Überblick, Wiesbaden: Springer Fachmedien, S. 289–301.

Friedman, Milton (2004): Kapitalismus und Freiheit, München/Zürich: Piper.

Friedman, Thomas L. (1996): Foreign Affairs Big Mac I, in: The New York Times v. 08.12.1996, online: https://www.nytimes.com/1996/12/08/opinion/foreign-affairs-big-mac-i.html. (Zuletzt geprüft: 25.01.2024).

Fukuyama, Francis (2019): Identität, Wie der Verlust der Würde unsere Demokratie gefährdet. Hamburg: Hoffmann und Campe Fukuyama, Francis (1989): The End of History?, in: The National Interest 16, S. 3–18.

Fücks, Ralf/Mathe, Rainald (Hrsg.) (2022): Liberalismus neu denken. Freiheitliche Antworten auf die Herausforderungen unserer Zeit, (transcript) Independent Academic Publishing, Open Access.

Garcia-Herrero, Alicia (2022): Slowbalisation in the Context of US-China Decoupling, in: Intereconomics. Review of European Economic Policy 57 (6), S. 352–358.

Geldern, Anna u.a. (2021): How China Lends: A Rare Look into 100 Debt Contracts with Foreign Governments, in: Center for Global Development v. 21.03.2021, online: https://www.cgdev.org/publication/how-china-lends-rare-look-into-100-debt-contracts-foreign-governments. (Zuletzt geprüft: 25.01.2024).

Generalzolldirektion (2023): Antidumping, in: zoll.de, online: https://www.zoll.de/DE/Fachthemen/Zoelle/Zolltarif/Antidumping/antidumping.html. (Zuletzt geprüft: 20.04.2024).

Giese, Ernst/Mossig, Ivo/Schröder, Heike (2011): Globalisierung der Wirtschaft. Eine wirtschaftsgeographische Einführung, Paderborn: Ferdinand Schöningh.

Glismann, Hans Hinrich u.a. (1986): Weltwirtschaftslehre. Eine problemorientierte Einführung. I. Außenhandels- und Währungspolitik, (3.Aufl.) Göttingen: Vandenhoeck und Ruprecht.

Grau, Alexander (2016): Die Rückkehr des Nationalismus. Der Preis der Globalisierung, in: Cicero.de v. 05.02.2016, online: https://www.cicero.de/aussenpolitik/die-rueckkehr-des-nationendenkens-rettungsanker-nationalismus/60467. (Zuletzt geprüft: 25.01.2024).

Grönhardt, Nina (2020): Eli F. Heckscher & Bertil G. Ohlin, in: Janusch, Holger (Hrsg.): Handelspolitik und Welthandel in der Internationalen Politischen Ökonomie. Ein ideengeschichtlicher Überblick, Wiesbaden: Springer Fachmedien, S. 93–103.

Grzeszyk, Tabea/Wieden, Lotta (2016): Freundschaft in der modernen Gesellschaft. Eine Seele in zwei Körpern, in: Deutschlandfunk.de, online: https://www.deutschlandfunkkultur.de/freundschaft-in-der-modernen-gesellschaft-eine-seele-in-100.html. (Zuletzt geprüft: 25.01.2024).

Gwynn, Maria A. (2020): Susan Strange, in: Janusch, Holger (Hrsg.): Handelspolitik und Welthandel in der Internationalen Politischen Ökonomie. Ein ideengeschichtlicher Überblick, Wiesbaden: Springer Fachmedien, S. 253–261.

Habermas, Jürgen (1973): Erkenntnis und Interesse, (18.Aufl.) Frankfurt a. Main: Suhrkamp.

Habermas, Jürgen (1981): Theorie des kommunikativen Handelns, 2 Bde., Frankfurt a. Main: Suhrkamp.

Hall, Peter A. /Soskice, David (Hrsg.) (2001): Varietes of Capitalism: The institutional Foundations of Comparative Advantage, Oxford: Oxford University Press.

Haller, Rudolf (1981): Wie vernünftig ist der Common Sense?, in: Poser, Hans (Hrsg.): Wandel des Vernunftbegriffs, Freiburg: Karl Alber, S. 177–197.

Harris, Jennifer/Sullivan, Jake (2020): America Needs a New Economic Philosophy. Foreign Policy Experts Can Help. The United States cannot get grand strategy right if it gets economic policy wrong, in: Foreign Policy v. 07.02.2020, online: https://foreignpolicy.com/2020/02/07/america-needs-a-new-economic-philosophy-foreign-policy-experts-can-help/. (Zuletzt geprüft: 25.01.2024).

Hartmann, Hauke/Thiery, Peter (2021): Globale Ergebnisse. Abnehmende Resilienz, BTI Transformation Index, Gütersloh: Bertelsmann Stiftung.

HAWE Hydraulik (2022): Unternehmenszahlen, in: Hawe.com v. 12.2022, online: https://www.hawe.com/de-de/unternehmen/ueber-uns/kennzahlen/. (Zuletzt geprüft: 25.01.2024).

Heckscher, Eli F. (1919/1949): The Effect of Foreign Trade on the Distribution of Income, Nachdruck in: American Economic Association: Readings in the Theory of International Trade, Philadelphia: Blakiston, S. 272–300.

Heidinger, Michael (2020): David Ricardo, in: Janusch, Holger (Hrsg.): Handelspolitik und Welthandel in der Internationalen Politischen Ökonomie. Ein ideengeschichtlicher Überblick, Wiesbaden: Springer Fachmedien, S. 25–36.

Herz, Wilfried (Hrsg.) (2002): Die Hauptwerke der wichtigsten Ökonomen. ZEIT-Bibliothek der Ökonomen, Stuttgart: Schäffer-Poeschel.

Herzinger, Richard (2019): Totalitäre Systeme. Kein Wandel durch Handel, in: Die Welt.de v. 30.11.2019, online: https://www.welt.de/debatte/kommentare/article203949574/Totalitaere-Systeme-Kein-Wandel-durch-Handel.html. (Zuletzt geprüft: 25.01.2024).

Hiller, Jens (2020): Robert O. Keohane, in: Janusch, Holger (Hrsg.): Handelspolitik und Welthandel in der Internationalen Politischen Ökonomie. Ein ideengeschichtlicher Überblick, Wiesbaden: Springer Fachmedien, S. 239–251.

Hobbes, Thomas (2005): Leviathan, Erster und zweiter Teil, München: Finanz-Buch.

Hoffmann, Claudia (1993): Entscheidungs-Gestaltung. Neue Perspektiven außenpolitischer Entscheidungstheorie und Planung, München: tuduv Verlagsgesellschaft.

Höpner, Axel/Gusbeth, Sabine (2023): Siemens will Abhängigkeit von China reduzieren und investiert Milliarden in Fertigungsnetz, in: Handelsblatt.de v. 15.06.2023, online: https://www.handelsblatt.com/unternehmen/industrie/technologiekonzern-siemens-will-abhaengigkeit-von-china-reduzieren-und-investiert-milliarden-in-fertigungsnetz/29163414.html. (Zuletzt geprüft: 25.01.2024).

Hornbostel, Stefan (2014): Schisma oder Diversifikation. Das Verhältnis von Natur-, Sozial- und Geisteswissenschaften, in: Dreyer, Mechthild/Schmidt, Uwe/Dicke, Klaus (Hrsg.): Geistes- und Sozialwissenschaften an der Universität. Innenansichten und Außenperspektiven von morgen, Wiesbaden: Springer Verlag, S. 99–123.

Hornig, Frank/Jung, Alexander (2005): „Der Markt hat kein Herz". Interview mit Paul Samuelson, in: Der Spiegel.de v. 16.09.2005, online: https://www.spiegel.de/wirtschaft/der-markt-hat-kein-herz-a-f6aab449-0002-0001-0000-000041834764. (Zuletzt geprüft: 25.01.2024).

Hüther, Michael/Matthes, Jürgen (2023): Schadet der US Inflation Reduction Act der deutschen Wirtschaft? Ein Einspruch gegen Übertreibungen, in: Atlantik-Brücke.org v. 18.01.2023, online: https://www.atlantik-bruecke.org/schadet-der-us-inflation-reduction-act-der-deutschen-wirtschaft/. (Zuletzt geprüft: 25.01.2024)

Institut für Weltwirtschaft (IWF) (2013): Forschungszentrum Globale Kooperation und gesellschaftlicher Zusammenhalt, online: https://www.ifw-kiel.de/de/institut/forschungszentren/globale-kooperation-und-gesellschaftlicher-zusammenhalt/. (Zuletzt geprüft: 25.01.2024).

Iyer, Akhil (2014): Porter's Model: Porter's Diamond, Porter's Generic Strategies, Porter's 5 Forces, Porter's Value Chain (CIMA E3- Enterprise Strategy Book 1), in: KAPP Edge Solution (Hrsg), Kindle-Ausgabe.

Jahn, Thomas (2019): „Identität". Neues Buch von Francis Fukuyama – Was nach dem „Ende der Geschichte" kommt, in: Handelsblatt.de v. 07.02.2019, online: https://www.handelsblatt.com/arts_und_style/identitaet-neues-buch-von-francis-fukuyama-was-nach-dem-ende-der-geschichte-kommt/23956272.html. (Zuletzt geprüft: 25.01.2024).

Janusch, Holger (Hrsg.) (2020): Handelspolitik und Welthandel in der Internationalen Politischen Ökonomie. Ein ideengeschichtlicher Überblick, Wiesbaden: Springer Fachmedien.

Japan Management Association (1986): Kanban. Just-in-Time at Toyota. Management begins at the Workplace, Subsequent Edition, New York: Productivity Press.

Jesse, Eckhard (2019): Die offene Gesellschaft ist von vielen Seiten bedroht – wer die Gefahren erkennen will, fährt immer noch gut mit Karl Popper, in: Neue Zürcher Zeitung v. 31.07.2019, online: https://www.nzz.ch/meinung/karl-popper-heute-die-offene-gesellschaft-ist-vielfach-bedroht-ld.1491360. (Zuletzt geprüft: 25.01.2024).

Juncker, Jean-Claude (2016): State of the Union Address 2016: Towards a better Europe – a Europe that protects, empowers and defends, in: Europäische Kommission.eu v. 14.09.2016, online: https://ec.europa.eu/commission/presscorner/detail/en/SPEECH_16_3043. (Zuletzt geprüft: 25.01.2024).

Kafsack, Hendrik/Stabenow, Michael (2008): Jetzt darf die Gurke wieder krumm sein, in: Frankfurter Allgemeine Zeitung.net v. 12.11.2008, online: https://www.faz.net/aktuell/wirtschaft/wirtschaftspolitik/aus-fuer-penible-eu-auflagen-jetzt-darf-die-gurke-wieder-krumm-sein-1655736.html. (Zuletzt geprüft: 25.01.2024).

Kamin, Katrin/Bayerlein, Michael/Dombrowski, Jacqueline (2023): Zeitenwende für die Außenwirtschaftspolitik. Autokratisierung, strategische Inputs und Abhängigkeiten, in: Wirtschaftsdienst 103 (13), S. 23–26.

Kant, Immanuel (1912/1795): Zum ewigen Frieden, in: Königlich Preußische Akademie der Wissenschaften, (Hrsg.): Kants gesammelte Schriften (Abt. 1, Werke, Band 8: Abhandlungen nach 1781), Berlin: Reimers Verlag.

Kehr, Henning/Jahrmann, Fritz-Ulrich (2015): Außenhandel, (14.Aufl.) Herne: NWB Verlag.

Keim, Martin (2020): Adam Smith, in: Janusch, Holger (Hrsg.): Handelspolitik und Welthandel in der Internationalen Politischen Ökonomie. Ein ideengeschichtlicher Überblick, Wiesbaden: Springer Fachmedien, S. 13–23.

Kennan, George F. (1983): Memoiren eines Diplomaten, Stuttgart: dtv.

Kennert, Matthias (2015): Die Mär von der multipolaren Weltordnung: Hegemonien der Sicherheitspolitik des 21. Jahrhundert, in: Bundesakademie für Sicherheitspolitik.de v. 05.2015, online: https://www.baks.bund.de/de/arbeitspapiere/2015/die-maer-von-der-multipolaren-weltordnung-hegemonie-in-der-sicherheitspolitik. (Zuletzt geprüft: 25.01.2024).

Keohane, Robert O. (1984): After Hegemony. Cooperation and Discord in the World Political Economy. Princeton: Princeton University Press.

Keohane, Robert O. (1989): International Institutions and State Power. Essay in International Relations Theory, Boulder/San Francisco/London: Westview Press.

Keohane, Robert O./Nye, Joseph S. (1987): Macht und Interdependenz, in: Kaiser, Karl/Schwarz, Hans-Peter (Hrsg.): Weltpolitik. Strukturen – Akteure – Perspektiven, (2.Aufl.) Bonn: Bundeszentrale für politische Bildung, S. 74–89.

Keynes, John Maynard (2017:1939): Allgemeine Theorie der Beschäftigung, des Zinses und des Geldes, Berlin: Duncker & Bumblot.

Kindermann, Gottfried-Karl (Hrsg.) (1986): Grundelemente der Weltpolitik. Eine Einführung, (3.Aufl.) München: R. Piper Verlag.

Kläsgen, Michael/Schmieder, Jürgen (2023): Shopping-App: Shein, der vielleicht dreisteste Raubkopierer der Welt, in: Süddeutsche Zeitung.de v. 11.08.2023, online: https://www.sueddeutsche.de/wirtschaft/shein-temu-ki-fashion-mode-1.6119095. (Zuletzt geprüft: 25.01.2024).

Kluge, Janis/Fischer, Sabine (2018): Wirtschaftssanktionen wirken, in: SWP Berlin.org v. 09.05.2018, online: https://www.swp-berlin.org/publikation/wirtschaftssanktionen-wirken. (Zuletzt geprüft: 25.01.2024).

Koenen, Jens (2023) : Das Unternehmergespräch mit Mohsen Sohi. Vileda-Hersteller Freudenberg: „Wir wären gut beraten, mehr mit China als über China zu reden", in: Handelsblatt.de v. 08.04.2023, online: https://www.handelsblatt.com/unternehmen/mittelstand/familienunternehmer/das-unternehmergespraech-vileda-hersteller-freudenberg-wir-waeren-gut-beraten-mehr-mit-china-als-ueber-china-zu-reden/29066986.html. (Zuletzt geprüft: 25.01.2024).

Kotera, Akira (2006): What is the „Spaghetti Bowl Phenomenon" of FTAs? in: Research Institute of Economy, Trade and Industrie v. 23.05. 2006, online: https://www.rieti.go.jp/en/columns/a01_0193.html. (Zuletzt geprüft: 25.01.2024).

Krugman, Paul (1980): Scale Economics, Product Differentiation, and the Pattern of Trade, in: The American Economic Review 70 (5), S. 950–959.

Krugman, Paul R./Obstfeld, Maurice/Melitz Marc J. (2019): Internationale Wirtschaft. Theorie und Politik der Außenwirtschaft, Hallbergmoos: Pearson Deutschland.

Kuhn, Thomas (1976) Die Struktur wissenschaftlicher Revolutionen, (2.Aufl.) Frankfurt a. Main: Suhrkamp.

Kuhn, Thomas (1978): Die Entstehung des Neuen. Studien zur Struktur der Wissenschaftsgeschichte, Frankfurt a, Main: Suhrkamp.

Kuhr-Korolev, Corinna (2021): Perestroika und das Ende der Sowjetunion. Ein kontroverser Blick zurück, Version: 1.0, in: Docupedia-Zeitgeschichte v. 09.02.2021, online: http://docupedia.de/zg/Kuhr-Korolev_perestroika_v1_de_2021. (zuletzt geprüft: 25.01.2024).

Kundnani, Hans/Wirthensohn, Andreas (2016): German Power: das Paradox der deutschen Stärke, München: C.H. Beck.

Kurze, Kristina/Schwanzholz, Julia (2020): Andrew Moravcsik, in: Janusch, Holger (Hrsg.): Handelspolitik und Welthandel in der Internationalen Politischen Ökonomie. Ein ideengeschichtlicher Überblick, Wiesbaden: Springer Fachmedien, S. 279–288.

Lau, Jörg (2023): „Wir leben in einer multipolaren Welt", in: Internationale Politik 5, September/Oktober 2023, S. 15, online: https://internationalepolitik.de/de/wir-leben-einer-multi-polaren-welt, (zuletzt geprüft: 10.02.24).

Leamer, Edward E. (1980): The Leontief Paradox, Reconsidered, in: Journal of Political Economy 88 (3), S. 495–503.

Leontief, Wassily (1953): Domestic Production and Foreign Trade: The American Capital Position Reexamined, in: Proceedings of the American Philosophical Society 97 (4), S. 332–349.

Leschke, Martin (2012): Milton Friedman: Nicht nur ein Monetarist, in: Wirtschaftsdienst 92 (8), S. 541–546.

Lippert, Barbara/von Ondarza, Nicolai/Perthes Volker (Hrsg.) (2019): Strategische Autonomie Europas. Akteure, Handlungsfelder, Zielkonflikte, Berlin: Stiftung Wissenschaft und Politik.

List, Friedrich (1959/1841): Das nationale System der politischen Ökonomie, Basel, Tübingen: J.C.B. Mohr, Paul Siebeck.

Lorberg, Daniel (2020): Paul R. Krugman, in: Janusch, Holger (Hrsg.): Handelspolitik und Welthandel in der Internationalen Politischen Ökonomie. Ein ideengeschichtlicher Überblick, Wiesbaden: Springer Fachmedien, S. 265–278.

Luderer, Gunnar u.a. (2022): Kurzdossier: Deutschland auf dem Weg aus der Gaskrise – Wie sich Klimaschutz und Energiesouveränität vereinen lassen, Potsdam: Kopernikus-Projekt Ariadne.

Luhmann, Niklas (1984): Soziale Systeme. Grundriss einer allgemeinen Theorie, Frankfurt a. Main: Suhrkamp.

Luhmann, Niklas (1990): Die Wissenschaft der Gesellschaft, Frankfurt a. Main: Suhrkamp.

Lührmann, Anna/Tannenberg, Marcus/Lindberg, Staffan I. (2018): Regimes of the World (RoW): Opening New Avenues for the Comparative Study of Political Regimes, in: Politics and Governance 6 (1), S. 60–77.

Maihold, Günther (2022): Die neue Geopolitik der Lieferketten. „Friend-shoring" als Zielvorgabe für den Umbau von Lieferketten, Berlin: Stiftung Wissenschaft und Politik.

Malik, Fredmund F. (1986): Strategie des Managements komplexer Systeme. Ein Beitrag zur Management-Kybernetik evolutionärer Systeme, (2.Aufl.) Stuttgart/Bern: Paul Haupt.

March, James G./Simon, Herbert A. (1977): Kognitive Grenzen der Rationalität, in: Witte, Eberhard/Thimm, Alfred L. (Hrsg.): Entscheidungstheorie. Texte und Analysen, Wiesbaden: Gabler.

Marx, Karl/Engels, Friedrich (1958): Die deutsche Ideologie, Berlin: Dietz. online: https://marxwirklichstudieren.files.wordpress.com/2012/11/mew_band03.pdf. (Zuletzt geprüft: 20.04.2024).

Matthes, Jürgen (2023): Direktinvestitionen: Deutsche Gewinne – made in China, in: Informationsdienst des Instituts der deutschen Wirtschaft v. 21.06.2023, online: https://www.iwd.de/artikel/deutsche-gewinne-made-in-china-587767/. (Zuletzt geprüft: 25.01.2024).

Matthijs, Matthias/Meuiner, Sophie (2023): Europe's Geoeconomic Revolution. How the EU Learned to Wield its Real Power, in: Foreign Affairs 102 (5), S. 168–179.

Maull, Hanns W. (2020): Das Freihandelsabkommen der Europäischen Union mit Japan. Geopolitische und geoökonomische Aspekte, in: Schlembach, Claudia

(Hrsg.): Europa gestaltet globale Handelsbeziehungen. Die Abkommen mit Japan, Mercosur und Vietnam, München: Hanns-Seidel-Stiftung e.V., S. 10–20.

Mead, Walter Russell (2014): The Return of Geopolitics: The Revenge of the Revisionist Powers, in: Foreign Affairs 93 (3), S. 69–79.

Meadows, Dennis et.al. (1973): Die Grenzen des Wachstums. Bericht des Club of Rome zur Lage der Menschheit, Hamburg: Rowohlt.

Mercator Institute for China Studies MERICS (2018): Die Vermessung der Belt and Road Initiative: Eine Bestandsaufnahme, in: Mercator Institute for China Studies.org v. 07.06.2018, online: https://www.merics.org/de/tracker/die-vermessung-der-belt-and-road-initiative-eine-bestandsaufnahme. (Zuletzt geprüft: 25.01.2024).

Meyer, Christian/Mees, Anna Lena/Kruber, Klaus-Peter (2008): Weltwirtschaftliche Entwicklungen zu Beginn des 21. Jahrhunderts, in: Informationen zur Politischen Bildung 299, S. 12.

Mittendorf, Volker (2020): Immanuel Kant, in: Janusch, Holger (Hrsg.): Handelspolitik und Welthandel in der Internationalen Politischen Ökonomie. Ein ideengeschichtlicher Überblick, Wiesbaden: Springer Fachmedien, S. 37–49.

Möller, Sebastian (2020): Raul Prebisch & Hans W. Singer, in: Janusch, Holger (Hrsg.): Handelspolitik und Welthandel in der Internationalen Politischen Ökonomie. Ein ideengeschichtlicher Überblick, Wiesbaden: Springer Fachmedien, S. 157–175.

Moravcsik, Andrew/Schimmelpfennig, Frank (2009): Liberal Intergovernmentalism, in: Wiener, Antje/Dietz, Thomas (Hrsg.): European Integration Theory, Oxford: Oxford University Press, S. 67–87.

Morgenthau, Hans J. (1963): Macht und Frieden. Grundlegung einer Theorie der Internationalen Politik, Gütersloh: Bertelsmann Verlag.

Muja, Armend u.a. (2018) : The globalization paradox in 21st century and its applicability in analysis of international stability, in: IFAC PapersOnLine 51 (30), S. 128–133.

National Security Council (1959): United States Objectives and Programs for National Security. National Security Council Report NSC 68 v. 14.04.1950, dokumentiert in: https://digitalarchive.wilsoncenter.org/document/national-security-council-report-nsc-68-united-states-objectives-and-programs-national. (Zuletzt geprüft: 25.01.2024).

Neubert, Axel (2020): Vietnam setzt mit der EU auf Freihandel, in: Schlembach, Claudia (Hrsg.): Europa gestaltet globale Handelsbeziehungen. Die Abkommen mit Japan, Mercosur und Vietnam, München: Hanns-Seidel-Stiftung e.V., S. 40–47.

Neugebauer, Carolin/Schewe, Gerhard (2014): „Wirtschaftsmacht Modeindustrie – Alles bleibt anders, in: Aus Politik und Zeitgeschichte 65 (1–3), S. 31–41.

Neumann, John von/Morgenstern, Oskar (1963): Theory of Games and Economic Behavior, (3.Aufl.) Princeton: Princeton University Press.

Nye, Joseph S. Jr. (1990): The Changing Nature of World Power, in: Political Science Quarterly 105 (2), S. 177–192.

Nye, Joseph S. Jr. (2005): Soft Power. The Means to Success in World Politics, New York: PublicAffairs.

Nye, Joseph S. Jr. (2021) The China Sleepwalking Syndrome, in: Project Syndicate v. 04.10.201, online: https://www.project-syndicate.org/commentary/sleepwalking-to-war-with-china-by-joseph-s-nye-2021-10?barrier=accesspaylog. (Zuletzt geprüft: 25.01.2023).

Nye, Joseph S. Jr. (2022): Was ist aus Soft Power geworden?, in: Project Syndicate v. 11.01.2022, online: https://www.project-syndicate.org/commentary/whatever-happened-to-soft-power-by-joseph-s-nye-2022-01/german. (Zuletzt geprüft: 25.01.2024).

O'Connor, J J/Robertson, E F (1998): Stanislaw Marcin Ulam, in: MacTutor.uk, online: https://mathshistory.st-andrews.ac.uk/Biographies/Ulam/ (Zuletzt geprüft: 25.01.2024).

OECD (2005), Measuring Globalisation: OECD Handbook on Economic Globalisation Indicators, OECD Publishing. Paris.

OECD 2020: Beyond Growth. Towards a New Economic Approach, OECD Publishing. Paris.

Ohlin, Bertil G. (1933): Interregional and International Trade, Cambridge: Cambridge University Press.

Okonjo-Iweale, Ngozi (2023): Why the World Still Needs Trade. The Case for Reimagining-Not Abandoning-Globalization, in: Foreign Affairs , June 8, 2023.

Olk, Julian/Specht, Frank (2023): Pistorius: „Es reicht nicht zu sagen, wir spielen nicht mit den Schmuddelkindern", in: Handelsblatt.de v. 14.09.2023, online: https://www.handelsblatt.com/politik/deutschland/verteidigung-pistorius-es-reicht-nicht-zu-sagen-wir-spielen-nicht-mit-den-schmuddelkindern-/29390388.html. (Zuletzt geprüft: 25.01.2024).

Osterhammel, Jürgen (2018): Zur Geschichte des Freihandels, in: Aus Politik und Zeitgeschichte 68 (4–5), S. 11–17.

Osterhammel, Jürgen/Jansen Jan C. (2021): Kolonialismus: Geschichte, Formen, Folgen, München: C. H. Beck.

Osterhammel, Jürgen/Peterson Niels P. (2019): Geschichte der Globalisierung. Dimensionen, Prozesse, Epochen, (6.Aufl.) München: C. H. Beck.

Peer, Mathias (2023): Ashoka Mody im Interview: „Die Behauptung, dass Indien boomt, ist völlig falsch.", in: Handelsblatt.de v. 19.07.2023, online: https://www.handelsblatt.com/politik/international/ashoka-mody-im-interview-die-behauptung-dass-indien-boomt-ist-voellig-falsch/29249732.html. (Zuletzt geprüft: 25.01.2024).

Peer, Mathias/Kölling, Martin (2023): RCEP: Vor allem China setzt auf die weltgrößte Freihandelszone, in: Handelsblatt.de v. 03.01.2023, online: https://www.handelsblatt.com/politik/international/rcep-vor-allem-china-setzt-auf-die-weltgroesste-freihandelszone/28896192.html. (Zuletzt geprüft: 25.01.2024).

Petersen, Thieß u.a. (2023): Sanktionen gegen Russland: Wurde ihre Wirkung überschätzt? Eine Zwischenbilanz, in: ifo Schnelldienst 76 (5), S. 3–22.

Pinzler, Petra (2016): Der Unfreihandel. Die heimliche Herrschaft von Konzernen und Kanzleien, Bonn: Bundeszentrale für politische Bildung.

Pisani-Ferry, Jean (2021) Die geopolitische Eroberung der Wirtschaft, in: Project Syndikate v.30.09.2021, online: https://www.project-syndicate.org/commentary/geopolitics-is-trumping-economics-by-jean-pisani-ferry-2021-09/german. (zuletzt geprüft: 25.01.2024).

Plinkert, Philip (2017): Die VWL auf Sinnsuche: Ein Buch für zweifelnde Studenten und kritische Professoren, Frankfurt a. Main: Frankfurter Allgemeine Buch Verlag.

Poll, Dietmar (2022): Mehr Automatisierung und Robotik notwendig. Reshoring von Produktion nach Deutschland: Das sagt der VDMA, in: Produktion.de v. 28.09.2022, online: https://www.produktion.de/technik/reshoring-von-produktion-nach-deutschland-das-sagt-der-vdma-562.html. (Zuletzt geprüft: 25.01.2024).

Popper, Karl (1965): Das Ende des Historizismus, Tübingen: Mohr Siebeck.

Popper, Karl (1977): Die offene Gesellschaft und ihre Feinde, 2 Bde., (5. Aufl.) Tübingen: Mohr Siebeck.

Popper, Karl (1978): Die Grundlagen der Erkenntnistheorie, Tübingen: Mohr Siebeck.

Popper, Karl (2003a): Die offene Gesellschaft und ihre Feinde, Bd. 1: Der Zauber Platons, (8.Aufl.) Tübingen: Mohr Siebeck.

Porter, Michael E. (1990): The Competitive Advantage of Nations, New York: The Free Press.

Porter, Michael E. (2004): Competitive Advantage. Creating and Sustaining Superior Performance, New York: First Free Press Export Edition.

Prebisch, Raul (1950): The Economic Development of Latin America and its Principle Problems, New York: The United Nations.

Public First (2023): Poll for UK in a Changing Europe, Online Survey 26.05.–02.06.2023, online: https://ukandeu.ac.uk/wp-content/uploads/2023/06/Public-First-Initial-Polling-Data-June-2023.pdf. (Zuletzt geprüft: 25.01.2024).

Rajan, Raghuram G. (2022): Ein klares Nein zu „Friend-Shoring“, in: Project Syndicate v. 03.06. 2022, online: https://www.project-syndicate.org/commentary/friend-shoring-higher-costs-and-more-conflict-without-resilience-by-raghuram-rajan-2022-06/german?barrier=accesspaylog. (Zuletzt geprüft: 25.01.2024).

Rapoport, Anatol (1965): Prisoner's Dilemma, Ann Arbor: The University of Michigan.

Rapoport, Anatol (1970): Modern Systems Theory: An Outlook for Coping with Change, in: General Systems. Yearbook of the Society for General Systems research 15, S. 15–25.

Rapoport, Anatol (1974): Game Theory as a Theory of Conflict Resolution, Dordrecht: D. Seidel.

ReaktionsnetzwerkDeutschland RND (2023): Baerbock über Russland-Sanktionen: Logiken von Demokratien greifen nicht in Autokratien, v. 24.08.2023, online: https://www.rnd.de/politik/baerbock-ueber-russland-sanktionen-logiken-von-demokratien-greifen-nicht-in-autokratien-5YM237MRSNNJ5BJZU-6ES2NLSWY.html

Ricardo, David (2015/1817): On the Principles of Political Economy and Taxation, Cambridge: Cambridge University Press.

Riedel, Donata (2020): Wirtschaftsweise Grimm: „Wir werden internationalen Lieferketten weniger vertrauen", in: Handelsblatt.de v. 14.04.2020, online: https://www.handelsblatt.com/politik/deutschland/oekonomin-zur-coronakrise-wirtschaftsweise-grimm-wir-werden-internationalen-lieferketten-weniger-vertrauen/25730486.html. (Zuletzt geprüft: 25.01.2024).

Rodrik, Dani (2007): One Economics. Many Recipes. Globalization, Institutions, and Economic Growth, Princeton: Princeton University Press.

Rodrik, Dani (2011): Das Globalisierung-Paradox. Die Demokratie und die Zukunft der Weltwirtschaft, München: C.H.Beck.

Rodrik, Dani (2016a): Put Globalization to Work for Democracies. Opinion, in: The New York Times.com. v. 17.09.2016, online: https://www.nytimes.com/2016/09/18/opinion/sunday/put-globalization-to-work-for-democracies.html. (Zuletzt geprüft: 25.01.2024).

Rodrik, Dani (2016b): The False Promise of Global Governance. in: Project Syndicate v. 11.08.2016, online: https://www.project-syndicate.org/commentary/global-governance-false-economic-promise-by-dani-rodrik-2016-08. (Zuletzt geprüft: 25.01.2024).

Rodrik, Dani (2018a): Straight Talk on Trade. Ideas for a sane World Economy, Princeton: Princeton University Press.

Rodrik, Dani (2018b): Populism and the economics of globalization, in: Journal of International Business Policy 1 (1–2), S. 12–33.

Rodrik, Dani (2018c): What do Trade Agreements really Do?, in: Journal of Economic Perspectives 32 (2), S. 73–90.

Rogoff, Kenneth (2023): „Wir befinden uns am Wendepunkt der Weltwirtschaft", in: Handelsblatt.de v. 18.01.2023, online: https://www.handelsblatt.com/politik/international/staroekonom-kenneth-rogoff-wir-befinden-uns-am-wendepunkt-der-weltwirtschaft-/28926500.html. (zuletzt geprüft: 25.01.2024).

Roßmann, Robert (2022): Steinmeier gesteht Fehler in Russland-Politik ein, in: Süddeutsche.de, online: https://www.sueddeutsche.de/politik/steinmeier-selbstkritik-russland-1.5560571:, (zuletzt geprüft: 20.04.2024)

Roth, Steffen J. (2021): VWL für Einsteiger, (6.Aufl.) München/Tübingen: UVK Verlag.

Rousseau, Jean-Jacques (2012): Der Gesellschaftsvertrag, Köln: Anaconda-Verlag.

Samuelson, Paul (2005): Jagdish Bhagwati, The Wunderkind who became the Tireless Theorist of International Trade. On occasion of 70 Birthday festschrift conference in Gainesville Florida, January 2005, online: http://www.columbia.edu/~jb38/profiles/pdf/festschrift-samuelson.pdf. (Zuletzt geprüft: 25.01.2024).

Samuelson, Paul/Nordhaus, William D. (2016): Volkswirtschaftslehre. Das internationale Standardwerk der Makro- und Mikroökonomie, München: FinanzBuch.

Samuelson, Paul/Nordhaus, William D. (2017): Volkswirtschaftslehre. Das internationale Standardwerk der Makro- und Mikroökonomie, München: FinanzBuch.

Sauga, Michael (2023): Härtere Maßnahmen gegen Russland. „Wer mit den Sanktionen unzufrieden ist, muss sie ausweiten", in: Der Spiegel.de v. 25.04.2023, online: https://www.spiegel.de/wirtschaft/russlands-krieg-gegen-die-ukraine-expertengruppe-fordert-wirksamere-sanktionen-a-0d8c2bdd-6ba6-497e-be0c-e9f9b54fc26d. (Zuletzt geprüft: 25.01.2024).

Schlembach, Claudia (2015): Rationalität-Gleichgewicht-Varoufakis: Homo ludens, in: Politische Studien 462 (Juli–August), S. 73–78.

Schlembach, Claudia (2017): Warum der Brexit schmerzhaft wird: Verdrängte Vulnerabilität, in: Hanns-Seidel-Stiftung.de v. 14.05.2017, online: https://www.hss.de/news/detail/warum-der-brexit-schmerzhaft-wird-verdraengte-vulnerabilitaet-news520/#! (Zuletzt geprüft: 25.01.2024).

Schlembach, Claudia (2018): Donald Trump's Tweets: Der Beginn eines Handelskriegs?, in: Hanns-Seidel-Stiftung.de v. 16.04.2018, online: https://www.hss.de/news/detail/der-beginn-eines-handelskriegs-news2721/ 16.04.2018. (Zuletzt geprüft: 25.01.2024).

Schlütter, Jana (2012): Revolutionen in der Wissenschaft. Wenn Weltbilder ins Wanken geraten, in: Tagesspiegel.de v. 29.09.2012, online: https://www.tagesspiegel.de/wissen/wenn-weltbilder-ins-wanken-geraten-4594405.html. (Zuletzt geprüft: 25.01.2024).

Schmucker, Claudia (2023): Die Krise des Welthandels, in: Internationale Politik: das Magazin für globales Denken 78 (1), S. 33–37.

Schmucker, Claudia/Mildner, Stormy-Annika (2017): Trump's Fair Trade. Aber fair für wen?, Berlin: DGAP.

Schörnig, Niklas (2010): Neorealismus, in: Schieder, Siegfried/Spindler, Manuela (Hrsg.): Theorien der Internationalen Beziehungen, (3.Augl.), Opladen: Budrich

Sen, Amartya (1985): Rationality and Uncertainity, in: Theory and Decision 18 (2), S. 109–127.

Siebert, Horst (1991): Außenwirtschaft, (5.Aufl.) Stuttgart: G. Fischer.

Simon, Herbert A. (1982): Models of Bounded Rationality, Cambridge: MIT Press.

Simon, Herbert A. (1985): Human Nature in Politics. The Dialogue of Psychology with Political Science, in: American Political Science Review 79, S. 193–207.

Smith, Adam (1976/1979): An Inquiry into the Nature and Causes of the Wealth of Nations, Oxford: Oxford University Press.

Smith, Adam (1993): Der Wohlstand der Nationen: eine Untersuchung seiner Natur und Ursachen, (6.Aufl.) München: Deutscher Taschenbuch Verlag.

Spinner, Helmut F. (1974): Pluralismus als Erkenntnismodell, Frankfurt a. Main: Suhrkamp.

Springford, John (2022): The cost of Brexit to June 2022, in: Centre for European Reform.eu v. 21.12.2022, online: https://www.cer.eu/sites/default/files/insight_JS_costbrexit_21.12.22.pdf. (Zuletzt geprüft: 25.01.2024).

Stadermann, Hans-Joachim (1988): Weltwirtschaft, Tübingen: J.C.B. Mohr.

Stamer, Vincent (2023): Deutsche Exporte ausgebremst: China ersetzt „Made in Germany", Kiel: Institut für Weltwirtschaft.

Stiglitz, Joseph E. (2017): Globalization and Its Discontents Revisited. Anti-Globalization in the Era of Trump, Penguin Books: Penguin Random House UK.

Stratmann, Klaus (2023): Freihandelsabkommen: Habeck sieht gute Chancen für Handel mit Indien, in: Handelsblatt.de v. 21.07.2023, online: https://www.handelsblatt.com/politik/international/freihandelsabkommen-habeck-sieht-gute-chancen-fuer-handel-mit-indien/29269168.html. (Zuletzt geprüft: 25.01.2024).

Süddeutsche Zeitung (2010): Philip Morris verurteilt: Raucher-Witwe erhält 145 Millionen Dollar, in: Süddeutsche Zeitung.de v. 17.05.2010, online: https://www.sueddeutsche.de/panorama/philip-morris-verurteilt-raucher-witwe-erhaelt-145-millionen-dollar-1.396923. (Zuletzt geprüft: 25.01.2024).

Tagesspiegel (1999): Der Bananenstreit, in: Tagesspiegel.de v. 07.04.1999, online: https://www.tagesspiegel.de/wirtschaft/der-bananenstreit-596665.html. (Zuletzt geprüft: 25.01.2024).

The White House (2022): By the Numbers: The Inflation Reduction Act, in: Whitehouse.org v. 15.08.2022, online: https://www.whitehouse.gov/briefing-room/statements-releases/2022/08/15/by-the-numbers-the-inflation-reduction-act/. (Zuletzt geprüft: 25.01.2024).

Titievskaia, Jana u.a. (2020): Verlangsamung oder Spurwechsel? Die Dynamik der „Slowbalisation" verstehen (PE 659.383), Brüssel: Wissenschaftlicher Dienst des Europäischen Parlaments, online: https://www.europarl.europa.eu/RegData/etudes/IDAN/2020/659383/EPRS_IDA(2020)659383_DE.pdf. (Zuletzt geprüft: 25.01.2024).

Titievskaia, Jana/Harte, Roderick (2019): Internationaler Handel und Globalisierung (PE 633.176), Brüssel: Wissenschaftlicher Dienst des Europäischen Parlaments, online: https://www.europarl.europa.eu/RegData/etudes/BRIE/2019/633176/EPRS_BRI(2019)633176_DE.pdf. (Zuletzt geprüft: 25.01.2024).

Ulrich, Klaus (2019): „Für den Welthandel essentiell", in: Deutsche Welle.de v. 06.09.2019, online: https://www.dw.com/de/f%C3%BCr-den-welthandel-essentiell-schiedsgerichte-pr%C3%A4gen-das-auslandsgesch%C3%A4ft/a-50300930. (Zuletzt geprüft: 25.01.2024).

Urech, Fabian/Büchenbacher, Fabian (2022): Wie hat China 800 Millionen Menschen aus der extremen Armut befreit? „Die Zentralregierung wurde vom Diktator zum Dirigenten", Interview mit Yuen Yuen Ang, in: Neue Zürcher Zeitung.de v. 02.03.2022, online: https://www.nzz.ch/international/wie-china-800-millionen-menschen-aus-der-armut-befreit-hat-ld.1662417. (Zuletzt geprüft: 25.01.2024).

V-Dem Institute (2023): Democracy Report 2023. Defiance in the Face of Autocratization, Gothenburg: University of Gothenburg.

von der Leyen, Ursula (2023): Speech by President von der Leyen on EU-China relations to the Mercator Institute for China Studies and the European Policy Centre, in: Europäische Kommission.eu v. 30.03.2023, online: https://ec.europa.eu/commission/presscorner/detail/en/speech_23_2063. (Zuletzt geprüft: 25.01.2024). Waltz, Kenneth N. (1979): Theory of International Politics, Reading: Addison-Wesely.

Watzlawick, Paul (2021): Wie wirklich ist die Wirklichkeit? Wahn, Täuschung, Verstehen, München: Piper.

Watzlawick, Paul (Hrsg.) (1988): Die erfundene Wirklichkeit. Wie wissen wir, was wir zu wissen glauben? Beiträge zum Konstruktivismus, München: Piper.

Weber, M. (1922). Gesammelte Aufsätze zur Wissenschaftslehre. Tübingen: Mohr.

Weber, Max (2020): Wissenschaft als Beruf/Politik als Beruf, Jubiläumsausgabe, (2.Aufl.), Tübingen: Mohr Siebeck.

Weber, Max (1976): Gesammelte Aufsätze zur Wissenschaftslehre, Tübingen: Mohr Siebeck.

Weidenfeld, Werner (2014): Europa. Eine Strategie, München: Kösel.

Weidenfeld, Werner (2020): Die Europäische Union, (5.Aufl.) Paderborn: Wilhelm Fink.

Wiltsche, Harald A. (Hrsg.) (2021): Einführung in die Wissenschaftstheorie, (2.Aufl.) Göttingen: Vandenhoeck & Ruprecht.

Winter, Stefan (2019): Grundzüge der Spieltheorie. Ein Lehr- und Arbeitsbuch für das (Selbst-) Studium, (2.Aufl.) Berlin: Springer-Verlag.

Wöhe, Günter (2020): Einführung in die Allgemeine Betriebswirtschaftslehre, (27. Aufl.) München: Vahlens Handbücher.

Wulfers, Alexander (2022): Billig-Klamotten von Shein. Diese Mode aus China ist bei Jugendlichen der letzte Schrei, in: Frankfurter Allgemeine Zeitung.net v. 09.11.2022, online: https://www.faz.net/aktuell/wirtschaft/fast-fashion-aus-china-shein-zwischen-die-fronten-der-geopolitik-18437432.html. (Zuletzt geprüft: 25.01.2024).

Yellen, Janet L. (2022): US Treasury Secretary Janet L. Yellen delivers a special address on the future of the global economy and US economic leadership; in: New Atlanticist v. 13.04.2022, online: https://www.atlanticcouncil.org/news/transcripts/transcript-us-treasury-secretary-janet-yellen-on-the-next-steps-for-russia-sanctions-and-friend-shoring-supply-chains/. (Zuletzt geprüft: 25.01.2024).

Zantow, Andre (2023): Wirtschaft und Außenpolitik – Ist das Modell „Wandel durch Handel" gescheitert?, in: Deutschlandfunk Kultur.de v. 11.04.2023, online: https://www.ardaudiothek.de/episode/zeitfragen-feature-deutschlandfunk-kultur/wirtschaft-und-aussenpolitik-ist-das-modell-wandel-durch-handel-gescheitert/deutschlandfunk-kultur/12579617/ (Zuletzt geprüft: 25.01.2024).

Zeeb, Norbert (2015): Protestorganisation „Campact". Die schlagkräftigste NGO Deutschlands, in: Deutschlandfunk Kultur.de v. 21.05.2015, online: https://www.deutschlandfunkkultur.de/protestorganisation-campact-die-schlagkraeftigste-ngo-100.html. (Zuletzt geprüft: 25.01.2024).

Die Zeit (2023): US-Regierung begrüßt Gesetzesvorschlag zu TikTok-Verbot, zeit.de v. 08.März 2023, online: https://www.zeit.de/politik/ausland/2023-03/soziale-medien-usa-tik-tok-verbot-vorschlag-regierung-parteien?utm_referrer=https%3A%2F%2Fwww.google.com%2F. (zuletzt geprüft: 06.01.2024).

Register

Arbeitsteilung 7, 17, 19, 24, 41, 58, 74, 81, 161, 163, 173
Armut 7, 8, 73, 75, 89–91, 161, 165
Autokratie 9, 87, 88, 94, 96, 99, 100, 156, 157, 161, 167, 169
Autonomie 9, 57, 61, 82, 91, 102–104, 136, 149–154, 163, 168–170, 173

Binnenmarkt 36, 63–65, 91, 92, 126, 148, 154
Bretton Woods 27, 58, 75, 77, 89, 102, 150
Brexit 105, 108, 141, 155, 163, 171

CETA, Comprehensive Economic and Trade Agreement 137, 138
Club of Rome 38

Decoupling 9, 143–148, 154, 163, 173
Derisking 9, 145, 146, 154, 163, 173
Direktinvestition 39, 44, 71, 99, 123, 126, 127, 148, 150

EFTA, Europäische Freihandelsassoziation 63
Europäische Union 7, 36, 69, 140
Erziehungszoll 55, 63

Faktorpreisausgleichstheorem FPA 32
Fair Trade 130, 170
Freihandel 7, 8, 10, 18–20, 24–29, 34, 45, 50, 52, 58, 63, 66, 67, 72, 75, 81, 87, 110, 115–118, 143, 154, 161–166
Freihandelsabkommen 8, 56, 65–67, 77, 81, 83, 132, 161, 164, 166, 168
Friend-Shoring 121, 122, 126, 127, 131–134, 136, 139–144, 154–156, 162, 165, 166

G20-Treffen 77, 165
GATT, General Agreement on Tariffs and Trade 8, 27, 35, 58, 60–63, 66, 67, 75, 76, 113
Gefangenendilemma 139, 167, 173
Gemeinwohl 15, 71, 72, 116
geopolitisch 70–72, 131, 134, 15o
Global Governance 102, 103, 116, 165
Globalisierung 7–9; 24, 26, 27, 31, 32, 34, 35, 37
Großmachtrivalität 78, 148

Handelskrieg 7, 49, 57
Hegemon 25, 27, 34, 52, 58, 82, 103, 104, 132, 151, 152, 161, 166, 167
Huawei 38

Idealismus 35, 153, 171
ILO, International Labour Organisation 20, 71, 156
Interdependenz 102, 103, 148, 152, 173
IRA Inflation Reduction 49, 52, 58, 72, 136, 153
Inländerbehandlung 62
Institutionalismus 102, 103
Isolationismus 34
IWF, Internationaler Währungsfonds 27, 35, 58, 75, 102, 130

Koexistenz 106
Kommunikation 24–26, 38, 52, 73, 95, 101, 104, 110–114, 117, 123, 129, 140, 141, 157, 166, 173, 174
Komparative Kosten 7, 8, 10, 18–20, 24–29, 34, 45, 50, 52, 58, 63, 66, 67, 72, 75, 81, 87, 110, 115–118, 143, 154, 161–166

Kooperation 8, 16, 19, 35, 36, 39, 45, 87, 88, 95, 98, 102–105, 108, 109, 114, 116–118, 122, 130, 140, 141, 147, 152, 156, 161, 162, 166–169, 171, 173
Kritische Infrastruktur 101, 102
Kritikfähigkeit 99, 157, 174

Liberalismus 24, 25, 45, 116, 161, 165, 169, 171–173
Leontief-Paradox 33
Lieferketten 8, 22, 55, 73–75, 95, 117, 121–128, 130, 131, 136, 137, 148, 150–154, 157, 161, 163
Localisation 145, 146

Macht 8, 9, 15, 34, 44, 50, 59, 71, 78, 97–100, 102, 110, 130, 132, 140, 153
Magisches Viereck 60, 61, 155
Meistbegünstigungsklausel 8, 26, 61, 67, 166
Mercosur Mercado Común del Sur, Gemeinsamer Markt des Südens 56, 80, 138
Merkantilismus 14–16, 25, 26, 73, 118
Monetarismus 30
Multilateralismus, multilateral 7, 8, 26, 35, 37, 39, 45, 52, 59, 62, 73–77, 81, 82, 87, 89, 95, 102, 115, 116, 132, 141, 147, 150, 152–156, 161, 162, 165, 166, 170
Multipolarität 77, 150, 151

Nachhaltigkeit 95, 101, 122, 129
Nationalstaat 8, 9, 36, 52, 61, 102, 104, 105, 116, 153, 155, 161, 170, 171
NGOs Non-Gouvernmental-Organizations 59, 68, 72, 113, 123, 136, 138
Nicht-Diskrimierung 61, 62, 67
Near-Shoring 125, 163
New Trade Theory 44
Nord–Stream 133, 134
Null–Summenspiel 15, 16, 143

OECD 37, 39, 63, 172
Offenheit 7, 8, 10, 16, 35, 51, 52, 90, 117, 150, 152, 154, 157, 166–169
Offshoring 121, 123

Paradigma 9, 115–118
Produktionsfaktoren 18, 22, 23, 28, 32, 43–45, 140
Protektionismus 7, 8, 26, 45, 49, 52, 54, 78, 81, 122, 132, 144, 149

Rationalität 35, 94, 106–108, 114, 152, 157
RCEP, Regional Comprehensive Economic Partnership 77–79, 82, 166, 169
Realismus 35, 36, 171
Reshoring 124–127
Resilienz 20, 133–135, 146, 163, 173
Ressourcen 38, 110, 140, 150
Reziprozität 62
Rohstoffe 10, 15, 41–43, 74, 80, 94, 102, 121, 122, 136, 137, 147, 153, 157, 163, 165, 166, 173

Samuelson-Stolper-Theorem 31
Skaleneffekte 43
Slowbalisation 9, 148, 152
Soft-Power 97, 98, 102, 110, 114, 118, 124, 130, 174
Spieltheorie 16, 139, 142
Subventionen 15, 49, 50, 57, 124
Supermacht 7, 37, 116, 144
Terms of Trade 42
Tik-Tok 38
TTIP, Transatlantische Handels- und Investitionspartnerschaft 8, 56, 67–73, 78, 89, 130, 137, 138, 141, 148, 155, 165

Umweltschutz 78, 131, 138, 148

Vereinte Nationen, UN 27, 79, 102, 104, 122, 128, 151
Vision 34, 36, 150
Vorsorgeprinzip 56
Völkerbund 26, 25, 58

Wandel durch Handel 7, 8, 82, 87–91, 94, 97, 99, 114, 115, 117, 118, 121, 123, 124, 128, 134, 144, 150, 152, 155, 162, 169
Wechselkurs 27, 42, 75
Weltbank, Internationale Bank für Wiederaufbau und Entwicklung 27, 35, 36, 58, 75, 89, 90, 102, 104
Wertschöpfungskette 106, 121
WTO, World Trade Organisation 8, 57, 58, 62, 63, 66, 67, 75–79, 82, 89, 99, 102, 104, 110, 113, 132, 152, 156, 165, 166

Zollunion 63, 64, 66, 91
Zölle 15, 26, 26, 55–64, 67, 75, 78, 80, 81, 91
Zweckrationalität 107, 114, 152